JESUS E AS SETE IGREJAS DA ÁSIA

TIATIRA

PAIVA NETTO E SUA SÉRIE O APOCALIPSE DE JESUS PARA OS SIMPLES DE CORAÇÃO — LIVRO REUNIDO E ORGANIZADO PELA ACADEMIA JESUS, O CRISTO ECUMÊNICO, O DIVINO ESTADISTA

JESUS E AS SETE IGREJAS DA ÁSIA

TIATIRA

PAIVA NETTO E SUA SÉRIE O APOCALIPSE DE JESUS PARA OS SIMPLES DE CORAÇÃO — LIVRO REUNIDO E ORGANIZADO PELA ACADEMIA JESUS, O CRISTO ECUMÊNICO, O DIVINO ESTADISTA

"Eu, João, irmão vosso e companheiro na tribulação, no reino e na perseverança, em Jesus, encontrei-me na ilha chamada Patmos, por causa da Palavra de Deus e do Testemunho de Jesus Cristo. Achei-me em Espírito, no Dia do Senhor, e ouvi por detrás de mim uma grande voz, como de trombeta, que me dizia: O que vês escreve em livro e manda às Sete Igrejas que estão na Ásia: Éfeso, Esmirna, Pérgamo, Tiatira, Sardes, Filadélfia e Laodiceia." (Apocalipse, 1:9 a 11)

ELEVAÇÃO

Produção editorial e revisão: *Equipe Elevação*
Impressão: *Mundial Gráfica*
Capa: *João Periotto*
Imagem da capa: *Pintura digital de Pedro Eugênio*
Projeto gráfico e diagramação: *Helen Winkler*

A 1ª edição desta obra foi publicada em abril de 2025.

Depósito legal na Biblioteca Nacional conforme
Decreto nº 1.825, de 20 de dezembro de 1907.

Dados Internacionais de Catalogação na Publicação (CIP)
(Câmara Brasileira do Livro, SP, Brasil)

A149j
Jesus e as Sete Igrejas da Ásia - Tiatira / Academia Jesus, o Cristo Ecumênico, o Divino Estadista — 1ª ed. — São Paulo : Editora Elevação, 2025, v.4. (*Coleção Jesus e as Sete Igrejas da Ásia*). 512. p. : 15,5 x 23

ISBN 978-65-85860-14-7

Série "O Apocalipse de Jesus para os Simples de Coração"

1. **Quarta Revelação**. 2. Jesus Cristo. 3. Espiritualidade. 4. Apocalipse de Jesus. 5. Evangelho de Jesus. 6. Tiatira 7. Paiva Netto, José de. I. Academia Jesus, o Cristo Ecumênico, o Divino Estadista. II. Título

CDD-228.07

Índices para catálogo sistemático:

1. Apocalipse : Comentários 228.07

Rua Doraci, 2-A, sala 103 – Bom Retiro
São Paulo/SP – CEP 01134-050
Tel.: (11) 3224-2963
www.elevacao.com.br

SUMÁRIO

TRATADO DO NOVO MANDAMENTO DE JESUS

A Espiritualmente Revolucionária Ordem Suprema do Divino Mestre representa o diferencial da Religião de Deus, do Cristo e do Espírito Santo[1] e é a base de todas as suas ações de promoção espiritual, social e humana, pela força do Amor Fraterno, por Ele trazido ao mundo.

Ensinou Jesus, o Cristo Ecumênico, o Divino Estadista: *"13:34 Novo Mandamento vos dou: amai-vos como Eu vos amei. 13:35 Somente assim podereis ser reconhecidos como meus discípulos, se tiverdes o mesmo Amor uns pelos outros.*

15:7 Se permanecerdes em mim e as minhas palavras em vós permanecerem, pedi o que quiserdes, e vos será concedido. 15:8 A glória de meu Pai está em que deis muito fruto; e assim sereis meus discípulos.

15:10 Se guardardes os meus mandamentos, permanecereis no meu Amor; assim como tenho guardado os mandamentos de meu Pai e permaneço no Seu Amor.

15:11 Tenho-vos dito estas coisas a fim de que a minha alegria esteja em vós e a vossa alegria seja completa.

15:12 O meu Mandamento é este: que vos ameis como Eu vos tenho amado. 15:13 Não há maior Amor do que doar a própria vida pelos seus amigos. 15:14 E vós sereis meus amigos se fizerdes o que Eu vos mando. 15:17 E Eu vos mando isto: amai-vos como Eu vos amei.

15:15 Já não mais vos chamo servos, porque o servo não sabe o que faz o seu senhor; mas tenho-vos chamado amigos, porque tudo quanto aprendi com meu Pai vos tenho dado a conhecer.

15:16 Não fostes vós que me escolhestes; pelo contrário, fui Eu que vos escolhi e vos designei para que vades e deis bons frutos, de modo que o vosso fruto permaneça, a fim de que tudo quanto pedirdes ao Pai em meu nome Ele vos conceda.

15:17 E isto Eu vos mando: que vos ameis como Eu vos tenho amado. 15:9 Porquanto, da mesma forma como o Pai me ama, Eu também vos amo. Permanecei no meu Amor".

(Tratado do Novo Mandamento de Jesus[2], reunido por Paiva Netto, consoante o Santo Evangelho do Cristo de Deus, segundo João, 13:34 e 35; e 15:7, 8, 10 a 17 e 9.)

[1] **Religião de Deus, do Cristo e do Espírito Santo** — Nesta e em outras obras literárias da Quarta Revelação, o leitor vai se deparar com as denominações Legião da Boa Vontade (LBV) e Religião de Deus, do Cristo e do Espírito Santo, criadas pelo saudoso Alziro Zarur (1914-1979), que se irmanam na lide *"por um Brasil melhor e por uma humanidade mais feliz"*. Desde os seus primórdios, no fim da década de 1940, são elas duas instituições irrestritamente ecumênicas, unidas para atender, de forma integral, às carências fundamentais do ser humano e do seu Espírito Eterno, transformando-o sem paternalismos, a fim de que ele possa assumir na sociedade o seu papel de protagonista na solução dos problemas existentes. Agem assim para que a criatura humana se realize por meio dos poderosos ensinamentos do Espírito (Religião de Deus, do Cristo e do Espírito Santo) e da dinâmica ação de reforma humana e social (Legião da Boa Vontade), decorrência natural de nossa integração nos Preceitos Divinos. Disse Jesus: *"Buscai primeiramente o Reino de Deus e Sua Justiça, e todas as coisas materiais vos serão acrescentadas"* (Evangelho, segundo Mateus, 6:33). Da convergência dessas ações — a espiritual e a humano-social — nasce a Política de Deus, para o Espírito Eterno do ser humano. A Religião de Deus, do Cristo e do Espírito Santo também é conhecida como Religião do Terceiro Milênio, Religião do Amor Universal e Religião Divina.

[2] **Tratado do Novo Mandamento de Jesus** — Pela força espiritual contida nessas palavras do Cristo de Deus, Paiva Netto fez constar a leitura desse Tratado na abertura de todos os programas da Super Rede Boa Vontade de Comunicação (rádio, TV e internet) e nas publicações, assim como nas reuniões públicas da Religião do Terceiro Milênio, atendendo também a um pedido dos Irmãos Espirituais na Revolução Mundial dos Espíritos de Luz, na Quarta Revelação, representados pelo Irmão Dr. Bezerra de Menezes (Espírito).

O MISTÉRIO DE DEUS REVELADO

O Mistério de Deus por Jesus Cristo
revelado é o Amor![3]

Paiva Netto

[3] Esse pensamento de Paiva Netto é o último verso de sua música intitulada *O Novo Mandamento de Jesus*, movimento final do Oratório "O Mistério de Deus Revelado", cuja gravação foi feita, em 1999, pelo National Philharmonic Choir "Svetoslav Obretenov" e pela Sofia Symphony Orchestra, da Bulgária, sob a regência do maestro Ricardo Averbach. Disponível no aplicativo Boa Vontade Play e em plataformas de streaming como Spotify, Apple Music, Deezer e YouTube, o Oratório superou a marca de 550 mil cópias vendidas do álbum físico, conquistando Disco de Platina Duplo. Em 5 de abril de 2000, teve a sua primeira audição mundial em inglês quando o Coral Ecumênico Boa Vontade se apresentou na sede da Organização das Nações Unidas (ONU) em Nova York, EUA.

PERMANENTE PRESENÇA DE JESUS

Tudo fica para trás. Jesus, o Cristo Ecumênico e Divino Estadista, permanece! Ele disse: *"Passará o Céu, passará a Terra, mas as minhas palavras não passarão"* (Evangelho, segundo Lucas, 21:33).

Paiva Netto

O PARECER DE GAMALIEL

"Se esta obra é de homens, não triunfará. Mas, se é de Deus, não a combatais, pois estareis combatendo o próprio Deus."

(Atos dos Apóstolos de Jesus, 5:38 e 39)

PERANTE O SINÉDRIO

"Respondendo Pedro e João aos sinedritas, disseram: Não podemos deixar de falar daquilo que vimos e ouvimos. Importa antes agradar a Deus que aos homens."

(Atos dos Apóstolos de Jesus,
4:19 e 20; e 5:29)

DEUS AVISA ANTES

"Certamente, o Senhor Deus não fará coisa alguma, sem primeiro revelar o Seu segredo aos Seus servos, os Profetas."

(Profeta Amós, 3:7)

"AO VENCEDOR, EU LHE DAREI PODER SOBRE AS NAÇÕES. E, ASSIM
COMO RECEBI DE MEU PAI, DAR-LHE-EI AINDA A ESTRELA DA MANHÃ"

A ESCOLHA DA CAPA

Academia Jesus, o Cristo Ecumênico, o Divino Estadista

Jesus, a Estrela da Manhã

A tradição da *"Arte a serviço de Deus"*, na definição do saudoso Proclamador da Religião do Terceiro Milênio, Alziro Zarur (1914-1979)[4], brilha novamente

[4] **Alziro Zarur** (1914-1979) — Nasceu na cidade do Rio de Janeiro/RJ, Brasil, no Natal de Jesus de 1914. Radialista, jornalista, escritor, poeta, filósofo e grande pregador da Palavra de Deus, fundou a Legião da Boa Vontade (LBV), em 1º de janeiro (Dia da Paz e da Confraternização Universal) de 1950, e brilhantemente a presidiu até a sua passagem para o Plano Espiritual, em 21 de outubro de 1979. Em 7 de setembro de 1959, Zarur realizou a Proclamação do Novo Mandamento de Jesus, em Campinas/SP, Brasil, no antigo Hipódromo do Bonfim — hoje Praça Legião da Boa Vontade —, que, na época, era o espaço público mais amplo que por lá existia, capaz de receber a multidão que fora ouvi-lo. Carismático e polêmico, de forma popular e inovadora pregava, com muito entusiasmo, o Evangelho e o Apocalipse de Jesus, mas não ao pé da *"letra que mata"* (Segunda Epístola de Paulo aos Coríntios, 3:6), e sim em Espírito e Verdade, à luz do Novo Mandamento do Cristo Ecumênico, o Divino Estadista (Evangelho, segundo João, 13:34 e 35). Criou e →

nesta impactante concepção de capa na obra *Jesus e as Sete Igrejas da Ásia — Tiatira*.

No centro da pintura, destaca-se a Excelsa Figura do Cristo Ecumênico, o Divino Estadista, que governa na majestade de Seu Glorioso Poder, repleto de intensa luminosidade. Em nosso estudo com o Presidente-Pregador da Religião Divina, José de Paiva Netto, seremos capazes de identificar ser Ele mesmo, Jesus, a Estrela da Manhã, que promete a todos os perseverantes da Doutrina de Seu Pai:

> *— assim como também Eu recebi de meu Pai, dar-lhe-ei ainda a **Estrela da Manhã** (a Estrela Dalva)* (Apocalipse, 2:28).

Nas poderosas mãos do Mestre dos mestres, temos o cetro de ferro, símbolo supremo de Poder e Autoridade Espiritual, representando outra Promessa Divina:

---

presidiu a pioneira Cruzada de Religiões Irmanadas, cuja primeira edição oficialmente ocorreu em 7 de janeiro de 1950, no salão do Conselho da Associação Brasileira de Imprensa (ABI), na capital fluminense, após sucessivas reuniões preparatórias realizadas nos meses de outubro, novembro e dezembro de 1949, na sala da diretoria daquela prestigiada Associação. Com esse feito, Zarur antecipou-se ao que mais tarde viria a ser chamado de relacionamento inter-religioso. Em 7 de outubro de 1973, proclamou a Religião de Deus, do Cristo e do Espírito Santo, em Maringá/PR, Brasil.

— *Ao vencedor, que guardar* ***até ao fim*** *as minhas obras, Eu lhe darei poder sobre as nações, e com* ***cetro de ferro*** *as regerá (...)* (Apocalipse, 2:26 e 27).

Essa marcante representação é uma mensagem de força, esperança e renovação, conforme aprenderemos com o Irmão Paiva. Tão imponente artefato demonstra ainda que o Cristo está acima de qualquer corrupção e direciona — com Liderança inderrotável — os Seus fiéis à vitória espiritual, aquela que não deseja e não provoca a derrocada de ninguém. Pelo contrário, almeja que todos vençam as batalhas em suas vidas.

Os olhos do Cristo como chamas de fogo

Em Seu semblante sereno e compassivo, observamos os olhos perquiridores Daquele que *"sonda rins e corações"*. Quais tochas acesas, exprimem tanto a purificação quanto o discernimento, traços de um julgamento justíssimo que Jesus aplica àqueles que ouvem e seguem Sua voz e aos que tentam esconder a culpa no subterfúgio de suas consciências pesadas. Por isso, essa simbologia remete às palavras que caracterizam Seu aspecto apresentado à Igreja de Tiatira,

— *Seus olhos são como* ***chama de fogo*** (Apocalipse, 2:18), e revela a intensidade de Sua percepção espiritual e o Amor com que corrige e renova. Nada escapa a esse olhar que nos analisa por dentro, ao mesmo tempo que, como potentes faróis, repelem as trevas. Esclarece o Irmão Paiva:

> — *As chamas dos Seus olhos são para nos mostrar o que precisa ser melhorado, a fim de nos purificar pela prática das Boas Obras, nascidas da consciência plena de quem somos e do que precisamos realizar para a nossa redenção espiritual.*

O julgamento

As ruínas presentes na base da composição artística espelham a Terra conspurcada pela corrupção espiritual promovida por Jezabel e seus seguidores. Tiatira, marcada por essa decadência moral, torna-se o cenário do julgamento exercido pelo Cristo. E a falsa profetisa e seus asseclas ali estão reunidos para ouvir sua sentença:

> — ***Dei-lhe tempo para que fizesse penitência; ela, contudo, não quer arrepender-se da sua prostituição.*** *Eu a reduzirei a doente em cima de uma cama, e aqueles que adulteram com ela se verão em grandíssima tribulação, se não fizerem penitência das suas más obras* (Apocalipse, 2:21 e 22).

Os pés de bronze polido: a Força e a Glória do Cristo

Jesus é retratado com Seus pés de bronze polido, que evocam a firmeza e o brilho de Sua Justiça Divina. Essa característica, descrita no Apocalipse (2:18), simboliza a imutável Força e Glória do Supremo Comandante do planeta Terra, cuja solidez e luminosidade servem de estímulos aos Seus seguidores durante provações e desafios para se manterem fiéis aos Preceitos Divinos, em meio à devassidão que se abate sobre Tiatira.

Os sete candeeiros de ouro e as sete estrelas

A composição visual é enriquecida também pelos sete candeeiros de ouro, símbolos das Sete Igrejas, cuja missão é iluminar espiritualmente toda a humanidade. Ao mesmo tempo, as estrelas, como vocês já sabem, representam os Anjos das Sete Igrejas — os Guardiães Espirituais que orientam os passos dos fiéis de cada grupamento.

Essa continuidade com os volumes anteriores da série conserva o estilo visual, estabelecendo um elo místico entre eles que consolida a mensagem unificadora das Sete Igrejas da Ásia, ao mesmo tempo que outros elementos pictográficos trazem a particularidade de cada uma delas.

Paleta de cores exalta a cintilação espiritual e a transformação

O dourado vibrante destaca a Glória e a Sabedoria Divina, enquanto os azuis profundos do céu, combinados com a luminosidade formada pela mistura de tons violeta com verde, criam um cenário de mistério e serenidade. Os tons de laranja e vermelho adicionam calor e intensidade ao julgamento e à redenção, enquanto os matizes sombrios das ruínas remetem às provações enfrentadas por aqueles que se afastaram da Luz.

Outra cor marcante na capa é o púrpura. Conforme nos revela Paiva Netto:

> — *Tiatira ficou muito conhecida pelo tom de púrpura avermelhado, obtido a partir da raiz de* rubia tinctorum *ou ruiva-dos-tintureiros.*

"Ide e pregai" pela Arte

Mais do que uma obra de arte, esta capa de *Jesus e as Sete Igrejas da Ásia — Tiatira* é uma expressão do compromisso com o *"Ide e pregai"*, exortado pelo Cristo. Cada detalhe visual procura transmitir uma reflexão profunda, reforçando o chamado ao arrependimento, à perseverança e à vitória por meio da Fé Realizante em Jesus Cristo.

Inspirada pelos elevados valores espirituais e ecumênicos da Religião do Terceiro Milênio, a capa deste quarto volume da série *Jesus e as Sete Igrejas da Ásia* segue com a colaboração artística de João Periotto e Pedro Eugênio, Cristãos do Novo Mandamento. Assim como nos trabalhos anteriores, os artistas buscaram inspiração nos marcantes traços do pintor alagoano Sátyro Marques (1935-2019), cujas obras sobre o Apocalipse fazem parte do acervo da Galeria de Arte do Templo da Boa Vontade, em Brasília/DF.

Transmitindo a essência redentora de mais este volume, a capa segue com sua tarefa de pregar aos corações pela **Arte a serviço de Deus!**

O Apocalipse de Jesus é a grande novidade que tem quase dois mil anos, porquanto a sua mensagem de alerta à humanidade, nascida do Amor de Deus, é atualíssima.

Paiva Netto

MMVII

RELIGIO DEI

ACADEMIA IESVS CHRISTVS OECVMENICVS

IESVS LVX MVNDI

PREFÁCIO

Um pouco da heroica história legionária — de Alziro Zarur a Paiva Netto

Francisco de Assis Periotto,
jornalista, Secretário-Geral do Conselho Superior da LBV e Assessor-Geral da Presidência das Instituições da Boa Vontade

Irmão Paiva no encerramento do 42º Fórum Internacional da Juventude Ecumênica da Boa Vontade de Deus, em 1º de julho de 2017. Ao seu lado, o Irmão Francisco Periotto, seu assessor há mais de 45 anos.

Apresento com muita felicidade o quarto volume desta magistral série *Jesus e as Sete Igrejas da Ásia*, com o estudo agora da Carta que o Divino Professor endereçou aos cristãos da comunidade de Tiatira. Textos com profundo conteúdo espiritual encontraremos nessa sequência, para que possamos, na observância das Boas Obras e dos erros cometidos por eles, ajustar as nossas existências com o bom exemplo e as medidas corretivas que o Celeste Educador, Jesus, nos indica prontamente.

É importante ressaltar que a reunião desse valioso material feita pela Academia Jesus, o Cristo Ecumênico, o Divino Estadista, só foi possível graças à incansável, perseverante, obstinada e vibrante atuação do Presidente-Pregador da Religião de Deus, do Cristo e do Espírito Santo, o Irmão José de Paiva Netto. Afinal, são mais de 450 programas dedicados à análise do Livro da Revelação, dentro da série "O Apocalipse de Jesus para os Simples de Coração", superando todo tipo de desafio, no período entre outubro de 1990 e fevereiro de 1992. Afora os milhares de outras pregações, textos, palestras e improvisos que ele fez ao longo de seus quase 70 anos de jornada missionária. **A saga de Paiva Netto só Jesus pode mensurar.**

Sua vida ele doa a todos nós. Respeitemos sempre esse Amor incondicional que o Líder da Religião Divina oferece ao Cristo e ao povo. Não há valor material que possa ressarcir esse esforço hercúleo dele. Tudo o que fizermos — nesta existência, na divulgação das páginas libertárias desta obra, de sua coleção e de toda a Literatura da Boa Vontade, esse inigualável compêndio doutrinário empreendido por ele — ainda será pouco.

Recordo-me, ainda criança, de participar das Cruzadas e Congressos realizados pelo saudoso Proclamador da Religião do Terceiro Milênio, o Irmão Alziro Zarur (1914-1979), no escaldante Estado e na cidade do Rio de Janeiro. Em todas essas ocasiões, especialmente quando ele pregava sobre a Volta Triunfal de Jesus para os Legionários da Boa Vontade de Deus, sempre atuante assessorando-o, víamos a dinâmica presença do Irmão Paiva, seu então secretário particular. Ressalte-se o engajamento integral dele nessa profícua assessoria geral, em que o saudoso Fundador da LBV plenamente confiava. Basta ver que era o único que o representava no *Programa Alziro Zarur* — o Programa da Paz de Deus —, no rádio, pois, ao microfone, ressoavam a fidelidade e a perseverança em Jesus. Sua pregação empolgava tanto a Mocidade Legionária, a ponto de Zarur nomeá-lo para a direção do Departamento Infantojuvenil, naquele tempo, anunciando ao público em 15 de outubro de 1961, no prestigiado jornal *Gazeta de Notícias*, do Rio de Janeiro. De inúmeros registros históricos da LBV, vale destacar estas palavras do Irmão Zarur:

> — *Está aí um homem integrado no pensamento do Presidente. Poderiam dizer: "Mas o Paiva não tem tempo para estar lá no Casarão, dirigindo a Mocidade". Mas ele está no programa diariamente. Então, a Mocidade* [Legionária] *estará no programa diariamente. (...)* [Isso] *é com o Paiva, se não fosse o Paiva, não haveria programa. Eu digo isso nas bo-*

Paiva Netto secretariou Alziro Zarur por quase um quarto de século, sendo o seu principal assessor. Uma amizade que faz jus a esta máxima do Irmão Paiva, como gosta de ser chamado: "É digno respeitar a presença de um amigo; muito mais, porém, é honrar a ausência dele. Portanto, promessa legionária de Alziro Zarur é promessa minha também". *Paiva Netto foi mais adiante: cumpriu-as e avançou ainda mais na Causa do Cristo na Terra.*

chechas dele, não é para agradá-lo. É porque ele se responsabilizou pelo programa. Se não houver uma dedicação como esta do Paiva... Como meu assistente para a direção da Mocidade Legionária: José de Paiva Netto.

Naquela ocasião, em 1961, eu não havia ainda nascido, pois sou do ano de 1965, e minha família residia em Tupã/SP, onde sempre acompanhava as pregações do Irmão Zarur pela Rádio Mundial, antiga Emissora da Boa Vontade. Viemos para a capital paulista no final da década de 1960 e, em 1975, meu saudoso pai, o Irmão Walter Periotto (1936-2023), foi chamado pelo Irmão Zarur à Sede Central para colaborar na administração da LBV, e todos nós nos mudamos para o Rio de Janeiro.

A atuação incansável e sempre vigilante do Irmão Paiva na defesa e no desenvolvimento dos ideais que nortearam o pioneirismo do Fundador de nossa Legião da Boa Vontade no Brasil e no mundo foi determinante para preservar as preces e as pregações feitas pelo Irmão Zarur, que são um verdadeiro tesouro para os seguidores dessas Casas de Deus. Aliás, para tal empreitada, à época contou ainda com os fiéis e abnegados assistentes do então Departamento Administrativo (DA); com os assistentes de Sucursais e Núcleos; e com os Legionários da Boa Vontade, unidos. Testemunhei o Irmão Paiva relatar a imprescindível contribuição do saudoso Victorino Baccari Sobrinho (1928-1992), então assis-

O Irmão Paiva, acompanhado do saudoso casal legionário Antonieta Gadotti Baccari (1932-2022) e Victorino Baccari Sobrinho (1928-1992).

Em outubro de 1984, o Irmão Paiva, tendo ao lado o casal legionário Gessi (1934-2020), de blazer branco, e Waldir Gomes Tristão (1932-1989), em visita feita pelo Presidente-Pregador da Religião Divina ao terreno onde futuramente seria erguido o TBV.

tente do Núcleo da Instituição em Campinas/SP. Disse o Irmão Presidente:

— Havia uma luta tremenda para gravarmos a palavra de Zarur, inclusive por questões financeiras, para a compra de equipamentos e suprimentos. Diante disso, me empenhei bastante para que esse trabalho não fosse interrompido. Foi então que, em 1973, encontrei a visão dinâmica também de Victorino Baccari Sobrinho. Havia uma fábrica de fitas ali perto do Núcleo de Campinas. Dirigi-me

Foto histórica tirada no aeroporto de Maringá/PR, em 8/10/1973: Dr. Osmar Carvalho e Silva (1912-1975); o Presidente da Legião da Boa Vontade, José de Paiva Netto (à época assessor de Zarur); o saudoso Fundador da LBV, Alziro Zarur (1914-1979); Achilles de Andrade de Souza (1913-1989); Dr. Mario da Cruz (1925-2012); e João Pereira de Queiroz.

ao Irmão Zarur e relatei: Presidente Zarur, estamos enfrentando essa batalha para conseguir as fitas necessárias para gravar o senhor. E me lembrei de que lá em Campinas tem a melhor fábrica de fitas... Na mesma hora, entrei em contato com o Victorino que, com a ajuda de nossa querida Antonieta Gadotti Baccari, mobilizou os Legionários da região para que as fitas fossem adquiridas e enviadas ao Rio. Graças a esse esforço conjunto — ***sempre digo que ninguém faz nada sozinho*** *—, hoje temos essas gravações que vocês ouvem no ar e se emocionam.*

(1) Haroldo Rocha e Noys Barcellos da Rocha; (2) Rosiel dos Santos e Marina Lombardi Santos; (3) Gilberto Bertolin e Alcione Vianello Bertolin (1949-2018); (4) Jayme Bertolin e Celina Timóteo Bertolin.

Gostaria ainda de prestar homenagem especial a valorosos veteranos Irmãos que deram apoio incondicional ao Irmão Paiva e sempre se fizeram presentes em ocasiões de refrega. Refiro-me a esses baluartes Conselheiros Fraternos da Legião da Boa Vontade e aos operosos assistentes da LBV, à época, entre eles, os casais legionários Haroldo Rocha e Noys Barcellos da Rocha, Rosiel dos Santos e Marina Lombardi Santos, Gilberto Bertolin e Alcione Vianello Bertolin (1949-2018), Jayme Bertolin

(5) Walter Periotto (1936-2023) e Magdalena Ciaramicoli Periotto; (6) Maria das Graças Paolote; (7) Geni Bertolin; (8) Mariliza Rezende Parmegiani; (9) Nair Torres (1920-1982); (10) Fernando Victor Campos (1940-2024); (11) Mathilde Gonçalves (1932-2024); (12) Jayme Augusto de Menezes (1906-1996); (13) Dr. José da Silva Longras Netto (1933-1996); (14) Dr. Mário Augusto Nascimento Rodrigues de Oliveira (1919-2002); (15) Geraldo Emmanuel de Paiva Rio (1931-2020).

e Celina Timóteo Bertolin, Walter Periotto (1936-2023) e Magdalena Ciaramicoli Periotto, Waldir Gomes Tristão (1932-1989) e Gessi Künzle Tristão (1934-2020), e ainda os queridos Irmãos Dr. Osmar Carvalho e Silva (1912-1975), Dr. Mario da Cruz (1925-2012), Mathilde Gonçalves (1932-2024), Achilles de Andrade de Souza (1913-1989), João Pereira de Queiroz, Maria das Graças Paolote, Geni Bertolin, Mariliza Rezende Parmegiani, Nair Torres (1920-1982), Fernando Victor Campos (1940-2024), Jayme Augusto de Menezes (1906-1996), Dr. José da Silva Longras Netto (1933-1996), Dr. Mário Augusto Nascimento Rodrigues de Oliveira (1919-2002), Geraldo Emmanuel de Paiva Rio (1931-2020), **entre tantos outros valorosos Irmãos Legionários da Boa Vontade de Deus, na Sede Central e pelo Brasil, na década de 1970 e início de 1980, não sendo possível nominar a todos nesse curto espaço.**

É digno de destaque também o desenvolvimento e a valorização que o Irmão Paiva sempre deu à Mocidade Legionária e aos Soldadinhos de Deus, da Religião Divina. A essa altura, ele, então Secretário-Geral da LBV, função equivalente à de Vice-Presidente, mobilizava a todos com seu contagiante entusiasmo legionário da Boa Vontade e sua natural capacidade de liderança.

Quando, em 1979, o Irmão Zarur retornou ao Mundo Espiritual, o nosso Irmão Presidente Paiva Netto já estava à frente da administração da Legião da Boa Vontade há anos, a partir da Sede Central, com fidelidade, entusiasmo, competência e união. Tinha a integral confiança do Fundador da LBV. E a primeira providência do Irmão Paiva nessa fase de transição de um Líder para o outro, no comando da Instituição, foi logo a de fortalecer e levantar o ânimo de todos os Irmãos Legionários. E, *in loco*, registrar em livros o suprassumo das pregações do saudoso Proclamador da Religião Divina, que ele salvara, em especial no *Livro de Deus*, no *Livro Jesus*, em *Jesus, Zarur, Kardec e Roustaing*, *na Quarta Revelação* e na coleção *O Brasil e o Apocalipse*.

Corroboram com o nosso registro estas palavras do saudoso Jonas Rezende (1935-2017) — pastor emérito da Igreja Cristã de Ipanema, Zona Sul do Rio de Janeiro/RJ —, demonstrando que o Irmão Paiva Netto sucedeu o Irmão Zarur de maneira semelhante à de Josué ao suceder Moisés. Disse ele aos microfones da Comunicação 100% Jesus:

> — *A LBV não sofreu solução de continuidade. Um líder terminou e o outro toma a bandeira e não a deixa no solo, mais ou menos como aconteceu com relação a Moisés e Josué. Um termina e outro continua. E é difícil a gente querer medir ou criar confrontos, porque cada um tem o seu valor, cada um tem o seu momento histórico e cada um cumpriu e está cumprindo (no caso do Paiva Netto) com fidelidade o desafio da hora presente.*

Já no início do ano de 1980, o Irmão Presidente avança para uma nova empreitada missionária, viajando de norte a sul, de leste a oeste do Brasil, e internacionalmente, a convite. E nesse período, estabeleceu bases autônomas da LBV no exterior: Argentina, Bolívia, Paraguai, Uruguai, Portugal e Estados Unidos.

Prega, aprofunda, desenvolve, abre sucursais, expandindo os ideais ecumênicos da Legião da Boa Vontade e da Religião de Deus, do Cristo e do Espírito Santo. Tudo isso dentro daquele espírito da ***"Fórmula Urgentíssima de Jesus"***, conforme o Irmão Zarur batizou este versículo bíblico, e que o Irmão Paiva considera também ser ***"A Fórmula Urgentíssima Econômica do Cristo"***:

> — ***Buscai primeiramente o Reino de Deus e Sua Justiça, e todas as coisas materiais vos serão acrescentadas*** (Evangelho do Cristo, segundo Mateus, 6:33).

O Irmão Zarur teve o imenso mérito de proclamar a Religião de Deus, do Cristo e do Espírito Santo, em 7 de outubro de 1973, na cidade de Maringá/PR, e ao nosso Irmão Paiva coube a honra de fielmente dar-lhe corpo legal, conferindo-lhe personalidade jurídica, estabelecendo assim sua fundação, em 19 de dezembro de 1983. O resultado não poderia ser outro: a Sagrada Religião Divina desenvolveu-se de maneira ecumênico-universal e, dessa forma heroica, o Irmão Presidente-Pregador a colocou no mundo.

Como resultado do fenomenal trabalho, o arcabouço espiritual da Religião Divina, esse bendito legado de Fé Realizante estava edificado com um imenso acervo de gravações (milhares de horas) produzidas para o rádio, para a televisão, além de livros, artigos e outros textos... É dessa fonte inextinguível que essa Academia de Luz, igualmente criada pelo Líder da Juventude Ecumênica da Boa Vontade, em 2007, vem extraindo tamanha riqueza espiritual.

Vale ressaltar a coragem de nosso Irmão Presidente em transferir a Sede Central da LBV do Rio de Janeiro/RJ para São Paulo/SP, entre 1983 e 1984. Essa decisão impulsionou a notável expansão e capilaridade da Instituição, visível aos olhos de todos, mesmo em tempos de grave estagflação no país.

Em 21 de outubro de 1989, o Irmão Paiva homenageou o saudoso Irmão Zarur, pioneiro do Ecumenismo no Brasil e no mundo, inaugurando o magnífico Templo da Boa Vontade, na capital federal do Brasil, exatamente dez anos depois de o Fundador da LBV retornar à Pátria Espiritual. A data, 21 de outubro, entrou oficialmente no calendário de muitos Estados do país como o Dia do Ecumenismo. No evento de inauguração, o Líder da Legião da Boa Vontade reuniu uma multidão espetacular de peregrinos de todas as partes do Brasil e do mundo, que superlotou as áreas comuns de fora e de dentro do TBV, demonstrando a força de mobilização do Irmão Paiva, que teve o total apoio do povo, ao seu lado, no erguimento desse monumento, também chamado de o Templo da Paz, destacando-se a participação das Mulheres Legionárias nessa empreitada de Fé Realizante, voltada ao acolhimento dos seres humanos e dos Seres Espirituais. O TBV foi aclamado, em votação popular, uma das Sete Maravilhas da capital do Brasil. Por sua marca místico-espiritual, é ainda conhecido como a Pirâmide dos Espíritos Luminosos, a Pirâmide das Almas Benditas. Sob a égide do Cristo, o Presidente-Pregador da Religião do Amor Universal assim consagrou esse Espaço Sagrado à Espiritualidade Ecumênica:

> — *Neste Templo, até as pedras clamarão que Deus é Espírito e, como tal, importa que seja adorado: em Espírito e Verdade.*

E, no Natal de Jesus de 1994, o Líder da Religião Divina entregou ainda à humanidade o Parlamento Mundial da Fraternidade Ecumênica, o ParlaMundi da LBV, na presença de uma multidão de mais de 100 mil pessoas, lotando a praça defronte ao Conjunto Ecumênico da LBV (formado pelo Templo da Boa Vontade, sede administrativa e ParlaMundi), em Brasília/DF, Brasil. O ParlaMundi tem por finalidade servir de fórum irrestritamente ecumênico para o entendimento definitivo entre os povos da Terra — tratando de todas as questões fundamentais da Vida, sejam elas de ordem espiritual, social ou humana. Sua avançadíssima missão é, no dizer de seu Fundador:

— Promover a conciliação universal de todo o conhecimento espiritual e humano, numa poderosa força a serviço dos povos. Cizânia, radicalismos, hostilidades de todos os matizes devem permanecer afastados dos debates e das proposições religiosas, filosóficas, políticas, científicas, econômicas, artísticas, esportivas, o que mais o seja, pois o ser humano nasce na Terra para viver em sociedade, Sociedade Solidária Altruística Ecumênica.

Outro marco importante para a expansão de sua mensagem de Fraternidade Ecumênica ao mundo foi a entrada da Legião da Boa Vontade na ONU[5]. Em 1994, ingressou no Departamento de Comunicação Global (DCG) desse organismo internacional e, desde 1999, possui *status* consultivo geral no Conselho Econômico e Social (Ecosoc) das Nações Unidas, o mais alto grau de reconhecimento que uma Entidade pode alcançar junto a esse órgão. Eu estava ao lado do Presidente-Pregador da Religião do Amor Universal quando ele fez o seguinte relato:

— Lembro-me de um episódio ocorrido na década de 1950, no corredor da antiga Rádio Mundial, no Rio de Janeiro/RJ. Quando o Irmão Zarur se encaminhava aos

[5] **LBV na ONU** — Leia mais sobre o assunto na biografia de Paiva Netto ao final dessa obra.

estúdios para apresentar mais uma edição radiofônica dos seus famosos programas Campanha da Boa Vontade *e* Jesus Está Chamando!, *dirigi-lhe respeitosamente a palavra com o grande entusiasmo dos meus 16 anos de idade, que não se arrefeceu até hoje nem se apagará jamais: — Presidente Zarur, considero um absurdo essa magnífica Doutrina do Novo Mandamento do Cristo, que o senhor vem revelando em seu Sentido Oculto e em seu Sentido Prático, continuar restrita ao Brasil. Vou escrever para a ONU, para governos, religiões, partidos políticos, filósofos, associações, universidades, movimentos de jovens, instituições iniciáticas, enfim, para quem puder, chamando-lhes a atenção para as suas notáveis pregações, de modo que sejam fortemente tocados pelas maravilhas espirituais e sociais que estão sendo promovidas pelo senhor e pela Legião da Boa Vontade. Ele me chamou para perto de si e, muito comovido, me disse: "Paiva, ainda não é o momento. Você fará isso lá adiante, lá no futuro! Mas fará!" E ficou me fitando longamente, como a me dar força e confiança indestrutíveis.*

Lembro-me muito bem de quando me encontrei com o Irmão Paiva no Rio de Janeiro, em meados do mês de agosto de 1975. Entrei no gabinete dele, na Sede Central, levado por meu pai e, com os meus quase 10 anos de idade, ao colocar a cabeça na porta, o Irmão Paiva me olhou e disse: ***"Menino, você nasceu para me ajudar no crescimento da LBV"!*** Aquelas palavras tocaram profundamente minha Alma de garoto, despertando em mim um compromisso ainda maior com esse trabalho eterno. De imediato, ele me pediu algumas providências ao meu alcance, que foram muito úteis no início de minha jornada legionária na Sede Central. E pergunto a vocês: qual tesouro maior pode haver para multiplicar senão este de levantar as Almas, derrubar muros de intolerância, curar corpos e mentes, trazer a Paz ao mundo, respeitar e amar sem distinção? Nosso Senhor Jesus Cristo e Sua Obra Legionária respondem. Afinal, possuem as mãos repletas de realizações pelo bem da humanidade.

E a Sabedoria Espiritual contida nas pregações do Irmão Paiva — seja em que formato estiverem, como gravações em áudio, vídeos, livros, músicas etc. — é o que, de fato, movendo ideias e tocando os corações, faz brotar os meios de sustentação para os trabalhos de nossas Sacrossantas Legião da Boa Vontade, Religião Divina, Fundação José de Paiva Netto, Associação Educacional Boa Vontade e Templo da Boa Vontade.

Além de testemunhar todos esses fatos, tive a honra e o privilégio de participar de inúmeras gravações da série radiofônica "O Apocalipse de Jesus para os Simples de Coração", feitas pelo radialista Paiva Netto em diversas cidades do mundo. Essa popular pregação é a coluna dorsal dos livros que compõem *Jesus e as Sete Igrejas da Ásia*. Portanto, é natural tamanho sucesso alcançado por essa indispensável coleção, que, aliás, já ultrapassou a significativa marca de mais de 4 milhões de livros vendidos.

A exponencial missão apostolar de nosso Irmão Presidente traz um progresso gigantesco à Causa da Boa Vontade, por intermédio da Comunicação 100% Jesus, com a Fundação José de Paiva Netto; a Super Rede Boa Vontade de Rádio; a Boa Vontade TV — uma rede a serviço do Cristo; a Gráfica da Boa Vontade; a Editora Elevação; a Gravadora Som Puro; as revistas BOA VONTADE e JESUS ESTÁ CHEGANDO!, além de outras importantes e imprescindíveis iniciativas empreendedoras para as Instituições da Boa Vontade de Deus.

Minhas Irmãs e meus Irmãos, muito da história de nossa Obra encontra-se publicado na revista BOA VONTADE — *Edição comemorativa dos 75 anos da LBV*, que vocês poderão ter acesso pelo *site* www.revistaboavontade.com.br.

Meu intuito, ao trazer um resumo da saga heroica de Paiva Netto, visa somente ilustrar o seu Espírito altamente pragmático, generoso, caridoso, realizador, incansável e destemido. No meio de inúmeras das lutas narradas, ele estava virando noites nos estúdios de gravação para que pudéssemos desfrutar destas pregações e páginas esclarecedoras. Elas nasceram de incomensurável sacrifício pessoal. Portanto, cientes de uma pequena fração de seus esforços, leiamos suas páginas com os nossos olhos iluminados pela claridade do Cristo, Aquele que tem os *"olhos como chama de fogo"* (Apocalipse, 2:18).

Não foi à toa que, ao nos encontrarmos, no dia 20 de maio de 1992, em Viena, na Áustria, onde o Irmão Paiva realizava um roteiro missionário pelo mundo, levando

Em 20 de maio de 1992, Paiva Netto encontrava-se em roteiro missionário pelo mundo, levando os Sagrados Ideais da Religião Divina. Estando em Viena, na Áustria, nesse dia, sentiu forte presença espiritual e imediatamente solicitou que o fotografassem. Francisco Periotto, seu assessor, conseguiu imortalizar esse instante, revelando no retrato uma luminosidade, que marcou o momento.

os Sagrados Ideais da Religião Divina, ele sentiu forte presença espiritual. Imediatamente, solicitou com eloquência que eu o fotografasse. **Era uma presença de elevada intervenção espiritual.** Consegui registrar, assim, imortalizando aquele instante numa imagem que revelou intensa luminosidade descendo sobre ele.

É dessa Espiritualidade Sublime que os povos necessitam, e é a essa força magnífica que nosso querido Irmão Presidente se conecta para nos ofertar esse banquete espiritual. E a todos nós é concedido o privilégio de sentar-se à sua mesa e nutrir-se desse divino manjar.

Boa leitura a todos!

AS SETE IGREJAS DA ÁSIA

INTRODUÇÃO ÀS SETE IGREJAS DA ÁSIA

Academia Jesus, o Cristo Ecumênico, o Divino Estadista *— Para iniciarmos nosso estudo sobre cada Carta de Jesus às Igrejas que estão na Ásia, Paiva Netto nos convida a compreendermos, em Espírito e Verdade, à luz do Novo Mandamento do Cristo, o extenso significado dessas Sublimes Mensagens do Divino Pegureiro a toda a humanidade. Em suas prédicas para os Simples de Coração, ele nos recorda do que João, o Evangelista-Profeta, descreve acerca do contexto em que ele se encontrava quando recebeu, por intermédio de um Anjo, a Revelação de Jesus:*

> *9 Eu, João, irmão vosso e companheiro na tribulação, no reino e na perseverança, em Jesus,* ***encontrei-me na ilha chamada Patmos, por causa da Palavra de Deus e do Testemunho de Jesus Cristo****.*

> 10 ***Achei-me em Espírito, no Dia do Senhor,***
> *e ouvi por detrás de mim* ***uma grande voz, como de trombeta,***
> 11 *que me dizia:* ***O que vês escreve em livro e manda às Sete Igrejas que estão na Ásia: Éfeso, Esmirna, Pérgamo, Tiatira, Sardes, Filadélfia e Laodiceia.***
>
> (Apocalipse, 1:9 a 11)

A ilha de Patmos tem aproximadamente 16 quilômetros de comprimento e estava distante cerca de 100 quilômetros de Éfeso, a primeira comunidade citada nas Luminosas Missivas. Conforme aprendemos, a ordem das mensagens não é aleatória. Elas abrangem uma sequência espiritual, moral e geográfica, que esta Grande Voz, que é Jesus, dita. Ao olharmos para o mapa da região, notamos que as Igrejas se situam na rota das principais estradas do Império Romano, facilitando a transmissão das Diretrizes Celestes expressas pelo Divino Provedor a cada localidade. Elas também configuram um ciclo no sentido horário, que se inicia em Éfeso, percorre as demais cidades, se encerra em Laodiceia e recomeça em Éfeso. O formato de Carta era um modo muito usual e eficaz de comunicação à época — tempos bem diferentes de hoje, com tantos avanços tecnológicos e inúmeros meios de velozmente se difundir um aviso.

*Na popular série radiofônica "O Apocalipse de Jesus para os Simples de Coração", **Paiva Netto** aclara nossa visão sobre o amplo sentido de Igreja:*

Quanto ao conceito de Igreja

Quando o Apocalipse se refere a Igrejas, não se pode imaginar que sejam os veneráveis templos de pedra aos quais estamos acostumados a admirar. Naquele período, o que existia eram pequenas congregações que geralmente se formavam em lares, por afinidade ao Santo Evangelho do Cristo. Com o passar dos anos, elas iam crescendo, com mais e mais corações sendo tocados pela Palavra de Deus.

Alziro Zarur

O saudoso Proclamador da Religião do Terceiro Milênio, Irmão Alziro Zarur (1914-1979), nas suas pregações, citava os versículos iniciais da Epístola de Paulo a Filêmon (1:1 a 3), para ilustrar esse ponto:

Paulo Apóstolo

Timóteo

> *[1] Paulo, prisioneiro de Cristo Jesus, e o irmão Timóteo, ao amado Filêmon, também nosso colaborador,*

> 2 *e à irmã Áfia, e a Arquipo, nosso companheiro de lutas,* ***e à igreja que está em tua casa***[6]*,*
> 3 *Graça e paz a vós outros, da parte de Deus, nosso Pai e do Senhor Jesus Cristo.*

Então, Igreja aqui são esses agrupamentos, isto é, as partes dos diversos redis que virão a se consolidar no Rebanho Ecumênico[7] de Nosso Senhor Jesus Cristo. Daí a Religião do Amor Universal ter criado as suas Igrejas Familiares[8], que são de supremo valor para a nossa segurança durante os momentos críticos da grande transformação que já está sobre a Terra, porque os Tempos chegaram. Diante disso, o que somos nós aqui agora reunidos em torno dessa análise fraterna e ecumênica? **Somos uma Igreja de Jesus!** Já lhes afirmei que **o altar preferido por Deus para Seu culto é o coração e a mente humanos.**

---

[6] Os grifos em palavras ou expressões nas passagens bíblicas citadas neste livro são todos destaques de Paiva Netto.

[7] **Rebanho Ecumênico do Cristo de Deus** — Leia mais sobre o assunto "Novo e Abrangente Conceito do Rebanho Ecumênico de Jesus", no segundo volume das *Sagradas Diretrizes Espirituais da Religião de Deus, do Cristo e do Espírito Santo* (1990).

[8] **Igrejas Familiares da Religião Divina** — No primeiro volume das *Sagradas Diretrizes Espirituais da Religião de Deus, do Cristo e do Espírito Santo* (1987), de autoria de Paiva Netto, recorram à leitura do subtítulo "Igrejas Familiares no Lar".

Onde estão as Sete Igrejas na atualidade?

Academia Jesus, o Cristo Ecumênico, o Divino Estadista *— No primeiro século da Era Cristã, quando o Evangelista-Profeta João transcreveu tudo o que viu e ouviu, existiam mais do que Sete Igrejas na Ásia Menor. Será que as instruções de Jesus foram endereçadas somente àquelas comunidades do Cristianismo nascente? Evidentemente que não!*

O Presidente-Pregador da Religião do Amor Universal chama a atenção para o fato de que

O Cristo não mandaria um recado tão especial de salvação das Almas — de lições para nos conduzirmos direito na vida, sobrevivermos às lutas diárias — exclusivamente para os povos daquelas pequenas cidades. Elas hoje seriam até minúsculas perto desses portentos que existem, com milhões de habitantes. Logo, também com uma infinidade de problemas de ordem social para serem resolvidos, a partir do Espírito.

No entanto, Jesus escolheu estas localidades específicas para retratar coletivos universais, destinando-lhes, em qualquer tempo, a Sua Palavra de Amor Fraternal. Por essa razão, na atualidade, elas vão muito além do relato verdadeiro da conduta daqueles grupos, que tiveram o seu propósito histórico. Cada uma dessas

Igrejas possui um significado que é dinâmico e representa, no passar dos séculos, estágios de progresso do comportamento espiritual-humano que transcendem as comunidades cristãs, porque o Libertador Divino se dirige a todos os povos e nações.

Ressalte-se que sete é um número simbólico, sendo considerado por alguns estudiosos como o da perfeição. Esse algarismo também caracteriza sete ciclos temporais proféticos que se repetem sucessivamente ao longo do tempo na História do planeta. No presente, estamos enquadrados na Igreja de Laodiceia, que é a Igreja do Fim dos Tempos ou do Juízo Final. Entretanto, devemos nos esforçar para viver sob as benesses da abrangência da Igreja de Filadélfia, a do Amor Fraternal.

Carregamos as próprias Igrejas em nosso íntimo

***Academia Jesus, o Cristo Ecumênico, o Divino Estadista** — Em* Somos todos Profetas *(1991),* ***Paiva Netto** explicitou que*

As Sete Igrejas da Ásia igualmente simbolizam os diversos graus de entendimento e vivência espiritual em que se encontra cada ser humano, de acordo com sua afinidade de sentimento. Na verdade, elas existem, em diferentes gradações, dentro de nós mesmos. Nelas, Jesus aponta qualidades e defeitos, advertindo, pedindo fidelidade e exortando à prática das Boas Obras originárias da Fé Realizante[9].

As áreas do saber espiritual-humano

Por conseguinte, cada comunidade da Ásia indica as várias etapas da evolução espiritual da humanidade. Isso não quer dizer que esse avanço esteja restrito à Religião. Pelo contrário, a Doutrina do Cristo inspira também o desenvolvimento nos terrenos da Economia, da Política, da Filosofia, da Ciência, da Arte, do Esporte, da Educação, da Saúde, do Trabalho e assim por diante, mas tudo partindo da imprescindível Espiritualidade Ecumênica, que é **a Ética Divina iluminando a ética humana**. Ademais, o recado de nosso Mestre demonstra que o Mundo Espiritual permeia o material, prepondera sobre ele e governa seu destino.

---

[9] **Fé Realizante** — É aquela que, seguindo o exemplo de Jesus, realiza Boas Obras e se opõe à fé ociosa, egoística. Ela é o Terceiro dos Quatro Estágios Progressivos e Divinizantes da Fé, conforme define a Religião de Deus, do Cristo e do Espírito Santo: 1) Fé Raciocinada (Allan Kardec); 2) Fé Raciocinante (Alziro Zarur); 3) Fé Realizante (Paiva Netto); e 4) Fé que Diviniza, ou Divinizante (Paiva Netto). Conheça mais sobre esses vanguardeiros conceitos lendo o primeiro volume das *Sagradas Diretrizes Espirituais da Religião de Deus, do Cristo e do Espírito Santo* (1987) e o capítulo "Os Estágios Progressivos e Divinizantes da Fé", no segundo volume da referida coleção, de autoria do escritor Paiva Netto.

Ásia — o útero das Religiões

Portanto, a Mensagem de Jesus às Sete Igrejas da Ásia, **o útero das Religiões do mundo** e campo de origem e experiência de muitas ideologias, fala a todos os planos do conhecimento espiritual e humano. Daí ser tão abrangente a pregação da Religião Divina, a ponto de expressar que o Rebanho Ecumênico do Cristo de Deus não é formado apenas por seres encarnados e desencarnados, mas igualmente por aquilo que produzem de bom e que são eles em sua essência, na Religião, na Ciência, na Política, na Filosofia, na Arte, no Esporte, na vida doméstica, na pública etc. Todos esses ramos do saber são ovelhas que o Boníssimo Pegureiro apascenta para Seu redil universalista. Com efeito, isso inclui seus pensamentos, a parte boa, o aproveitável, aquilo que está em consonância com a Verdade de Deus, que promove a Liberdade Espiritual e Humana, como ensina Jesus: *"Conhecereis a Verdade* [de Deus], *e a Verdade* [de Deus] *vos libertará"* (Evangelho, segundo João, 8:32).

Essa parte apreciável sempre ouvirá a palavra amiga do Cristo, porque se afina com a Sabedoria Celeste, que redime a criatura.

VISÃO GERAL DAS SETE IGREJAS DA ÁSIA

***Academia Jesus, o Cristo Ecumênico, o Divino Estadista** — A compreensão dos ensinamentos contidos nas Sete Igrejas da Ásia é essencial para aplicarmos o discernimento do Apocalipse aos nossos dias. Elas demonstram como Jesus nos avalia e nos orienta diante dos desafios e das oportunidades do nosso tempo, se quisermos ouvir-Lhe as admoestações.*

***Paiva Netto** sintetiza para todos nós a Sabedoria Augusta eternizada nessas Cartas de Esperança:*

O galardão, as promessas, as quedas, as remissões

Fica evidente que o Sublime Pedagogo deste planeta nos conhece por dentro e por fora: **sonda rins e corações** (Apocalipse, 2:23); que Ele pesa os nossos atos e intentos: **conhece as nossas obras** (Apocalipse, 2:2). O Divino Amigo nos acolhe com o Amor Eterno e Incondicional: **nos amou e nos libertou dos nos-**

sos pecados com o Seu sangue (Apocalipse, 1:5); nos corrige com uma disciplina sábia e fraterna, ainda que enérgica: **repreende e castiga a todos quantos ama** (Apocalipse, 3:19); e nos convida ao arrependimento e à comunhão com Ele: **está à porta e bate** (Apocalipse, 3:20).

As Missivas endereçadas às Igrejas da Ásia exaltam a Resplandecente Face e a Excelsa Majestade do Supremo Comandante da Terra, que nos capacita com a Sua Graça e com o Seu Poder: **nos constituiu reino e sacerdotes para o Seu Deus e Pai** (Apocalipse, 1:6); nos abre as portas que ninguém pode cerrar: **é Aquele que tem a chave de Davi, que abre, e ninguém fecha, e que fecha, e ninguém abre** (Apocalipse, 3:7); nos protege dos momentos de prova que atingirão a humanidade: **Eu te guardarei da hora da tormenta que há de vir sobre o mundo inteiro** (Apocalipse, 3:10).

As Cartas às Igrejas da Ásia manifestam igualmente que o Provedor Justo nos recompensa com a Sua Glória e a Sua Eterna Herança: **nos dará a coroa da vida** (Apocalipse, 2:10) e **nos fará colunas do Templo de Seu Pai** (Apocalipse, 3:12); nos oferta um alimento perene: **o maná escondido** (Apocalipse, 2:17) e a **Árvore da Vida Eterna, que produz doze frutos, um para cada mês** (Apocalipse, 2:7; e 22:2); nos afasta do sofrimento mais atroz: **de nenhum modo, sofreremos o dano da segunda morte** (Apocalipse, 2:11); permite que exerçamos o poder justo: **nos dá autoridade sobre as nações** (Apocalipse, 2:26).

Prestar fidedigno testemunho dos ensinamentos do Cristo encaminhados às Suas Igrejas nos habilita — se perseverantes formos aos compromissos assumidos nos Céus — a **trajar as vestes brancas e ter o nome inscrito no Livro da Vida Eterna** (Apocalipse, 3:5), **ter escrito sobre si o nome de Deus e o nome da Cidade Divina** (Apocalipse, 3:12) e **se assentar com Ele no Seu trono de glória** (Apocalipse, 3:21).

Meu Deus! Quantas benesses!

Jesus escolheu estas localidades específicas [as Igrejas] para retratar coletivos universais, destinando-lhes, em qualquer tempo, a Sua Palavra de Amor Fraternal. (...) Cada uma dessas Igrejas possui um significado que é dinâmico e representa, no passar dos séculos, estágios de progresso do comportamento espiritual-humano que transcendem as comunidades cristãs, porque o Libertador Divino se dirige a todos os povos e nações.

BREVIÁRIO

Academia Jesus, o Cristo Ecumênico, o Divino Estadista *— Neste breviário sobre as Sete Igrejas da Ásia,* ***Paiva Netto*** *nos oferece uma síntese com as principais características destacadas pelo próprio Cristo a respeito de cada uma delas:*

Éfeso: a Igreja do retorno à Primeira Caridade (Apocalipse, 2:1 a 7)

Após se apresentar como Aquele que conserva na mão direita as sete estrelas e que anda no meio dos sete candeeiros de ouro, Jesus reconhece as qualidades dos Seus adeptos em Éfeso. Em especial, a perseverança nas provações e a capacidade de perceberem que havia no círculo social deles alguns que se diziam apóstolos, mas não eram. A principal advertência do Cristo é para o fato de terem abandonado a Primeira Caridade. Ele, então, os exorta a se arrependerem e voltarem à prática das primeiras obras. Caso contrário, removeria o candeeiro deles, isto é, perderiam a Luminosidade

Espiritual. Ao vencedor — ou seja, a todo aquele que alcança a vitória em Cristo Jesus —, a promessa de comer dos frutos da Árvore da Vida Eterna, que se encontra no paraíso de Deus.

Esmirna: a Igreja do sacrifício
(Apocalipse, 2:8 a 11)

Nesta Igreja, o Excelso Benfeitor não dará destaque a nenhuma repreensão, pois preparará Seus seguidores para momentos de extremo sacrifício que viriam pela frente. Ele se revela como o Primeiro e o Último, que esteve morto e tornou a viver, e exalta a riqueza espiritual que aquelas Irmãs e aqueles Irmãos conquistaram. Traz Seu incentivo e conforto diante da tribulação de dez dias, que os colocaria à prova, por má ação daqueles que se intitulam apóstolos, mas não são, aos quais Ele chama de templo de satanás. Mas promete a coroa da vida aos que, até à morte, se mantivessem fiéis. Com isso, o vencedor jamais passará pelo dano da segunda morte, a espiritual.

Pérgamo: a Igreja do combate à corrupção espiritual
(Apocalipse, 2:12 a 17)

Aqui, a Mensagem de Jesus é sobre o combate à corrupção espiritual. O Sublime Estratego é anunciado como Aquele que tem a espada afiada de dois gumes. Ele reconhece que a Igreja vive onde está o trono de satanás, ou seja, em meio à idolatria, à devassidão e à maldade humana. O Divino Pedagogo a lisonjeia por não negar o Seu Nome nem a Sua Fé, mesmo quando Ântipas, uma das Suas fiéis testemunhas, foi martirizado. Entretanto, Jesus repreende-a por tolerar alguns que seguiam as doutrinas de Balaão e dos nicolaítas, que induziam o povo a comer coisas sacrificadas aos ídolos e a praticar a luxúria. O Chefe Supremo ordena a todos que se arrependam desses costumes. Senão, Ele viria em breve e pelejaria contra eles com a espada da Sua boca. Ao vencedor o Mestre assegura o maná escondido e uma pedrinha branca, com um nome novo escrito sobre ela, que ninguém conhece, exceto aquele que o recebe.

Tiatira: a Igreja impenitente
(Apocalipse, 2:18 a 29)

Para Tiatira, Jesus se mostra com Sua Força e Autoridade Divina: o Filho de Deus, que tem os olhos como chama de fogo e os pés semelhantes a bronze polido. Em Sua Carta, Ele a saúda por suas ações de Caridade e Perseverança, sendo as recentes obras mais numerosas que as anteriores. Porém, a reprova por tolerar a má influência de uma falsa profetisa, chamada Jezabel, que seduzia os servos de Deus a praticarem a idolatria e a prostituição de toda espécie. O Irrepreensível Juiz declara que a julgaria e sentenciaria, bem como aos seus seguidores, com grande tribulação. Isso porque lhes deu tempo para que fizessem penitência de suas torpezas, todavia mantiveram postura malsã. Jesus exorta os demais membros dessa Igreja, os que não seguem essa enganadora doutrina, a continuarem firmes na Fé e na Verdade, e garante que não irá impor sobre eles outra carga. Ao vencedor concederá autoridade e poder sobre as nações e a Estrela da Manhã (a Estrela Dalva) — o próprio Cristo de Deus.

Sardes: a Igreja que estava morta
(Apocalipse, 3:1 a 6)

Esta é uma das mais severas advertências de Jesus, demonstrando a necessidade de se manter viva a Fé Realizante, evitando a superficialidade espiritual. O Fiel Administrador aparece como Aquele que possui os Sete Espíritos de Deus e as sete estrelas. Ele denuncia que Sardes se disfarça sob uma grande mentira: diz que tem nome de que vive, mas está morta. Ou seja, é aparentemente piedosa, no entanto as obras que pratica espelham uma realidade diferente, tanto que o Cristo afirma que elas não são íntegras diante de Deus. Por isso, lhe ordena que se lembre da Palavra Divina, que recebeu e ouviu, e se corrija. Caso contrário, se não houver vigilância, Ele virá como um ladrão, isto é, se levantará contra aquele povo sem prévio aviso. Contudo, o Bondoso Amigo reconhece haver alguns nessa cidade que não contaminaram as suas vestiduras e exalta aqueles que persistiram na fidelidade. Ao vencedor, Jesus promete cingi-lo de vestes brancas e não apagar seu nome do Livro da Vida Eterna, confessando o nome dele diante do Pai Celestial e de Seus Anjos.

Filadélfia: a Igreja do Amor Fraternal
(Apocalipse, 3:7 a 13)

Trata-se da mais encorajadora das Sete Cartas do Cristo. Esse é o estado espiritual a que todos devemos nos integrar plenamente. Jesus é o Santo, o Verdadeiro, Aquele que tem a chave de Davi, que abre, e ninguém fecha, e que fecha, e ninguém abre. É o Poder Soberano de descerrar os bons caminhos. Ele a elogia por ter guardado a Sua Palavra e não ter negado o Seu Nome, mesmo tendo pouca força. O Governante Celeste coloca diante dela uma porta aberta, que ninguém pode fechar, ou seja, uma oportunidade sem igual de avançar e pregar o Santo Evangelho, expandindo o Reino de Deus entre os povos. O Cristo Ecumênico, o Sublime Estadista, diz que fará com que aqueles que são templo de satanás, que se dizem apóstolos, mas não são, venham, se prostrem aos pés daquela Igreja e reconheçam que Jesus a ama. Ele encoraja a todos a perseverarem, guardarem o que têm, para que ninguém lhes tome a coroa, protegendo-os durante a tormenta que há de vir sobre o mundo inteiro. Ao vencedor fará coluna permanente do Templo de Deus e escreverá sobre ele o nome do Seu Deus, o nome da cidade do Seu Deus e o Seu Novo Nome.

Laodiceia: a Igreja do Fim dos Tempos
(Apocalipse, 3:14 a 22)

Também costumo chamá-la de a Igreja do Juízo Final, ou ainda a Igreja da porta fechada. Por isso, a Mensagem do Cristo a ela é muito austera. Ele se apresenta como o Amém, a Testemunha Fiel e Verdadeira, o Princípio da Criação de Deus. Afirma que aquela comunidade é morna, nem fria nem quente, e que Ele está prestes a vomitá-la da Sua boca. Ela se julga rica, abastada e que não precisa de coisa alguma, dentro da mais completa soberba. Todavia, na verdade, Ele a tem como miserável, pobre, cega e nua. O Senhor da Sabedoria aconselha a todos a comprar Dele ouro refinado pelo fogo, a trajar vestes brancas e a ungir os olhos com o colírio que Ele oferece, ou seja, a buscar viver a Fé genuína, a Justiça Perfeita, bem como os verdadeiros valores espirituais, portanto eternos. Jesus diz que repreende e castiga a quem ama, convidando a comunidade a se arrepender. O Hóspede Celeste está à porta e bate, então humildemente pede que a abramos para

Ele entrar e cear conosco. Ao vencedor, a Promessa do Cristo de se assentar com Ele no Seu trono de glória, da mesma forma que Ele venceu e se sentou com o Pai Celestial no Seu trono de glória.

CARTA DE JESUS À IGREJA EM TIATIRA

CARTA DE JESUS À IGREJA EM TIATIRA

(Apocalipse, 2:18 a 29)

18 *Ao Anjo da Igreja em Tiatira escreve:*
Estas coisas diz o Filho de Deus, que tem os olhos como
chama de fogo e os pés semelhantes ao bronze polido:
19 *Conheço as tuas obras, o teu amor, a tua fé, o teu*
serviço, a tua perseverança e as tuas últimas obras, mais
numerosas do que as primeiras.
20 *Tenho, porém, umas coisas contra ti, porque permites*
a Jezabel, mulher que diz profetizar, pregar e seduzir os
meus servos, para praticarem a prostituição e a comerem
coisas sacrificadas aos ídolos.
21 *Dei-lhe tempo para que fizesse penitência; ela, con-*
tudo, não quer arrepender-se da sua prostituição.
22 *Eu a reduzirei a doente em cima de uma cama, e*
aqueles que adulteram com ela se verão em grandíssima
tribulação, se não fizerem penitência das suas más obras.
23 *Eu ferirei de morte os seus filhos, e todas as Igrejas*
conhecerão que Eu sou Aquele que sonda rins e corações, e
retribuirei a cada um segundo as suas obras.

24 Digo, todavia, a vós outros, os demais de Tiatira, a tantos quantos não têm essa doutrina e que não conheceram, como eles dizem, as profundezas de satanás: Outra carga não jogarei sobre vós;
25 mas guardai bem o que tendes, até que Eu volte.
26 Ao vencedor, que guardar até ao fim as minhas obras, Eu lhe darei poder sobre as nações,
27 e com cetro de ferro as regerá, e as reduzirá a pedaços como se fossem objetos de barro;
28 assim como também Eu recebi de meu Pai, dar-lhe-ei ainda a Estrela da Manhã (a Estrela Dalva).
29 Quem tem ouvidos de ouvir ouça o que o Espírito diz às Igrejas do Senhor.

Belo registro fotográfico de seus pais, Lucimara Augusta e Paiva Netto, feito por Emmanuel Adolfo Rueda de Paiva. Por oportuno, vale lembrar este pensamento do Presidente-Pregador da Religião Divina: **"Feliz o casal que sabe ver-se com os olhos do coração. Para ele o tempo nunca passa. A beleza e o Amor são eternos".**

GRATIDÃO AO DIVINO MESTRE JESUS

***Academia Jesus, o Cristo Ecumênico, o Divino Estadista** — Iniciamos mais uma aguardada jornada de estudos das Cartas de Jesus às Igrejas da Ásia com o Presidente-Pregador da Religião de Deus, do Cristo e do Espírito Santo, José de Paiva Netto. E para obtermos o melhor proveito na absorção dos Ensinamentos Crísticos com os quais teremos contato — visto que o Livro da Revelação é um tratado de sobrevivência dos povos —, é necessário estreitarmos nossa comunhão com Deus, o Cristo e as Almas Benditas. Elas torcem por nosso sucesso e se alegram enormemente com a nossa elevação espiritual.*

*Por isso, integremo-nos em prece com as Forças Sagradas que a tudo regem, como sempre faz o **Irmão Paiva** ao longo de décadas de dedicação missionária na Seara da Boa Vontade de Deus. Um exemplo disso ocorreu em 2 de março de 2025, dia do seu 84º aniversário, quando compartilhou conosco comovente colóquio com o Pai Celestial e o Divino Mestre Jesus.*

Reproduzimos essas sinceras palavras nascidas de seu coração para que nos inspirem a vivermos em permanente sintonia com o Mundo Espiritual Superior. O título da oração é o mesmo que abre este capítulo:

Deus Está Presente!

Querido Jesus, Mestre Amado, Pai de todas as horas, gratíssimo por meus 84 anos de vida, por honra e glória ao Senhor. O Seu Amor me conduz a vida toda.

Falo de coração aberto e agradeço a Proteção Espiritual no trabalho da Seara da Boa Vontade de Deus.

Estou feliz. Desde que me conheço como gente, só tenho a vontade de cumprir a missão confiada por Jesus.

Eis aqui minha súplica pelas Bênçãos de Deus e pela Paz à humanidade.

Querido Jesus, começa agora uma nova fase legionária, sob a invocação do Seu Poder.

Obrigado por dar atenção ao Seu humilde discípulo: José Simões de Paiva Netto.

Querido Jesus, muito obrigado pelos 84 anos de vida apostolar.

Renovo o meu compromisso, o meu Amor pela Causa do Cristo na Terra: a LBV e a Religião de Deus, do Cristo e do Espírito Santo.

Na Terra e no Céu, estamos ligados ao Seu Divino Amor.

Provedor Celeste, toda a vida tenho trabalhado para a implantação do Ecumenismo dos Corações na humanidade.

Suplico a Sua Amorosa Ação Celeste, abençoando o grande trabalho de unir à Humanidade de Cima Superior a humanidade de baixo.

Minha convicção no Cristo permanece inabalável.

Meu entusiasmo só aumenta quando o assunto é Jesus, porquanto estamos sempre dispostos no ideal da Boa Vontade de Deus!

Proteja os Seus filhos no Brasil e no mundo.

Força aos que passam por sofrimento e nem podem revelar.

Minha luta é desenvolver com todos os que me ouvem — esses Seus discípulos de Boa Vontade — um trabalho de Perseverança, de Fé Realizante em Jesus.

84 anos de Fidelidade, de Amor, e assim continuo vibrando pelo Cristo de Deus, Solidário e Ecumênico. Amém!

Minhas Irmãs e meus Irmãos, sintam o meu Amor e respeito. Gratíssimo! Aproveito para agradecer a todos o carinho pelo meu aniversário. Sou muito feliz, muito grato a Deus por tantos amigos e Irmãos em humanidade.

Amor com Amor se paga!

Salve, Jesus! Salve, Jesus! Salve, Jesus!

Viva Jesus em nossos corações para sempre!

APOCALIPSE — DIVINO RECADO DE JESUS

***Academia Jesus, o Cristo Ecumênico, o Divino Estadista** — Abastecidos que estamos nesse contato Céu–Terra, por meio da prece, convidamos todos vocês a se transportarem conosco à época em que o autor de "O Apocalipse de Jesus para os Simples de Coração" apresentou sua fraterna pregação sobre a missiva crística endereçada à comunidade de Tiatira, principalmente durante os programas dessa popular série radiofônica transmitidos em janeiro de 1991. Além disso, traremos análises realizadas por ele em outras ocasiões em que Tiatira foi tema de exame.*

*Começamos com as famosas introduções feitas por **Paiva Netto** ao saudar a atenta e participativa plateia:*

Apocalipse de Jesus para...?

*[**E o povo respondia]:** Os Simples de Coração!*

O Apocalipse é de Quem? De João, o Evangelista--Profeta?

***Povo:** Não!*

Então, de Quem é?

***Povo:** Jesus!*

Que o recebeu de Quem?

***Povo:** De Deus!*

Isso mesmo, **de Deus**! É muito bom ver que vocês estão bastante atentos!

E o Divino Mestre, através de um Anjo (olhem a Hierarquia Celeste), conforme vimos nos estudos anteriores, transmitiu o Recado Profético a João Evangelista, que se encontrava preso e exilado em uma pequena ilha chamada Patmos[10].

João Evangelista

[10] **Patmos** — Pequena ilha grega, situada ao leste do mar Egeu, a 55 quilômetros da costa sudoeste da Turquia. Nela, por ordem do impera-

Gostaria de lembrá-los daquele meu pensamento: **O Apocalipse de Jesus é a grande novidade que tem quase dois mil anos, porquanto a sua mensagem de alerta à humanidade, nascida do Amor de Deus, é atualíssima.** É carta de um verdadeiro amigo a todos avisando:

> — *Olha, se vocês não se comportarem bem, acontecerá isso com os que infringirem a Lei Divina. Se forem por esse caminho, vão cair no precipício.*

É o que Deus faz ao nos mandar — por intermédio do Cristo, do Espírito Santo e da coragem do Evangelista-Profeta — o Livro da Revelação, porque o Pai Celestial *"é Amor"* (Primeira Epístola de João, 4:16). E **o Amor é o grande campeão das mais difíceis batalhas**. Supera todos os sofrimentos. É Deus!

Minhas Irmãs e meus Amigos, minhas Amigas e meus Irmãos, Jesus já vem descendo há bastante tempo à Terra, a fim de cumprir a promessa da Sua Volta Triunfal. E a Luminosidade do Cristo é tamanha que, para se aproximar do planeta, Ele tem de ir conden-

---

dor Domiciano (51-96), João, Evangelista e Profeta, foi exilado e, já se encontrando nonagenário, recebeu o Apocalipse. Narra a história que, durante o exílio, com seu poder de persuasão, convertia todos os guardas da ilha ao Cristianismo, o que levava o imperador a realizar constantemente a troca dos soldados. Com a morte de Domiciano, o Discípulo Amado segue para Éfeso, testemunhando o Cristo até o fim de sua vida.

sando-a, condensando-a, condensando-a, até chegar ao nível do perispírito, que é um corpo espiritual que Ele não possui, porque nem necessidade há para isso. Porém, esse processo se faz preciso para que nós O possamos ver e estar ao Seu lado sem nos desfazermos em nossa composição celular, tão imensa a energia que despende Seu Espírito.

Vejamos um exemplo citado pelo saudoso Proclamador da Religião Divina, o Irmão Alziro Zarur (1914-1979), ao explicar a passagem bíblica sobre a visita da Santíssima Virgem a Isabel, sua prima (Evangelho, segundo Lucas, 1:39 a 56):

> — *Quando uma Entidade chega à categoria de Cristo Planetário, não pode mais nascer de ventre de mulher. O que aconteceria a um corpo feminino? Desintegraria a própria criatura que Lhe servisse de mãe. Eu costumo fazer a comparação para tornar bem claro isso. Por que Jesus não poderia nascer de ventre de mulher? Porque o Sol não cabe na Lua. Experimentem colocar o Sol dentro da Lua. Não é possível. Portanto, não houve derrogação da Lei de Deus, ao contrário, cumpriu-se a Lei. Mas era necessário que houvesse aquela aparência de gravidez física.*

O encontro de Maria e Isabel, por Carl Bloch (1834-1890).

Jesus não desiste de nós!

Pois é essa Sublime Entidade que fala conosco por intermédio das Cartas às Sete Igrejas da Ásia — consoante agora ao agrupamento de cristãos em Tiatira.

Missivas que Ele envia do Seu coração paternal para o nosso, alertando-nos dos fatos que em breve devem acontecer.

Sabemos que as Igrejas da Ásia estão hoje simbolicamente representadas no mundo inteiro, pelos continentes afora. Logo, a Mensagem Celeste é dirigida a todas as crenças e até mesmo aos que não creem na existência de Deus, mas carregam a Caridade como selo de seu coração benévolo. É chegada a hora de todos os estágios da evolução espiritual-humana receberem a aprovação ou não daquilo que possuem em si: sejam aspectos bons, refletindo suas categorias espiritualizadas, ou condições pouco apreciáveis, que precisam de lapidação e burilamento.

Como afirmava o Proclamador da Religião Divina, em suas imorredouras pregações de Paz:

— *Ninguém é perfeito nesse mundo.*

Isso significa que o Julgamento Divino se baseia no saldo das obras: se for positivo, segue a jornada por um caminho; se não for, terá de percorrê-la por outras paragens de aprendizado e redenção. É isso, meus Irmãos e minhas Irmãs: **Jesus jamais desiste de nós!** Não O abandonemos nunca. Se há um Amigo neste orbe que nos sustenta a vida é Ele, a Luz que não cria sombras!

Os Simples de Coração

Vocês já ouviram ou leram explicações minhas sobre quem são os Simples de Coração, aos quais humildemente me dirijo em preleções fraternas, mas não custa repetir. A simplicidade de coração nada tem a ver com classe social. Associar a isso seria um tremendo engano. Há pobres cheios de soberba e ricos de corações dóceis, e vice-versa, naturalmente. Portanto, essas Almas sedentas pelo alento maior do Pai Celestial podem encontrar-se entre pessoas abastadas ou que vivem em barracos modestos, com recursos materiais escassos. Ou entre criaturas muito cultas e outras que têm pouca escolaridade.

A Revelação de Jesus fala diretamente àqueles que são humildes diante de Deus e querem conhecer a Sua Verdade[11], estejam onde estiverem, vestindo a roupagem reencarnatória que for. Porque o Apocalipse, em Espírito e Verdade, à luz do Novo Mandamento do Cristo — *"Amai-vos como Eu vos amei"* (João, 13:34), **é a destruição dos mistérios** e a realização da maior Profecia do Divino Chefe da humanidade: *"Eu voltarei a vós!"* (João, 14:16). Portanto, **Jesus Está Chegando**!

---

[11] Ensinou o Cristo: *"Conhecereis a Verdade* [de Deus], *e a Verdade* [de Deus] *vos libertará"* [das verdades dos homens] (Evangelho, segundo João, 8:32).

Barril de pólvora

Não se iludam, pois o rastro de pólvora já está aceso no teatro beligerante das nações, vivendo sob desmedida sanha sanguinária. E pode levar a uma explosão mundial daqui a 15 minutos, ou amanhã, ou daqui a um ano... A realidade é que assistimos diariamente a uma série de episódios que estão modificando a face do globo terrestre, com transformações geopolíticas impensadas, mudanças climáticas aterradoras e muitas outras ainda hão de vir. Nada ficará no mesmo lugar: quem hoje está em cima poderá vir para baixo, quem está de um lado poderá se deslocar para o outro... Como dizia o velho Zarur:

> — ***O próximo e último Armagedom[12] deste ciclo modificará a mentalidade das nações.***

Escrevi em minha obra *O Brasil e o Apocalipse*, volume 3 (à época, nos originais): **O Apocalipse não é um livro apenas de uma transição cármica para os povos da Terra. Seu significado não cessa quando da consumação dos acontecimentos proféticos nele anunciados. É claro que as consequências dos fatos vaticinados permanecem.**

---

[12] **Armagedom** — Citado no Apocalipse de Jesus, 16:16: *"E os ajuntaram* [os reis do mundo inteiro] *num lugar que em hebraico se chama Armagedom"*. O saudoso Proclamador da Religião de Deus, do Cristo e do Espírito Santo, Alziro Zarur, falava que *"a guerra total, o Armagedom final, não deixará qualquer nação neutra"*.

Já afirmei que muita gente pensa que Profecia é incidente de um instante:

> — *Vai cair a caixa d'água! Dona Mariazinha profetizou...*

Ocorre a cena prevista e acabou o efeito da profecia. Não, o evento se realizou, mas, se a caixa d'água caiu, como no nosso exemplo, não vai mais servir às pessoas a quem ela atendia. Quais outros desdobramentos advêm dessa fatalidade?

Assim é a Profecia Divina, revelada pelo Cristo: todos os fatos anunciados desenrolam-se em acontecimentos extraordinários. Alguns são mais que isso: terríveis! E a consumação deles vai mudar a vida de todo o mundo. Não será apenas a de alguns, não! Nossas existências serão transformadas de maneiras inimagináveis neste orbe de provas e expiações. E aqueles a quem Jesus concedeu a honra de trabalhar na Sua Seara da Boa Vontade não devem perder tempo a pretexto de coisa alguma. Do contrário, terão que aproveitá-lo, de forma dolorosa, em planetas evolutivamente mais atrasados, semelhantes ao Absinto[13].

---

[13] **Nota de Paiva Netto**

Planeta Absinto — Leiam o que escrevi a respeito do assunto, em 1981, na página "A humanidade do Absinto", publicada em *O Brasil e o Apocalipse*, volume 1 (1984), e no *blog* PaivaNetto.com. Nela, refiro-me a multidões de Espíritos, que a tradição religiosa chama de degredados →

As Igrejas da Ásia estão hoje simbolicamente representadas no mundo inteiro, pelos continentes afora. Logo, a Mensagem Celeste é dirigida a todas as crenças e até mesmo aos que não creem na existência de Deus, mas carregam a Caridade como selo de seu coração benévolo.

→ filhos de Eva, expulsos do Paraíso. Hoje, sabemos que são os desterrados de um dos corpos celestes que giram em torno da estrela Capela. Quando chegaram à Terra? Como se deu sua relação com aqueles que já se encontravam nos primeiros estágios evolutivos aqui? Serão expulsos novamente deste mundo os que permanecerem na maldade? O que é o planeta Absinto? As respostas para essas perguntas vocês encontrarão no citado texto.

A VALENTE CIDADE DE TIATIRA

***Academia Jesus, o Cristo Ecumênico, o Divino Estadista** — Logo na introdução da análise que faz a respeito da Igreja em Tiatira, o Presidente-Pregador da Religião do Amor Universal, **Paiva Netto**, que também é jornalista, já nos traz um* lide, *com o suprassumo do que encontraremos nesse estudo:*

Deturpação do poder humano

Tenho-os desafiado ao entendimento do que está escrito no Livro das Profecias Finais e a participação de vocês tem me surpreendido[14]. A simples leitura das

[14] Esse é um fato marcante dessas aulas de "O Apocalipse de Jesus para os Simples de Coração". Durante toda a jornada de estudos que Paiva Netto fez com o povo, entre os anos de 1990 e 1992, e que ainda vão ao ar pela Super Rede Boa Vontade de Rádio, vocês podem perceber inclusive a presença de muitas crianças e pessoas da Terceira Idade. Incentivados pelo Presidente-Pregador da Religião Divina, eles respondem às perguntas feitas ou mesmo pegam do microfone para expor aquilo que estão aprendendo com as aulas. Convidamos vocês a ouvirem essas pregações

Cartas às Sete Igrejas da Ásia já nos deixa emocionados. A apresentação do Cristo no texto enfatiza que não serão as armas dos exércitos poderosos que decidirão os nossos destinos. **Jesus não permite isso a ninguém.**

Neste encerramento de ciclo apocalíptico, cada um de nós — homens, mulheres, jovens, crianças, de qualquer etnia, crença ou descrença, filosofia, predileção política; enfim, indivíduos, povos e nações, na carne ou no Mundo Espiritual —, **todos nós estamos decidindo os nossos destinos.**

E, na Igreja em Tiatira, versículo 26 do capítulo 2 do Apocalipse de Jesus, está contida esta verdade:

> — *Ao vencedor, que guardar* ***até ao fim*** *as minhas obras, Eu lhe darei poder sobre as nações.*

O Cristo está prometendo o **Poder além do poder**, porque, conforme veremos no transcurso de nosso despretensioso estudo, **o grande recado corretivo desta Mensagem do Divino Ressuscitado é quanto à deturpação do poder humano**, isto é, o emprego corrompido dele com as suas inevitáveis consequências espirituais, morais e materiais.

---

pelo excelente aplicativo Boa Vontade Play, que possui grande acervo delas.

Um centro estratégico

***Academia Jesus, o Cristo Ecumênico, o Divino Estadista** — Antes de estudarmos, com o Presidente-Pregador da Religião do Terceiro Milênio, versículo a versículo, esta Luminosa Missiva do Cristo de Deus aos Seus valorosos seguidores em Tiatira, compreendamos um pouco mais sobre essa cidade pertencente à Ásia Menor. Ela é atualmente nomeada como Akhisar, compondo a parte ocidental da Turquia, distante aproximadamente 48 quilômetros da costa do Mar Egeu, hoje contando com uma população de mais de 180 mil habitantes.*

Se repararmos na sua localização geográfica, na parte norte do antigo reino da Lídia, podemos concluir que ela se encontra em posição estratégica, servindo de conexão para influentes polos da região: Pérgamo a noroeste, Esmirna a sudoeste e Sardes e Filadélfia a sudeste.

Apesar de sua importância e dos registros arqueológicos indicarem que a área era habitada desde 3.000 a.C., pouco se sabe efetivamente sobre sua história. Isso tem uma explicação simples: por estar no centro de uma vasta planície, entre os vales dos rios Hermus e Caicos, possuía poucas defesas naturais, isto é, sem montanhas em torno que lhe oferecessem proteção. Por isso, era vulnerável a ataques, sendo frequentemente destruída e reconstruída ao longo do tempo. Daí não terem sobrevivido muitos registros.

Por outro lado, essa mesma geografia a tornava um local valioso, pois podia servir de anteparo a invasores que almejavam alcançar outras cidades ao redor. Foi isso que também percebeu Seleuco I Nicátor (aprox. 358-281 a.C.), um dos generais de Alexandre, o Grande (356-323 a.C.), que refundou Tiatira, no início do século 3 a.C.

***Paiva Netto** ainda nos apresenta outros relevantes aspectos:*

Fortificação militar

Já abordamos isso em outras ocasiões, mas vale o reforço: após o controle persa, desde o século 6 a.C., o expansionismo de Alexandre Magno, o famoso rei da Macedônia, conquistou a região no fim do século 4 a.C. Com sua morte, em 323 a.C., porções do seu reino foram distribuídas a alguns de seus generais, dentre eles Cassandro (aprox. 355-297 a.C.), Lisímaco (aprox. 360-281 a.C.), Ptolomeu (aprox. 367-283 a.C.), Antígono (382-301 a.C.) e Seleuco (aprox. 358-281 a.C.). Foi um período de muitas guerras, alianças e quebra delas.

Nesse contexto, Seleuco fortaleceu Tiatira como um posto militar. Nela, instalou soldados macedônios, para que servissem como uma espécie de guarnição a impedir ou pelo menos retardar o avanço dos reinos rivais, especialmente de Lisímaco, que governava a

Sítio arqueológico de Tepe Mezari, localizado em Akhisar, na Turquia, preserva alguns vestígios da antiga cidade de Tiatira.

Trácia, a Mísia e a costa até Éfeso, e buscava conquistar mais territórios.

Com a morte de Lisímaco e a ascensão do reino de Pérgamo[15], Tiatira eventualmente passou a servir como ponto de defesa da estrada que conectava essa

[15] Leia o que Paiva Netto explicou acerca do reino de Pérgamo no capítulo "A capital de um império", em *Jesus e as Sete Igrejas da Ásia — Pérgamo* (2024), reunido e organizado pela Academia Jesus, o Cristo Ecumênico, o Divino Estadista.

cidade ao sudeste da Ásia Menor, desempenhando um papel fundamental na segurança da região. Isso explica a similitude entre ambas as localidades, bem como algumas analogias no teor dos dois recados de Jesus, conforme veremos adiante.

Não é sem motivo que a representação do herói de Tiatira, chamado de Tyrimnos (mais tarde assimilado como Apolo Tyrimnos), é um soldado montado sobre um cavalo, segurando um machado na mão. Isso está diretamente associado à função da cidade no mundo daquele tempo: ser uma colônia militar que serve de proteção ao seu colonizador.

Origem do nome

É incerta a origem do nome "Tiatira", havendo discussões sobre a etimologia exata da palavra. Uma tradição aponta que Seleuco, ao receber a notícia do nascimento de sua filha enquanto estava em campanha militar, teria chamado a nova cidade de "Thyateira". Essa explicação, contudo, é mais lendária do que historicamente comprovada.

Há também quem argumente que designe "sacrifício contínuo", em virtude do papel que a cidade desempenhava no anteparo a avanços de forças adversas. Em registros mais antigos, a cidade pode ter sido chamada de Pelópia ou Euípia, antes da influência macedônica.

Muito além de uma finalidade guerreira

Com o fim da dinastia dos Atálidas e a passagem do reino de Pérgamo para o domínio romano, em 129 a.C., não havia mais necessidade de Tiatira cumprir a função anteriormente atribuída a ela. Sem perder seu valor defensivo e logístico, a partir da *Pax Romana*, ocorre significativa prosperidade econômica lá, tornando-a um forte centro comercial, manufatureiro e de comunicação, em virtude da sua localização estratégica no cruzamento de rotas principais.

Evidências indicam que a cidade abrigava diversas corporações de ofício, chamadas posteriormente de guildas, que nada mais eram do que associações compostas por membros especializados em determinadas profissões. Entre elas, estavam as de fabricantes de lã e linho, curtidores de couro, oleiros, padeiros, comerciantes de escravos, ferreiros e fabricantes de bronze e tintureiros. Acerca destes últimos, Tiatira ficou muito conhecida pelo tom de púrpura avermelhado, obtido a partir da raiz de *rubia tinctorum* ou ruiva-dos-tintureiros.

As corporações fortaleciam os laços sociais e políticos, fazendo da cidade um ponto de convergência para mercadores.

O cenário religioso em Tiatira

Por ser uma localidade de trânsito e composta por populações diferentes — gregos, romanos, orientais e posteriormente judeus e cristãos —, Tiatira absorveu e difundiu diversificadas ideias e práticas culturais e religiosas. Lá havia uma intensa tradição pagã, sendo sua principal divindade o anteriormente citado Apolo Tyrimnos. Ele era frequentemente representado em moedas ao lado do imperador romano, simbolizando a fusão do culto imperial, com seus festivais de adoração, às crenças locais.

É provável que lá houvesse uma comunidade judaica, embora pouco documentada. Lídia, uma comerciante mencionada no livro dos Atos dos Apóstolos, era uma vendedora de púrpura originária da cidade, o que sugere a participação de judeus e a presença feminina na economia local.

Vejamos o relato bíblico que registra esse evento, durante viagens missionárias de Paulo e Timóteo:

> 11 *Tendo, pois, navegado de Trôade, seguimos em direção a Samotrácia, no dia seguinte, a Neápolis*
> 12 *e dali, a Filipos, cidade da Macedônia, primeira do distrito e colônia. Nesta cidade, permanecemos alguns dias.*
> 13 *No sábado, saímos da cidade para junto do rio, onde nos pareceu haver um lugar de oração; e, assentando-nos, falamos às mulheres que para ali tinham concorrido.*
> 14 ***Certa mulher, chamada Lídia, da cidade de Tiatira, vendedora de púrpura, temente a***

Deus, nos escutava; o Senhor lhe abriu o coração para atender às coisas que Paulo dizia.

15 Depois de ser batizada, ela e toda a sua casa, nos rogou, dizendo: Se julgais que eu sou fiel ao Senhor, entrai em minha casa e aí ficai. E nos convenceu.

(Atos dos Apóstolos, 16:11 a 15)

Que notável exemplo de simplicidade de Alma! Há quem cogite ter sido Lídia e sua família que, regressando a Tiatira, deram início à comunidade cristã, a qual passou a se desenvolver nesse ambiente marcado pelo amálgama de costumes, mescla de tradições e pluralidade de pensamentos. É evidente que não há como saber ao certo. Mas o fato é que lá seguidores do Caminho[16] buscavam, a despeito das inúmeras adversidades, viver a Sagrada Doutrina do Cristo.

A esses Jesus dirigirá Suas abençoadas palavras, as quais estudaremos, versículo a versículo. Ele não o fez para a ruína de quem quer que seja. Pelo contrário, Ele é o Pastor Zeloso que cuida das Suas ovelhas, presentes nos mais diferentes apriscos do mundo. Com Sua inconfundível voz, plena de Autoridade Espiritual, as conduz para paragens seguras, mesmo que não percebam. Sigamos, com pertinácia e Fé Realizante, o chamado do Divino Mestre!

---

[16] **Seguidores do Caminho** — Como também eram conhecidos os primeiros cristãos.

Tenho-os desafiado ao entendimento do que está escrito no Livro das Profecias Finais e a participação de vocês tem me surpreendido. A simples leitura das Cartas às Sete Igrejas da Ásia já nos deixa emocionados. A apresentação do Cristo no texto enfatiza que não serão as armas dos exércitos poderosos que decidirão os nossos destinos.

SINTONIA COM O ALTO

Academia Jesus, o Cristo Ecumênico, o Divino Estadista *— Contemplados os aspectos gerais dessa importante cidade do passado, singularmente honrada pelo Sábio dos Milênios com uma de Suas marcantes Cartas, elevemos ainda mais o nosso pensamento e o nosso sentimento. Que esse banquete espiritual disposto à mesa por Nosso Senhor Jesus Cristo possa alimentar os recônditos de nossa Alma!*

Passemos a palavra a ***Paiva Netto****, que mais uma vez nos convida a* "raciocinar com o coração e a sentir com o cérebro", *de maneira que possamos ser arrebatados em Espírito por essa sagrada ambiência do Livro da Revelação:*

> 18 *Ao Anjo da Igreja em Tiatira escreve:*
> *Estas coisas diz o Filho de Deus, que tem os olhos como chama de fogo e os pés semelhantes ao bronze polido.*
> (Apocalipse, 2:18)

Já lhes expliquei que esse Anjo não é somente o líder espiritual da Igreja em Tiatira, ou em Sardes, ou em Filadélfia, ou em Laodiceia, enfim em todas elas, a começar por Éfeso, passando por Esmirna e Pérgamo. Não! É também — e prestem atenção! — **o Anjo que conduz do Mundo Espiritual aquela coletividade**. Cada uma delas tem o seu Guia Protetor e até mais de um.

Estamos em pleno empenho para realizar uma das mais relevantes determinações da Religião de Deus, do Cristo e do Espírito Santo, firmada na Bíblia Sagrada, que é **unir à Humanidade de Cima a humanidade de baixo**, com a Revolução Mundial dos Espíritos de Luz, na Quarta Revelação[17]. Isso significa dizer que temos

---

[17] **Revolução Mundial dos Espíritos de Luz, na Quarta Revelação** — Anunciada em 1953, por Alziro Zarur (1914-1979), abrange um amplo movimento de caráter ecumênico total, que promove o intercâmbio consciente entre as Duas Humanidades: a da Terra e a do Céu da Terra. A iniciativa ganhou corpo a partir da década de 1990, quando o escritor Paiva Netto deu maior desenvoltura às reuniões práticas do Centro Espiritual Universalista (CEU), criando, em 6 de janeiro de 1992, o primeiro grupo de Mediunidade Direta da Religião do Amor Universal. Sob o comando de Paiva Netto — que acrescentou ao título dessa Revolução Divina a expressão "de Luz" —, o Irmão Dr. Bezerra de Menezes coordena, no Mundo Espiritual, esse vanguardeiro trabalho. Em 3 de abril de 1993, o bondoso clínico do Céu assim se expressou: *"A equipe médica da Medicina Divina está olhando a todos, não somente aqueles que estão dentro dos recintos das Igrejas Ecumênicas da Religião de Deus, do Cristo e do Espírito Santo, mas também a todos aqueles que não puderam se deslocar, por dificuldades físicas, orgânicas, materiais. Estamos com 50 mil médicos do Etéreo trabalhando, a todo vapor, para a libertação dos males físicos e espirituais do Brasil e do mundo"*.

de juntar o menor ao maior: **os povos da Terra aos do Céu da Terra — naturalmente, aos que estão a serviço do Bem**. Não o contrário, pois poderia causar a impressão de estarmos incentivando a adoração de um deus antropomórfico, isto é, aquele que o ser humano, ainda rebelde, criou à sua imagem e semelhança, repleto de falhas, porque isso é o que civilizações — mas... civilizadas?! — têm feito em grande parte da História.

Defendemos, antes de mais nada, o **Deus Divino**, exaltado pelo saudoso Irmão Alziro Zarur em seu "Poema do Deus Divino", no qual inspiradamente versejou:

> *Deus sempre desce até Seu filho, o homem,/*
> *Quando o homem sobe até seu Pai, que é Deus!*

Ora, isso se fundamenta no que Jesus revelou à mulher samaritana, ao lado do poço de Jacó, ao afirmar que **Deus é Espírito**:

> [19] *Senhor, disse-Lhe a mulher, vejo que Tu és Profeta.*
> [20] *Nossos pais adoravam neste monte; vós, entretanto, dizeis que em Jerusalém é o lugar onde se deve adorar.*
> [21] *Disse-lhe Jesus: Mulher, crê no que Eu digo: a hora vem em que nem neste monte, nem em Jerusalém adorareis o Pai.*

22 Vós adorais o que não conheceis; nós adoramos o que conhecemos, porque a salvação vem dos judeus.
23 Mas vem a hora e já chegou, em que os verdadeiros adoradores adorarão o Pai em Espírito e em Verdade; porque são estes que o Pai procura para Seus adoradores.
24 Deus é Espírito; e importa que os Seus adoradores O adorem em Espírito e em Verdade.

(Evangelho do Cristo, segundo João, 4:19 a 24)

Um diálogo inesquecível

Na Cruzada do Novo Mandamento de Jesus no Lar[18], em 17 de janeiro de 1988, domingo, dei especial atenção a esse marcante diálogo, porque a figura dessa mulher samaritana, vocês verão em nosso estudo, é a antítese de outra que surgirá aqui em Tiatira — Jezabel. Mas voltemos àqueles primeiros dias de 1988:

---

[18] **Cruzada do Novo Mandamento de Jesus no Lar** — Veiculada, toda segunda-feira, na Super Rede Boa Vontade de Rádio (veja a relação de emissoras no portal Boa Vontade ou baixe o aplicativo Boa Vontade Play), a Cruzada do Novo Mandamento de Jesus no Lar é transmitida diretamente da Igreja Familiar nº 1 da Religião de Deus, do Cristo e do Espírito Santo, sob a responsabilidade do casal Paiva Netto, e estendida a todas as Igrejas Familiares da Religião do Amor Universal. Para se inteirar mais sobre esse importante trabalho da Religião Divina, leia o primeiro volume das *Sagradas Diretrizes Espirituais da Religião de Deus, do Cristo e do Espírito Santo.*

Vivemos os tempos finais do ciclo apocalíptico. Dentro em pouco, o mundo não mais será igual ao que conhecemos hoje. Pode parecer estranho talvez a alguns que nos escutam nesse momento, contudo todas as Profecias de Jesus no Evangelho e no Apocalipse hão de se realizar. Dois terços já se cumpriram, o terço final também se dará.

— Ah, mas eu não vejo nada de extraordinário no mundo...

Então, você fechou os olhos à realidade, meu Irmão, minha Irmã. Certamente está ouvindo pela primeira vez a pregação da Religião Divina no rádio, na televisão, na imprensa... E fique certo de uma coisa: no encerramento desta etapa, você, muita vez, não terá nem tempo de correr para os templos religiosos feitos por mãos humanas.

— Quer dizer então que Deus me deixa ao abandono na hora mais difícil da civilização?

Não, meu Irmão, em hipótese alguma, minha Irmã. Jesus nos concede a chave. Qual é?! Está no Seu colóquio espiritual com a samaritana junto ao poço de Jacó. E os paradigmas já começaram a ruir no momento em que o Divino Professor lhe dirigiu a Sua Palavra Santa. Sim, porque, sendo ela samaritana, como é que

Jesus, de origem judaica, a ela falava com respeito e consideração cidadã?! Os samaritanos formavam um povo desprezado pelos judeus daquele tempo. Havia um confronto permanente entre ambos sob todos os aspectos, principalmente religioso. Basta ver que os israelitas adoravam a Deus no templo de Jerusalém, e os habitantes da Samaria o faziam no monte Garizim.

E aquela mulher simples perguntou ao Mestre onde deveria cultuar o Criador, depois de Jesus revelar-lhe alguns segredos da vida particular dela própria, inclusive que tivera cinco maridos. Ela exclamou:

— *Senhor, vejo que Tu és Profeta!*

(Boa Nova, segundo João, 4:19)

E a ela, que muitos, em sua hipocrisia, apedrejariam — pois sempre estão dispostos a lapidar os pecadores — foi a quem o Celeste Educador revelou esta verdade palmar:

— Deus é Espírito!

Jesus (João, 4:24)

O Sublime Pegureiro não se dirigiu aos catões. Estes com frequência são os maiores transgressores, porque trazem o pecado da crueldade também no coração e sentem prazer em condenar a todos indiscriminadamente. Enquanto o Bom Pastor manda que se busque a ovelha perdida[19], onde quer que ela se encontre, e jamais a relega ao abandono ou a entrega à turba de linchadores. Ele se regozija em recuperá-la.

É evidente que você não vai deixar as coisas virarem bagunça, não é?! Principalmente em uma Obra Divina como a Religião do Amor Universal. Contudo, se há a justiça do mundo, sobre essa prepondera a Justiça de Deus, que ordena amar. Pedro Apóstolo, em sua Primeira Epístola (4:8), vem ao nosso socorro:

Apóstolo Pedro

> — *Tende, antes de tudo, ardente Caridade uns para com os outros, porque o Amor cobre uma multidão de pecados.*

E o ensaísta francês Luc de Clapiers, Marquês de Vauvenargues (1715-1747), arremata:

Luc de Clapiers

> — *Não pode ser justo quem não é humano.*

Ora, à samaritana Jesus revelou ser Ele o Messias prometido desde Moisés. E disse-lhe ainda aquelas pa-

---

[19] Evangelho, consoante os relatos de Mateus, 18:10 a 14; e Lucas, 15:3 a 5.

lavras que muitos de vocês conhecem e que resumo desta forma:

> — *Tempo virá em que Deus não mais será adorado em templos de pedra, feitos por mãos humanas, porque Deus é Espírito e como tal quer ser adorado. Porquanto, sois vós o Templo do Deus Vivo!*

Quem conseguir afinar sua Alma no diapasão do Cristo sempre se sentirá confortado, pois para o Espírito não há barreiras de Espaço-Tempo.

GLORIFIQUEMOS OS NOSSOS LARES

Na hora do Armagedom, muitos farão a grande descoberta de serem *"o Templo do Deus Vivo"*. Porque, no instante da dor, o ser humano eleva o pensamento e o rosto ao Pai Celestial. Mas os Legionários da Boa Vontade de Deus já se preparam para esses acontecimentos — e falta tão pouco para o encerramento deste ciclo —, porque sabem que o culto do Evangelho e o criterioso estudo do Apocalipse de Jesus, em Espírito e Verdade, sob o prisma do Novo Mandamento do Divino Amigo, são primaciais para suportarmos os dramas terríveis que se avizinham deste orbe.

Emmanuel

A respeito da vital importância de fortalecermos as nossas famílias, mormente nestes tempos, Emmanuel (Espírito), pela psicografia de Chico Xavier (1910-2002), ditou imorredoura página à nossa reflexão:

Chico Xavier

Culto cristão no lar

O culto do Evangelho no lar não é uma inovação. É uma necessidade em toda parte onde o Cristianismo lance raízes de aperfeiçoamento e sublimação.

A Boa Nova seguiu da Manjedoura para as praças públicas e avançou da casa humilde de Simão Pedro para a glorificação no Pentecostes.

A palavra do Senhor soou, primeiramente, sob o teto simples de Nazaré e, certo, se fará ouvir, de novo, por nosso intermédio, antes de tudo, no círculo dos nossos familiares e afeiçoados, com os quais devemos atender às obrigações que nos competem no tempo.

Quando o ensinamento do Mestre ressoa entre as quatro paredes de um templo doméstico, os pequeninos sacrifícios tecem a felicidade comum.

A observação impensada é ouvida sem revolta.

A calúnia é isolada no algodão do silêncio.

A enfermidade é recebida com calma.

O erro alheio encontra compaixão.

A maldade não encontra brechas para insinuar-se.

E aí, dentro desse paraíso que alguns já estão edificando, em benefício deles e dos outros, o estímulo é um cântico de solidariedade incessante; a bondade é uma fonte inexaurível de paz e entendimento; a gentileza é inspiração de todas as horas; o sorriso é a senha de cada um e a palavra permanece revestida de luz, vinculada ao amor que o Amigo Celeste nos legou.

Somente depois da experiência evangélica do lar, o coração está realmente habilitado para distribuir o pão divino da Boa Nova junto da multidão, embora devamos o esclarecimento amigo e o conselho santificante aos companheiros da romagem humana, em todas as circunstâncias.

Não olvidemos, assim, os impositivos da aplicação com o Cristo, no santuário familiar, onde nos cabe o exemplo de paciência, compreensão, fraternidade, serviço, fé e bom ânimo, sob o reinado legítimo do amor, porque, estudando a Palavra do Céu em quatro Evangelhos, que constituem o Testamento da Luz, somos, cada um de nós, o quinto Evangelho inacabado, mas vivo e atuante, que estamos escrevendo com os próprios testemunhos, a fim de que a nossa vida seja uma revelação de Jesus, aberta ao olhar e à apreciação de todos, sem necessidade de utilizarmos muitas palavras na advertência ou na pregação.

Minhas Irmãs e meus Irmãos, de fato, nesta época de tantos desafios que vivenciamos no mundo, mantermos coesas as nossas casas no ideal eterno do Santo e Redentor Evangelho-Apocalipse do Divino Amigo *"é uma necessidade em toda parte onde o Cristianismo* [do Cristo] *lance raízes de aperfeiçoamento e sublimação"*. Os Cristãos do Novo Mandamento, Amigos de Jesus, sabem que *"a Boa Nova seguiu da Manjedoura para as praças públicas e avançou da casa humilde de Simão Pedro para a glorificação no Pentecostes"*. É um Novo Pentecostes[20], glorioso acontecimento que se repete neste final de ciclo apocalíptico, com a descida dos Espíritos do Bem, a Humanidade Bendita, Superior. Ela fará brilhar a Palavra do Divino Senhor, que *"soou, primeiramente, sob o teto simples de Nazaré e, certo, se fará ouvir, de novo, por nosso intermédio, antes de tudo, no círculo dos nossos familiares e afeiçoados, com os quais devemos atender às obrigações que nos competem no tempo"*, consoante nos revela Emmanuel. Fato que se dará desde agora e além da Grande Tribulação[21], muito adiante do Armagedom (Apocalipse, 16:16). É uma honrosa missão das Igrejas Familiares da Religião Divina, visto que seu compromisso primeiro é espargir a Caridade Espiritual, consoante registramos nas Sagradas Diretrizes Espirituais da Religião do Amor Universal.

Algodão do silêncio

Quando o ensinamento do Mestre Jesus *"ressoa entre as quatro paredes de um templo doméstico, os pequeninos*

[20] A Bíblia Sagrada narra que, ao cumprir-se o Dia de Pentecostes, os Apóstolos foram simultaneamente tomados por manifestações espirituais que lhes permitiram pregar o Evangelho em outros idiomas (Atos dos Apóstolos de Jesus, 2:1 a 4). Por extensão, a palavra é empregada para exprimir ações humanas intuídas por Espíritos Superiores, nossos Anjos Guardiães, por exemplo.

[21] **A Grande Tribulação** — Evangelho de Jesus, segundo Mateus, 24:3 a 28; Marcos, 13:3 a 23; e Lucas, 21:7 a 24.

sacrifícios tecem a felicidade comum", assevera o Benfeitor Espiritual. Até mesmo a crítica impensada que se nos arrojam passa a ser *"ouvida sem revolta"*. Por que ódio? Temos que transformar a calúnia e a afronta em lições para a nossa vida. Então, a injúria será *"isolada no algodão do silêncio"*, como nos assegura o Mentor Invisível. Espere mais um pouco[22], conte até dez, até cem, até mil. Porque muitos dissabores serão afastados da nossa existência se exercitarmos a serenidade. A doença passa a ser *"recebida com calma"*. De que adianta o desespero?

> — *Ah, meu Deus! Meu filho está doente! Minha filha! Ah, que faço?*

Ao nos exasperarmos, podemos colocar em risco a confiança de nossos filhos, porque os pais são essa força que os mantém seguros. E, guardando a tranquilidade d'Alma, elevando o pensamento a Deus, as soluções começam a brotar dos nossos corações, o socorro celeste nos bate à porta e, no bojo dele, Benfeitores na Terra passam a nos ajudar no desafio colocado à nossa frente.

Igualmente, fitando o mundo com o olhar de Jesus, *"o erro alheio encontra compaixão"*. Por que tacar mais fogo no planeta? A humanidade está precisando de

---

[22] **Espere mais um pouco** — Recomendamos a leitura da página "Mais um pouco", de autoria do Irmão Dr. André Luiz (Espírito) e que Paiva Netto publicou em seu livro *Como Vencer o Sofrimento* (1990).

bombeiros para apagar as chamas das paixões turbulentas que geram as violências de todos os matizes. Sim, policiemos o nosso Espírito e a nossa língua, e a violência diminuirá em toda parte até se extinguir. É difícil?! Então, lutemos por conquistar essa vitória de aplacar o mal que está dentro de nós mesmos. Com essa atitude equilibrada, o ódio não encontrará *"brechas para insinuar-se"*, vai ser jogado no lixo.

Meus Irmãos e minhas Irmãs, **glorifiquemos os nossos lares**. É preciso consagrá-los a Deus, ao Cristo e ao Espírito Santo (ou Espírito da Verdade, ou Paráclito), porque este é o momento mais grave da História do mundo. E como atestava o Irmão Zarur:

— *Não há segurança fora de Deus.*

E busquemos essa proteção aos nossos ambientes domésticos, destacando a face extraordinária da Religião do Terceiro Milênio, com sua Religiosidade pragmática a serviço do Brasil e de toda a humanidade.

Um conhecimento que impacta nossa forma de pensar o mundo

Após transcrever trechos dessas minhas palavras no ano de 1988, gostaria de acrescentar ainda a essa revelação feita por Jesus à samaritana — *"Deus é Espírito"* — o apontamento do livro de Gênesis, 1:27, no qual encontramos outro importante entendimento espiritual:

> — *Criou Deus, pois, o homem à Sua imagem e semelhança, à imagem e semelhança de Deus o criou; homem e mulher os criou.*

A humanidade ainda é limitada no uso de todas as capacidades cerebrais que possui. Apesar das muitas novas descobertas apresentadas pela admirável Ciência, por exemplo, no campo da Neurociência, muitos passos faltam para a sociedade chegar ao entendimento do que ela própria é em essência e constituição: **Espírito**. Dessa magna realidade desdobram-se as inúmeras implicações sociais, culturais, econômicas, políticas, científicas, religiosas, artísticas etc. Sem esse pleno discernimento, ocorre certa dificuldade de o ser humano integrar-se em Deus, no Seu Espaço-Tempo, para tornar-se com Ele a própria Profecia[23].

Na ausência dessa ligação superior, o que se observa? A inversão dos polos, com a orientação sendo determinada pela transitoriedade da matéria e a consequente

---

[23] Aprofunde-se no assunto lendo, em outro volume da coleção "O Apocalipse de Jesus para os Simples de Coração", *Somos todos Profetas* (1991), em especial o subtítulo "O Juízo Final é o Dia do Senhor manifestado no plano histórico-temporal".

construção de altares para um deus antropomórfico[24]. Depois, não queremos que estourem tantas tragédias no mundo? Recusamo-nos a trilhar a estrada da Lei Divina e, como crianças irresponsáveis — sem ofendê-las —, ainda reclamamos da situação quando fazemos tábula rasa dos ensinamentos do Deus Divino. Esse quadro precisa mudar.

União consciente das Duas Humanidades

Quando Jesus endereça Suas Luminosas Missivas aos Anjos das Igrejas — e sempre citando-os no primeiro versículo de cada Carta —, Ele está transmitindo os mais elevados recados espirituais, morais a todos os que têm *"olhos de ver e ouvidos de ouvir"*[25], por intermédio dos celestes representantes daquelas comunidades cristãs.

De que maneira acessar tão primordiais advertências, que só engrandecem nossas Almas? Como ouvir

---

[24] **Deus antropomórfico** — *Vide* o subtítulo "Deus não é o falibilíssimo Júpiter" no livro *Tesouros da Alma* (2017), do escritor Paiva Netto.

[25] ***"Olhos de ver e ouvidos de ouvir"*** — Encontramos essa expressão no Corão Sagrado, 32ª Surata:12: *"(...) Ó Senhor nosso, agora temos olhos de ver e ouvidos de ouvir (...)"*. Também no versículo 8 do capítulo 8 do Evangelho de Jesus, segundo Lucas, podemos ler: *"(...) Quem tem ouvidos de ouvir ouça"*; e no Apocalipse, 2:17: *"Quem tem ouvidos de ouvir ouça o que o Espírito diz às Igrejas do Senhor. Ao vencedor Eu darei do maná escondido, bem como uma pedrinha branca, e sobre ela escrito um nome novo, que ninguém conhece, exceto aquele que o recebe"*.

a voz do Excelso Pegureiro sendo reverberada pelos Amigos Espirituais designados a nos guiar pela jornada humana? As restrições sensoriais e cognitivas não podem servir de empecilho para o não cumprimento das determinações sublimes que descem do Sagrado Coração de Jesus. Teria Ele proferido Palavras Santas para serem jogadas ao vento?

Por óbvio, a resposta é não, pois voltamos ao que o Sábio dos Milênios revelou à mulher samaritana: ***"Deus é Espírito"***. E, em Gênesis, o primeiro livro do Pentateuco Mosaico, encontramos que **fomos feitos à imagem e semelhança de Deus**, portanto **somos Espírito Eterno**. Logo, é inerente à nossa natureza espiritual captar as Verdades Divinas que ressoam das dimensões celestes. Afinal, **somos todos sensitivos**. E é imperioso que promovamos **a união consciente das Duas Humanidades**[26] — a da Terra com a do Espaço.

Observem bem o que escrevi: **união consciente**. E mais: sob a **égide do Novo Mandamento do Cristo** — *"Amai-vos como Eu vos amei. Somente assim podereis ser reconhecidos como meus discípulos"* (Evangelho, segundo João, 13:34 e 35). Aproximemos do nosso convívio espiritual-humano os **Seres de Luz que atuam**

[26] **União consciente das Duas Humanidades** — Para saber mais sobre esse importante assunto, leia "A abrangente missão do Templo da Boa Vontade", no segundo volume das *Sagradas Diretrizes Espirituais da Religião de Deus, do Cristo e do Espírito Santo* (1990) ou no *blog* PaivaNetto.com.

pelo progresso de todos os povos, porquanto o que temos visto por aí é o transitório governo de seres inferiores, magiando e impulsionando a atos de barbárie sem tamanho multidões e multidões pelo planeta.

A Religião do Amor Universal segue em sua permanente missão de esclarecer os seres humanos sobre as realidades eternas. Com ela, aprendemos que **Liberdade Espiritual significa a integração com nossos Anjos Guardiães, Almas Benditas que o Excelso Provedor dispõe para nos guiar em nossa trajetória de iluminação espiritual!**

Guardando a tranquilidade d'Alma, elevando o pensamento a Deus, as soluções começam a brotar dos nossos corações, o socorro celeste nos bate à porta e, no bojo dele, Benfeitores na Terra passam a nos ajudar no desafio colocado à nossa frente.

ELEVAÇÃO ESPIRITUAL DOS POVOS — JESUS CHEGOU!

É mais que urgente elevar o mundo material em direção ao Mundo Espiritual Superior, pois a Humanidade de Cima a serviço de Deus vem se aproximando com a vinda da Nova Jerusalém (Apocalipse, 21:2), que desce do Céu. Até que isso ocorra em definitivo, é necessário que os povos dos mais diversos quinhões da Terra — universalizando o sentido de Jerusalém para todos os habitantes do planeta — atendam àquela convocação do Cristo, que diz:

O lamento de Jesus sobre Jerusalém

37 *Jerusalém, Jerusalém, que matas os Profetas e apedrejas os que te foram mandados! Quantas vezes quis Eu* [Jesus] *juntar os teus filhos, como a galinha protege os seus pintinhos debaixo das asas, e tu não o quiseste!*
38 *Eis que a vossa casa vos ficará deserta.*

> 39 *Declaro-vos, pois, que, desde agora, já não me vereis, até que venhais a dizer:* ***Bendito Aquele que vem em nome do Senhor!***[27]
>
> (Evangelho, segundo Mateus, 23:37 a 39)

Isto é, por um tempo não me vereis, porque rejeitastes tudo que fiz para vos salvar!

Minhas Irmãs e meus Irmãos, a Jerusalém Celeste vem descendo, pois esta é a programação sideral, pautada no inexorável cumprimento das Leis Divinas. E com ela, **Jesus já vem se aproximando**. Quando Ele chegará? Não sabemos. Ele próprio adverte:

> 36 *Mas a respeito daquele dia e daquela hora ninguém sabe, nem os Anjos dos Céus, nem o Filho, mas somente o Pai.*
>
> Jesus (Mateus, 24:36)

Evangelista Mateus

Porém, a expectativa que essa extraordinária Profecia de Sua Volta Triunfal provoca é saudável, porque ficamos sempre a nos preparar para recebê-Lo, como o an-

[27] Inspirado nessa extraordinária passagem bíblica, Paiva Netto compôs a belíssima música *Bendito Aquele que vem em nome do Senhor*, que recebeu arranjo do Maestro Legionário Vanderlei Pereira e a interpretação do Coral Ecumênico e da Orquestra Boa Vontade. Para ouvi-la, aponte a câmera para o QR Code ao lado ou acesse o aplicativo Boa Vontade Play.

fitrião que anseia recepcionar alguém muito querido. **Jesus Está Chegando!** E Ele é um Espírito tão evoluído, tão Divino, que não pode vir de chofre.

A eloquência de Deus para acordar os distraídos

Jesus está descendo e vai adequando a Sua Vibração Sublime à natureza ainda densa da nossa humanidade. **Eis que o Cristo vem sem demora! Seu Glorioso Retorno atravessa os milênios, anunciando uma nova era!** E à frente Dele, Seus batedores, conforme Ele mesmo revelou no Sermão Profético:

> [30] *Então, aparecerá no céu o sinal do Filho de Deus; todos os povos da Terra se lamentarão e verão o Filho de Deus vindo sobre as nuvens do céu, com poder e grande glória.*
>
> [31] *E **Ele enviará os Seus Anjos, com grande clangor de trombeta**, os quais reunirão os Seus escolhidos, dos quatro ventos, de uma a outra extremidade dos Céus.*
>
> (Boa Nova, segundo Mateus, 24:30 e 31)

Vejam só! Antes virão os Seus Anjos com *"grande clangor de trombeta"*, uma potência sonora sem precedentes, que ecoará nos *"quatro ventos, de uma a outra extremidade dos Céus"*!

Já ouviram trombetas tocando? Imaginaram o som forte delas? **É a eloquência de Deus para acordar os distraídos.** A vinda do Divino Mestre ocorre, portanto, em um crescendo. **Ouçamos os Seus batedores! Serão eles também os Anjos das Sete Igrejas?!**

ADENDO

Quatro Fases Iniciáticas da notável pregação da Religião de Deus, do Cristo e do Espírito Santo

Academia Jesus, o Cristo Ecumênico, o Divino Estadista *— Em 25 de janeiro de 1991, ao estudar com o povo a Carta do Cristo à Igreja em Filadélfia (Livro da Revelação, 3:7 a 13),* ***Paiva Netto*** *espiritualmente lançou a Quarta Fase Iniciática da notável pregação da Religião do Terceiro Milênio:* ***Jesus Chegou!*** *Na ocasião, defendeu:*

Antes que um grande astro se aproxime de outro qualquer, a sua influenciação eletromagnética começa a se fazer sentir. E há também mais um fato de natureza física: os pequenos corpos celestes que estejam transitando, por perto, no Espaço são empurrados adiante dele. Eles seriam, assim, uma espécie de vanguarda.

É o caso de Jesus. As Quatro Fases Iniciáticas da notável pregação da Religião de Deus, do Cristo e do Espírito Santo[28] são: **Jesus Está Chamando!**, **Jesus Está Voltando!**, **Jesus Está Chegando!** e **Jesus Chegou!** Ora, o Cristo é um Luminoso Astro, uma Elevadíssima Potência. Aqueles que têm sensibilidade espiritual vão percebendo os Seus eflúvios, como se um poderoso campo gravitacional interagisse com o orbe terrestre. É só ver a influência da Lua sobre a tábua das marés, o nascimento das plantas, o crescimento do cabelo... Se o satélite de nosso planeta provoca tudo isso, imaginem um Corpo Espiritual da magnitude do Cristo?! Então, espiritualmente **JESUS CHEGOU!** Depois vêm as consequências desse extraordinário fato. Os sinais proféticos estão aí para quem tem *"olhos de ver e ouvidos de ouvir"*.

Os ministros pregadores, os pregadores ecumênicos, os embaixadores, os seareiros da Boa Vontade, da Religião do Amor Universal, os Cristãos do Novo Mandamento, Amigos de Jesus, têm de anunciar isso por toda a parte, como abre-alas, porque a principal finalidade desta Obra Divina é anunciar a Volta Triunfal do Cristo.

---

[28] Para saber mais sobre o tema, consulte "A grande devolução a ser feita e os quatro aspectos de Deus", constante do segundo volume das *Sagradas Diretrizes Espirituais da Religião de Deus, do Cristo e do Espírito Santo* (1990), de autoria de Paiva Netto. Acesse: www.PaivaNetto.com/livros.

Diapasão do Cristo

Ainda a respeito da eloquente e divinal melodia entoada pelos Seres Luminosos, os Anjos de Deus, quando da Vinda do Filho do Altíssimo, ela não ficará restrita a um ou outro lugar. Pelo contrário, alcançará o coração de todos os que estiverem na sintonia de Paz que deles emana. Quem assim conseguir afinar sua Alma no diapasão do Cristo sempre se sentirá confortado, pois **para o Espírito não há barreiras de Espaço-Tempo**. Contudo, quem se distrai, gradualmente, se desconecta da corrente vibratória do Bem e sofre as consequências da influência espiritual maléfica que aproxima de si.

A Lei da Atração Universal possibilita o congraçamento de Amigos do Mundo da Verdade que tanto desejam nos ajudar a evoluir. Essa realidade foi descrita por Nosso Senhor Jesus Cristo, que afiançou, em Seu Santo Evangelho, segundo Mateus, 18:20:

> — *Onde houver dois ou mais reunidos em meu nome, aí estarei no meio deles.*

E nós nos reunimos, ainda que somente estejamos nós e nossos Anjos Guardiães, para que o Divino Pastor esteja sempre entre nós, ofertando o Incomparável Alento prometido por Ele a todos que O buscam:

> [28] *Vinde a mim, todos vós que estais exaustos e oprimidos, e Eu vos aliviarei.*
> [29] *Tomai sobre vós o meu jugo e aprendei de mim, porque sou pacífico e humilde de coração; e achareis descanso para as vossas Almas.*
> [30] *Porque o meu jugo é suave, e o meu fardo é leve.*
> (Boa Nova, consoante Mateus, 11:28 a 30)

Apenas vive sob a ditadura da carne aquele que não aceita essa convocação de Quem quer e tem o poder de aliviar a nossa vida do sofrimento causado pela ignorância espiritual. E isso nos leva a uma visão sombria ao invés de nos revelar a claridade do olhar do Filho de Deus, que espanta toda a treva, pois *"tem os olhos como chama de fogo"*, conforme registra a Carta Dele à Igreja em Tiatira (Apocalipse, 2:18).

O nosso aviso a todos e a todas que estão perdendo as oportunidades que lhes batem à porta a todo instante é que os Tempos chegaram! Com Jesus não se brinca. Como sentenciou o Apóstolo Paulo, em sua Epístola aos Gálatas, 6:7:

> — *Não vos enganeis. Deus não se deixa escarnecer. Aquilo que o homem semear, isso mesmo terá de colher.*

TUDO É FREQUÊNCIA, VIBRAÇÃO, MELODIA E SOM

***Academia Jesus, o Cristo Ecumênico, o Divino Estadista** — Muitos que acompanham essas explicações do autor de* Somos todos Profetas *podem se questionar: "Mas como sintonizar, na nossa pequenez, os Amigos Invisíveis que habitam os Altos Páramos Celestiais? Como ouvir o '*grande clangor de trombetas*' anunciando a presença de Jesus entre nós?" Vem a calhar este instrutivo diálogo do Presidente-Pregador da Religião de Deus, do Cristo e do Espírito Santo com o nobre Dr. Bezerra de Menezes (Espírito), por intermédio da sensitividade do Legionário da Boa Vontade Chico Periotto, durante Cruzada do Novo Mandamento de Jesus no Lar, no dia 9 de setembro de 2006 (sábado), em Glorinha/RS. Nesse colóquio, o Médico dos Pobres, verdadeiro Anjo de Deus que zela por todos nós, discorre sobre a importância da música elevada para a conexão Céu–Terra, Terra–Céu, no exercício da permanente educação mediúnica.*

Paiva Netto *saúda o ativo Emissário de Jesus:*

Nobilíssimo Dr. Bezerra de Menezes, seja muito bem-vindo à nossa Cruzada do Novo Mandamento de Jesus no Lar.

Corrente musical da Boa Vontade Celeste

Deus Está Presente!

Dr. Bezerra de Menezes — *Viva Jesus em nossos corações para sempre!*

Ouvir sublimes composições que engrandecem e curam também os Espíritos *é muito importante, nobres Amigos e Irmãos. Haverá um dia em que as multidões, tocadas pelos sentimentos de harmonia das Legiões do Bem do Espaço, estarão com suas Almas integradas na audição de tantas* ***melodias especiais que trazem purificação*** *aos nossos sofridos Espíritos.*

Proponho aos milhões que nos ouvem, por todos os cantos da Terra, que em suas rotinas parem suas atividades, por alguns minutos, e adentrem na ***poderosa corrente musical da Boa Vontade Celeste****. Entoem com devoção os Cânticos de Glória, de Prosperidade, de Saúde e Paz, por intermédio dos*

Dr. Bezerra de Menezes

inspirados acordes[29] *de nosso Irmão Maior Paiva Netto, que tanto bem fazem aos mundos espiritual e material. Utilizem-se delas para atender às carências de seus vasos físicos, recebendo a* ***fluidificação diretamente em seus corpos*** *numa experiência notável de sucesso.*

Em nosso Mundo Espiritual, ***a música é magia intensa de renovação*** *de todos para o enfrentamento dos problemas que, do "lado de cá", temos que superar todos os dias. Acelerem a recuperação de suas chagas expostas, pelos extratos talentosos das composições legionárias.*

União consciente entre Espíritos da Terra e do Céu

Os seres que plenamente confiam em Jesus sentem, em grande escala, as poderosas emanações segundo a segundo. Esse estímulo é definitivo para acender o entusiasmo pelos assuntos pertinentes ao engrandecimento dos corações, das Almas e do Espírito Infinito.

---

[29] Você pode ouvir as belíssimas Músicas Legionárias no aplicativo Boa Vontade Play e em plataformas de streaming como Spotify, Apple Music, Deezer e YouTube. Também podem ser acompanhadas durante toda a programação da Super Rede Boa Vontade de Comunicação. Consulte a relação de emissoras pelo *site* BoaVontade.com/radio.

Crer na intercessão de Seres Amigos que se comovem com os apelos dos que estão na carne é medida acertada. *O parâmetro é a* ***união consciente, com raiz profunda na amizade fraternal*** *de homens, mulheres, jovens, crianças e Espíritos Amigos e, portanto, presentes. E aos que ainda não conseguem crer em plenitude, sintam os benefícios do aconchego de tão contundentes melodias, que exalam aromas de conforto e de felicidade. O importante é* ***não desistirmos de nossos ideais****, que somam esforços nos dois planos, espiritual e material, regando as flores que rodeiam nossos passos na estrada terrena.*

Antídoto eficaz

A música divinal é fonte de Paz, antídoto às tribulações e ajuda a prevenir as mais difíceis moléstias que chacoalham a matéria e, muitas vezes, abalam o Espírito.

E, no embalo do Amor musical, hosanas ao Senhor, pelo talento magnânimo ofertado ao Apóstolo de Jesus, Irmão Maior Paiva Netto.

O mundo precisa, com urgência, acalmar-se. E a música elevada transporta os ***extratos de tranquilidade*** *originários do Mundo Espiritual Superior.*

Sabemos que todas as funções do vaso físico são renovadas e aprimoradas quando dedicamos mais tempo às melodias celestes.

O poder das melodias inspiradas em Jesus

Todos aprimoram suas percepções psicossomáticas *quando se concentram nas melodias que vêm da inspiração de Jesus, nosso Senhor, compreendendo um pouco mais dos caminhos de seus Irmãos do Espaço, que também amam e sofrem.*

Felizes dos que abraçam em grande unção esses momentos de exaltação do Universo, sentindo a profundidade de Deus, nosso Pai. Suas operações diárias, nos mais diversos trabalhos, serão executadas com grande responsabilidade e sucesso.

Sejamos parte do progresso de Deus

Permaneçam unidos e tocados pelas manifestações dos Anjos do Senhor, que formam, com o coro de baixo, a grande orquestra do Mundo Espiritual. *Aproveitem ao máximo essa* ***ligação****. Transportemos para os desafios da vida as grandes emanações de vitória, que são frutos dessa* ***ligação extraordinária da Terra e do Espaço****.*

Aos corações que sofrem com a dureza de suas provações físicas, mentais, emocionais e, sobretudo, espirituais, aguentem e entendam que nada de mau irá acontecer quando suportamos com honra os encargos divinos. ***Que limpem os corações e que cicatrizem os ferimentos por meio da oração e da vigilância.*** *As experiências do Espaço nos mostram que* *não devemos deixar de lado as ocorrências impostas pela vida, muitas vezes inesperadamente.* ***Anjos Guardiães nos acompanham*** *e todos, numa escala evolutiva, seguem* ***rumo ao progresso libertador****.*

Sejamos parte do progresso de Deus, ontem, hoje e eternamente.

Viva Jesus!

Paiva Netto — Viva Jesus em nossos corações para sempre!

Governo Divino e Poder Espiritual

Grato, nobre amigo Dr. Bezerra de Menezes, por suas palavras e pelas instruções riquíssimas, das quais jamais podemos prescindir.

Já dizia o saudoso Irmão Alziro Zarur:

> — *O segredo do governo dos povos é unir a humanidade da Terra à Humanidade do Céu.*

Naturalmente, sob os auspícios da Ordem Suprema de Jesus. Aliás, o Amor do Mandamento Novo do Cristo **não significa compadrio ou condescendência com o erro, corrupção, incompetência, malandragem**. Ele é o contrário de tudo isso. Mas não constitui represália. **Trata-se de Justiça Perfeita e oportuni-**

dade de acertar. Portanto, a Lei de Deus é solidária, não vingativa.

Ora, reitero sempre que promessa de amigo nosso é nossa promessa também. É por isso que estamos aqui promovendo humildemente a Revolução Mundial dos Espíritos de Deus, na Quarta Revelação, anunciada na imprensa pelo nosso Presidente-Fundador, em dezembro de 1953. Jornalista que foi, o Irmão Zarur escreveu em vários órgãos da mídia brasileira. Com o seu pensamento ecumênico, levou a palavra da Sabedoria que provém do Evangelho-Apocalipse de Jesus a todos os corações que quisessem participar dessa mensagem.

Portanto, sigamos em frente com este tão nobre compromisso espiritual!

Antes [da Grande Volta Triunfal do Cristo à Terra] virão os Seus Anjos com *"grande clangor de trombeta"*, uma potência sonora sem precedentes, que ecoará nos *"quatro ventos, de uma a outra extremidade dos Céus"*! Já ouviram trombetas tocando? Imaginaram o som forte delas? É a eloquência de Deus para acordar os distraídos. A vinda do Divino Mestre ocorre, portanto, em um crescendo. Ouçamos os Seus batedores! Serão eles também os Anjos das Sete Igrejas?!

"OLHOS COMO CHAMA DE FOGO"

(Parte 1)

***Academia Jesus, o Cristo Ecumênico, o Divino Estadista** — Vamos retomar o versículo 18 do capítulo 2 do Apocalipse de Jesus, nesta análise detalhada que o Presidente-Pregador da Religião do Amor Universal realizou em suas aulas, de improviso, pelo ar.*

*A uma plateia atentíssima, em janeiro de 1991, assim se expressou **Paiva Netto**:*

Como vocês têm observado, precisamos estar atentos aos pormenores nesse estudo, porque há todo um universo espiritual-simbólico a dialogar com os fatos que velozmente se dão, seja em nossa ambiência particular, seja na vivência global. É tudo uma chave que nos permite acessar conhecimentos antes ocultos nas entrelinhas desse compêndio de revelações sublimes.

Não é bom irmos ponto a ponto, sem pressa, na nossa análise, em Espírito e Verdade, sob a luminosidade da Ordem Suprema de Jesus? Assim, não passamos desapercebidos por nenhum ensinamento.

Sigamos, portanto, vigilantes ao que afirma o Cristo Ecumênico, o Divino Estadista (Apocalipse, 2:18):

> — *Ao Anjo da Igreja em Tiatira escreve:* ***Estas coisas diz o Filho de Deus****, que tem os* ***olhos como chama de fogo*** *e os* ***pés semelhantes ao bronze polido****.*

Está claríssimo que Quem se dirige aos seguidores do Caminho, localizados em Tiatira, não é João Evangelista ou outra pessoa: **é o Filho de Deus**. Algumas traduções da Bíblia Sagrada falam em *"Filho do homem"*. Contudo, o saudoso Irmão Zarur explicava que

Profeta Ezequiel

essa expressão se refere a Ezequiel. Vejamos o que consta do livro deste grande Profeta no Antigo Testamento, em várias passagens. Por exemplo, no capítulo 2, versículo 1:

> — *Esta voz me disse:* ***Filho do homem****, põe-te em pé, e falarei contigo.*

Mas a que voz ele se reporta? Leiamos os versículos de 26 a 28 do capítulo 1, em que Ezequiel descreve Quem falava com os seres viventes e, por consequência, com ele próprio:

26 *Por cima do firmamento que estava sobre a sua*
cabeça [dos seres viventes], ***havia algo semelhan-***
te a um trono*, como uma safira; sobre esta espécie*
de trono, estava sentada ***uma figura semelhante a***
um homem*.*
27 *Vi-a como* ***metal brilhante, como fogo ao re-***
dor dela*, desde os seus lombos e daí para cima; e*
desde os seus lombos e daí para baixo, ***vi-a como***
fogo e um resplendor ao redor dela*.*
28 *Como o aspecto do arco que aparece na nuvem em*
dia de chuva, assim era o resplendor em redor. Esta
era ***a aparência da glória do Senhor****; vendo isto,*
caí com o rosto em terra e ouvi a voz de Quem falava.

Que merecimento de Ezequiel em ver tão portentosa cena espiritual! Fica muito evidente que se tratava de um notável Profeta (o Filho do homem), todavia, perto de Jesus (o Filho de Deus), era ainda muito pequenino.

A felicidade do Cristo com o nosso crescimento

Aliás, todos somos minúsculos perante o Supremo Governante do planeta Terra. Bem que **Ele quer que cresçamos** e nos oferece Seu exemplo de labuta e perseverança. É o que todo comandante, governante, diretor ou diretora, administrador ou administradora, chefe de equipe, pregador ou pregadora que tenham gáudio — isto é, prazer no crescimento daqueles que trabalham com eles — precisam fazer. O ensinamento que devemos seguir é este: **Jesus tem verdadeiro júbilo em ver os habitantes do orbe que Ele comanda se libertarem da ignorância espiritual**.

Se um time cresce, isso demonstra que quem o coordena é capacitado. Sempre deixei claro que meço a competência dos administradores das Instituições da Boa Vontade[30] pelo **desempenho das suas equipes**. Portanto, quando aparecer algum problema, os Irmãos responsáveis têm de resolvê-lo com inteligência, sem criar outros piores. Não há necessidade de agir com arrogância nem grosseria. Lembro-me, quando era bem jovem ainda, de ouvir o Irmão Zarur a todo momento repetir esse provérbio da sabedoria popular:

> — *Queres conhecer o vilão? Põe-lhe o bastão na mão.*

Depois, esse bastão se vira contra o vilão, pela Lei de Causa e Efeito[31], e pode lhe abrir o crânio. Não

---

[30] **Instituições da Boa Vontade (IBVs)** — Formadas pela Legião da Boa Vontade (LBV); pela Religião de Deus, do Cristo e do Espírito Santo; pela Fundação José de Paiva Netto; e pela Associação Educacional Boa Vontade.

[31] **Lei de Causa e Efeito** —Também conhecida como Lei do Retorno, segundo a qual *"a semeadura é livre, mas a colheita, obrigatória"*. Conforme avisou o Celeste Professor: *"a cada um será dado de acordo com as suas*

escrevo isso para abalar ninguém nem dar respaldo a qualquer tipo de violência. Apenas procuro expressar **alertamentos sinceros para preveni-los dos sérios desdobramentos de possíveis equívocos cometidos no exercício humano do poder.** A História está repleta de exemplos, a começar pela Revolução Francesa (1789-1799).

Mas atenção: **tais lições** sobre o bom ou mau emprego do poder humano **valem para todos nós**. Não pensem que são apenas para os que possuem os mais altos cargos públicos ou estejam na administração de grandes instituições. O pai e a mãe, por exemplo, exercem poder (autoridade e influência) sobre os filhos. E isso se expande para diversas outras relações: o escritor com seu leitor; o comunicador com a audiência; o artista com o público; o professor com seu aluno; o mentor com o aprendiz; o religioso com os adeptos; o cantor com a plateia; o tutor com o animal de estimação e assim por diante.

Todos temos poder nas mãos, que é capaz de prejudicar alguém, a depender de nossas escolhas, mas que também pode significar o engrandecimento daqueles com quem temos responsabilidades espirituais-humanas, **ao optarmos pelo que é correto, ético e fraterno**.

---

obras" (Evangelho de Jesus, segundo Mateus, 16:27); e no livro de Jó, 34:11: *"Pois Deus retribui ao homem segundo as suas obras"*.

Em qualquer dos casos, estejamos certos de que **o Tribunal Divino segue atento**, contabilizando até mesmo um fio de cabelo que de nossas cabeças se desprende:

> — *Não se perderá um só fio de cabelo da vossa cabeça* [sem que Deus saiba] (Evangelho, segundo Lucas, 21:18).

Evangelista Lucas

Logo, **ao escrutínio da Justiça Perfeita nada escapa, pois, conforme sempre digo, no Tribunal Celeste vigora o Amor, mas não existe impunidade.**

Jesus tem verdadeiro júbilo em ver os habitantes do orbe que Ele comanda se libertarem da ignorância espiritual. Se um time cresce, isso demonstra que quem o coordena é capacitado. Sempre deixei claro que meço a competência dos administradores das Instituições da Boa Vontade pelo desempenho das suas equipes.

“OLHOS COMO CHAMA DE FOGO”

(Parte 2)

Fogo que transpassa as impurezas

É interessante notar que a figura semelhante a um homem que Ezequiel vê é **envolta em fogo** — o mesmo elemento que caracteriza os olhos do Filho de Deus, ao apresentar-se à Sua Igreja em Tiatira. Não são para atemorizar, mas sim **iluminar com a força inconteste da Verdade Divina**, que **transpassa quaisquer impurezas** e **enxerga em plenitude** o modo de ser de cada um. Trata-se de **contraponto à visão humana ignorante das coisas espirituais e sem Amor na Alma**, que se ilude fácil com as aparências dos fatos e é ludibriada pelas distrações da matéria.

O que encontramos no Santo Evangelho que muito contribui para a compreensão desta passagem do Redentor Apocalipse?

> [22] *São os olhos a lâmpada do corpo (...).*
>
> Jesus (Mateus, 6:22)

A lâmpada do corpo! Ou seja, na manifestação espiritual do Filho de Deus, dirigindo-se à Sua Igreja em Tiatira, **Seus olhos eram realmente um potente farol**, porque **Ele sabia ver a parte boa e discernir o que não era apreciável** naquela confusão toda montada por Jezabel, a respeito da qual veremos adiante. O Libertador Divino a tudo percebe, enxerga muito além das imperfeições e hipocrisias, mas não se vale disso para a nossa destruição. Pelo contrário: as chamas dos Seus olhos são para nos mostrar **o que precisa ser melhorado,** a fim de nos **purificar pela prática das Boas Obras** nascidas da consciência plena de quem somos e do que precisamos realizar para a nossa redenção espiritual.

Não seria muito melhor nos espelharmos nesse modo de agir do Cristo? Todavia, infelizmente, há pessoas na Terra que não conseguem ver nada de bom nos seus Irmãos.

A luz prevalece nas trevas

Há até aqueles que querem ajudar outras criaturas, contudo só sabem notar aquilo que chamam de parte ruim. Depois buscam alcançar a própria felicidade, mas dessa maneira fica difícil, pois se tornam reféns da prisão mental imposta por tanto pessimismo no olhar. O Pedagogo Celeste lamenta isso no prosseguimento da passagem do Evangelho, consoante Mateus, 6:22 e 23:

> 22 *São os olhos a lâmpada do corpo. Se os teus olhos forem bons, todo o teu corpo será luminoso;*
> 23 *se, porém, os teus olhos forem maus, todo o teu corpo estará em trevas. Portanto,* ***caso a luz que em ti há sejam trevas, que grandes trevas serão****!*

Vem muito a calhar, em nossas explanações para os Simples de Coração, a leitura de uma página espiritual de autoria de Valérium (Espírito), psicografia de Waldo Vieira (1932-2015), que pude trazer à audiência da Super Rede Boa Vontade de Rádio, em 1988, dentro da série "Lições de Vida[32]":

Lições ocultas

No meio do caminho havia um fruto podre. Fora muito disputado, mas estava podre agora.

Transeuntes, ao darem com ele, torciam o nariz e se afastavam. Censurava-se, à meia voz, a quem havia deixado ali, na rua, semelhante imundície.

---

32 **"Lições de Vida"** — Popular série de Paiva Netto, veiculada diariamente na Super Rede Boa Vontade de Rádio. Para ouvi-la, consulte a relação de emissoras pelo *site* BoaVontade.com/radio ou baixe o aplicativo Boa Vontade Play.

Ora, fruto podre gera podridão — diziam homens prudentes. Mulheres que passavam referiam-se ao desleixo indesculpável. Crianças aproximavam-se e tocavam-no, de leve, para atirarem com ele, de novo, ao chão, com desprezo evidente. Nem os animais se sentiam tentados a incluí-lo na sua ração.

Mas veio o lavrador e tomou-o com bondade. Cortou-lhe os envoltórios, dissecou-lhe os tecidos e apanhou-lhe as sementes, vivas e puras, internando-as no solo...

E, em pouco tempo, árvores vigorosas, nascidas daquele fruto menosprezado, erguiam-se da terra, carregadas de flores e de muitos frutos nutritivos...

Meus Irmãos, nossos erros são também como frutos podres. Vezes e vezes, quem passa olha para eles com ar de repugnância. E quem os analisa, quase sempre, amaldiçoa ou reprova. Mas, se lhes buscarmos as lições ocultas, lições que existem quais as sementes nos frutos deteriorados, com elas construiremos caminhos outros no rumo da perfeição.

Todos somos lavradores da terra de nós mesmos. E a cultura perfeita de nossas experiências e destinos pede também que plantemos e replantemos.

Estimadas Irmãs, prezados Irmãos, que me honram com a sua leitura, façamos a nossa escolha pela sementeira da Boa Vontade, seguindo a Suprema Ordem do Misericordioso Lavrador, que nos incentiva: *"Amai-*

-vos como Eu vos amei" (João, 13:34). O contrário é ter olhos de trevas, que obscurecerão tudo à nossa volta.

Que tal nos decidirmos pela visão bondosa e iluminada do Filho de Deus?! Ele nos alertou para que não façamos da nossa morada, isto é, de nosso Espírito, um ambiente de maldade e penumbra.

Nós, os Legionários da Boa Vontade, Cristãos do Novo Mandamento, escolhemos o doce olhar de Jesus![33]

Cristãos do Novo Mandamento de Jesus, a hora é essa!

Essa é a hora de a Juventude Ecumênica da Boa Vontade de Deus, os Soldadinhos de Deus, a Religião Divina, os Cristãos do Novo Mandamento, Amigos de Jesus, **tomarem de suas Agendas Espirituais**[34] **e erguerem essa era nova**, de Paz e de Fraternidade Ecumênica, **antecipando a descida da Nova Jerusalém**, que baixará à Terra fazendo jus ao anseio dos justos.

---

[33] Para se aprofundar no tema, aconselhamos a leitura da página "O olhar de Jesus", de autoria de Emmanuel (Espírito), pela psicografia do saudoso Legionário da Boa Vontade Chico Xavier. Paiva Netto a transcreveu no terceiro volume das *Sagradas Diretrizes Espirituais da Religião de Deus, do Cristo e do Espírito Santo* (1991).

[34] **Agenda Espiritual** — Leia mais sobre o assunto na obra *Conversando com seu Anjo da Guarda — A Agenda Espiritual* (2007), da lavra do Irmão Dr. Bezerra de Menezes (Espírito), pela sensitividade do Cristão do Novo Mandamento Chico Periotto.

Todos os seres humanos se assemelham em suas carências. Esperem mais um pouco... e vocês verão a importância da atuação da Religião de Deus, do Cristo e do Espírito Santo na hora do Armagedom e da Grande Tribulação. Por isso é que ela prega o entendimento desde já, para que cada um **aprenda em comunidade a socorrer o seu Irmão**, não só no campo material, mas principalmente no espiritual, no moral. Muita coisa vai mudar nesse mundo! O Professor Sofrimento e a Mestra Dor serão eloquentes em suas palavras!

> *— Mas, Irmão Paiva, justamente agora que o estamos escutando em busca do conforto espiritual, o senhor fala assim com a gente?!*

Alertar também é uma forma de confortar com a verdade. Por que mentir para vocês? Acaso querem ser enganados?! Lógico que ninguém quer! **O verdadeiro Amor consiste em advertir o amigo, chamar a atenção da amiga**, porque somente aqueles que estão prevenidos e cientes dos riscos a que se expõem, ao tomarem conhecimento dos Assuntos Espirituais, é que estarão aptos a figurar entre os sobreviventes do Armagedom, da Grande Tribulação, daquelas pragas todas que não foram semeadas por Deus, e sim pelos seres humanos.

A sementeira é livre, mas a colheita, obrigatória. Quem semeia ventos o que colhe? Tempestade! Só um amigo autêntico teria coragem de nos dar esse forte alertamento. E Ele é **Jesus, o Grande Amigo que não abandona amigo no meio do caminho**!

O que encontramos no Santo Evangelho que muito contribui para a compreensão desta passagem do Redentor Apocalipse? *"São os olhos a lâmpada do corpo"* (...) (Jesus — Mateus, 6:22). A lâmpada do corpo! Ou seja, na manifestação espiritual do Filho de Deus, dirigindo-se à Sua Igreja em Tiatira, Seus olhos eram realmente um potente farol, porque Ele sabia ver a parte boa e discernir o que não era apreciável naquela confusão toda montada por Jezabel.

"OLHOS COMO CHAMA DE FOGO"

(Parte 3 — final)

"O Bem nunca será vencido pelo mal"

O que temos concluído no estudo das Cartas de Jesus às Igrejas da Ásia? Que **o mal não tem força em si mesmo**, portanto é passageiro e **tem hora para acabar no mundo**. O saudoso Irmão Zarur já dizia:

— *O Bem nunca será vencido pelo mal!*

Logo, **a vitória do Cristo e de todos os que se unem a Ele é certa. E mais: é definitiva.** No Santo Evangelho, segundo João, capítulo 1, encontramos uma das passagens mais emocionantes da Bíblia Sagrada e que confirma tal expectativa: a encarnação do Verbo de Deus. Leiamos os versículos iniciais:

*1 No princípio era o Verbo, e o Verbo estava com Deus, e **o Verbo era Deus.***

2 Ele estava no princípio com Deus.
3 Todas as coisas foram feitas por Ele, e, sem Ele, nada do que foi feito se fez: ***Cristo Jesus****.*
4 A vida estava Nele, e a vida era ***a luz dos homens****.*
5 A luz resplandece nas trevas, e as trevas não prevaleceram contra ela.

Quando insisto que tomemos nossa convicta e firme decisão pelo Mestre dos mestres, é justamente para não cairmos na triste chave daqueles que viram a Luz do mundo — não apenas durante Sua Primeira Vinda Visível ao planeta, mas em qualquer momento —, e preferiram negá-la:

A missão do Filho de Deus

16 Porque de tal maneira amou Deus ao mundo, que lhe deu o Seu Filho Unigênito, para que todo aquele que Nele crê não pereça, mas tenha a Vida Eterna.
17 Porquanto Deus enviou o Seu Filho ao mundo, não para que julgasse o mundo, mas para que o mundo fosse salvo por Ele.
18 Quem Nele crê não é julgado; o que não crê já está julgado, porquanto não crê no nome do Unigênito Filho de Deus.
19 O julgamento é este: ***que a luz veio ao mundo, e os homens amaram mais as trevas do que a luz; porque as suas obras eram más****.*

20 Pois todo aquele que pratica o mal aborrece a luz e não vem para a luz, a fim de que suas obras não sejam reprovadas.
21 Quem pratica a verdade aproxima-se da luz, a fim de que as suas obras sejam manifestas, porque feitas em Deus.

(Boa Nova, segundo João, 3:16 a 21)

Essa comovente passagem bíblica tem início com o versículo que Martinho Lutero (1483-1546) denominou *"o Evangelho em miniatura"*, tamanha a importância que sua mensagem resume. Em um sermão que proferiu na segunda-feira de Pentecostes, em 25 de maio de 1534 — todo ele dedicado ao versículo 16 que acabamos de transcrever —, afirmou o grande reformador:

Martinho Lutero

— *Esse é, sem dúvida, um dos mais sublimes trechos evangélicos do Novo Testamento. Se fosse possível, teríamos que gravá-lo em nossos corações com letras douradas, e todo cristão teria que se familiarizar com essas palavras e recitá-las em sua mente pelo menos uma vez ao dia, para conhecê-las bem de memória. Ali se escutam palavras que, se forem cridas robustamente, conferem ao triste alegria, e ao morto, vida.*

Mais uma vez, no Santo Evangelho, é evidenciado que **estamos diante do Filho de Deus**, que veio ao mundo para nos entregar **o maior exemplo de Amor Fraternal** que a humanidade jamais viu. Essa é **a verdadeira luminosidade que espanta todas as trevas e constrói um porvir realmente digno de Sua Volta Triunfal. Esse é o Amor Divino se manifestando por intermédio das nossas realizações de Boa Vontade**, dissipando para sempre as nuvens da maldade.

Profeta Isaías

No livro do Profeta Isaías, 9:2, encontramos:

— O povo que andava em trevas viu grande luz, e aos que viviam na região da sombra da morte, resplandeceu-lhes a luz.

A Luminosidade do Cristo é para todos e há de brilhar no horizonte dos nossos corações sempre que O buscarmos, de corpo e Alma, por meio dos nossos **bons pensamentos, boas palavras e boas ações — a Sintonia Tríplice em Jesus**[35].

[35] **Bom Pensamento, Palavra e Ação** — Leia "As Sete Campanhas", da qual fazem parte a Campanha do Bom Pensamento, a Campanha da Boa Palavra e a Campanha da Boa Ação, no primeiro volume das *Sagradas Diretrizes Espirituais da Religião de Deus, do Cristo e do Espírito Santo* (1987). Elas integram as 21 Chaves Iniciáticas da Religião do Terceiro

O que o Irmão Zarur dizia a respeito do anseio dele relativamente aos Legionários da Boa Vontade na hora do Julgamento Final? Que, mediante as Boas Obras que praticarmos, **possamos sustentar nosso olhar nos olhos de Jesus**, frente a frente. E todo esse fulgor apenas ofuscará a visão dos que antes preferiram seguir caminhos tortuosos e se fizeram indignos de mirar *"os olhos como chama de fogo"* do Cristo.

Jesus, o Libertador Divino, a tudo percebe, enxerga muito além das imperfeições e hipocrisias, mas não se vale disso para a nossa destruição. Pelo contrário: as chamas dos Seus olhos são para nos mostrar o que precisa ser melhorado, a fim de nos purificar pela prática das Boas Obras nascidas da consciência plena de quem somos e do que precisamos realizar para a nossa redenção espiritual.

Milênio e são basilares para o desenvolvimento de qualquer iniciativa na Terra e no Céu.

INABALÁVEL SEGURANÇA ESPIRITUAL

Costumo repetir uma palavra do Profeta Amós, que serve **tanto para nosso conforto quanto para nossa segurança** e vem ao encontro do que assegurava o Irmão Zarur em suas pregações:

— *Nenhum Legionário da Boa Vontade será apanhado de surpresa.*

Claramente, ele se referia ao Legionário da Boa Vontade de Deus fiel ao Novo Mandamento de Jesus:

— *Amai-vos como Eu vos amei. Somente assim podereis ser reconhecidos como meus discípulos. (...) Não há maior Amor do que doar a própria vida pelos seus amigos* (Evangelho, segundo João, 13:34 e 35; e 15:13).

Essa distinção é fundamental. Vejamos o exemplo de Tiatira e das demais Igrejas da Ásia mencionadas no Apocalipse: havia, entre os seguidores do Caminho, quem não estava completamente integrado aos ensinamentos de Jesus, mas mesmo assim tinha prestígio social e exercia grande influência no seio das comunidades cristãs. Estamos vendo as consequências espirituais e materiais disso para essas pessoas, e **as lições dirigidas a elas permanecem relevantes para todos nós nos dias de hoje**.

No entanto, leiamos o que revelou o Profeta Amós há milhares de anos, no capítulo 3, versículo 7, de seu livro no Antigo Testamento da Bíblia Sagrada:

> — *Certamente, o Senhor Deus não fará coisa alguma, sem primeiro revelar o Seu segredo aos Seus servos, os Profetas.*

É isso que está ocorrendo a cada estudo que realizamos sobre as Cartas de Jesus às Sete Igrejas da Ásia: **Deus está nos avisando antes. Aprendamos com humildade!**

Pés de bronze polido

E, com simplicidade de alma, observemos essa visão majestática do Filho de Deus, que tem *"os olhos como chama de fogo"* e *"os pés semelhantes ao bronze polido"*

(Apocalipse, 2:18). Vocês acham que é por acaso que Jesus se apresentou de tal forma à Sua Igreja em Tiatira? Lembrem-se de que ela era conhecida por sua produção metalúrgica, **especialmente pelo bronze polido**.

Ora, faz absoluto sentido o Divino Mestre dialogar com os Seus seguidores fazendo alusão ao fogo e ao reluzente metal. Com esses elementos tão presentes na realidade dos habitantes dessa cidade da Ásia Menor, certamente Ele seria mais bem compreendido na transmissão de Sua Salvífica Mensagem. Temos notado que, para o Cristo Ecumênico, o Divino Estadista, o importante é sempre chegar ao coração da plateia.

O que vem à mente quando pensamos nesse bronze cintilante? **Transmite logo a ideia de segurança, força, beleza, brilho e limpeza.** É como a visão daqueles que servem Jesus no Mundo Espiritual e já foi registrada por inúmeros Profetas e Sensitivos: **um fulgor só**. Assemelha-se também à descrição feita por Ezequiel, que citamos anteriormente, acerca da figura semelhante a homem em seu arrebatamento espiritual:

> — *Vi-a como* ***metal brilhante, como fogo ao redor dela****, desde os seus lombos e daí para cima; e desde os seus lombos e daí para baixo,* ***vi-a como fogo e um resplendor ao redor dela*** (Livro de Ezequiel, 1:27).

Jesus, portanto, não tem os pés da estátua do sonho de Nabucodonosor (Livro de Daniel, capítulo 2) cuja base, apesar de ter cabeça de ouro, era formada por parte de ferro e parte de barro — dois materiais que não se harmonizam. Logo, é inútil qualquer tentativa de se atingir o Cristo de Deus, pois Seus fundamentos são inabaláveis.

Caem as estátuas que representam o poder humano, pode ser império político, religioso, econômico, de beleza, de prostituição e adultério e assim por diante. Qualquer supremacia ilusória há de se desfazer diante da pedra que rola do alto, sem ser cortada por mão humana (Daniel, 2:34) — visto que **promana de um veredicto da Justiça Divina**, que o julgou culpado —, que atinge os pés da escultura do sonho de Nabucodonosor e a reduz a pó. Com a derrocada dessa representação, **um reino inigualável se ergueu, o qual nunca mais se desfará: o Reino de Deus, do Cristo e do Espírito Santo**.

A Liderança Espiritual

Conforme escrevi, em 18 de dezembro de 1992 (sexta-feira), estando em Glorinha/RS, em documento endereçado aos Rebeldes de Jesus, essa aguerrida Juventude Ecumênica da Boa Vontade de todas as idades: **Jesus cura o Brasil e liberta o mundo!** Entrem em sintonia com o Profeta Daniel e João Evangelista, o

Estátua do Profeta Daniel no TBV — Na Nave do Templo da Boa Vontade, ambiente principal do monumento mais visitado de Brasília/DF, aclamado pelo povo uma das Sete Maravilhas da capital do Brasil, podemos contemplar uma bela réplica, autorizada pelo Ministério da Cultura, da estátua do Profeta Daniel com os leões, obra do famoso escultor, entalhador, desenhista e arquiteto no Brasil colonial, Antônio Francisco Lisboa, mais conhecido como Aleijadinho (1730-1814).

médium do Apocalipse. A Política de Deus — a Política para o Espírito Eterno do ser humano — está trazendo ao mundo a **Liderança Espiritual com o Império Jesus**, que não admite ídolos de pés de barro, como na representação colossal do sonho de Nabucodonosor, revelada e explicada pelo grande Profeta Daniel, tão jovem como vocês. **Sejam os defensores dessa nova etapa**, cantada em versos pelo inesquecível vate brasileiro, Alziro Zarur:

A Igreja de Deus

Alziro Zarur (1914-1979)

"Bem-aventurados os que ouvem as palavras desta profecia e guardam as coisas que nela estão escritas: porque o tempo está próximo."
(Apocalipse, 1:3)

Igreja do Senhor, o fim dos tempos vem,
E o Cristo, muito breve, em glória descerá:
A trombeta de Deus no mundo soará,
Que o Juízo Final é próximo, também!

Sobre esta vã Gomorra, e sobre o que contém,
Nesse dia de horror a maldição virá;
Na confusão sem fim, Sodoma baqueará
Ouvindo a tua voz, que do Senhor provém!

Das trevas arrancaste imensas multidões,
E contra esse negrume, em límpidas ações,
Tua obra secular é fogo em resplendor!

Igreja-Mãe ideal de todas as igrejas,
Que no inferno do mundo, impávida, pelejas,
Igreja de Jesus — serei teu defensor!

Jesus tem *"os pés semelhantes ao bronze polido"* (Apocalipse, 2:18). O que vem à mente quando pensamos nesse bronze cintilante? Transmite logo a ideia de segurança, força, beleza, brilho e limpeza. (...) Jesus, portanto, não tem os pés da estátua do sonho de Nabucodonosor (Livro de Daniel, capítulo 2) cuja base, apesar de ter cabeça de ouro, era formada por parte de ferro e parte de barro — dois materiais que não se harmonizam. Logo, é inútil qualquer tentativa de se atingir o Cristo de Deus, pois Seus fundamentos são inabaláveis.

O SONHO DO REI NABUCODONOSOR

(Parte 1)

Academia Jesus, o Cristo Ecumênico, o Divino Estadista *— Para compreendermos a extensão do Poder Espiritual de Jesus, com Seus* "olhos como chama de fogo" *e* "pés semelhantes ao bronze polido", *é válido analisarmos a passagem bíblica que retrata o sonho do rei Nabucodonosor e a decifração feita pelo Profeta Daniel, sob a Proteção Divina. O saudoso Irmão Alziro Zarur pregou em diversas ocasiões sobre essa passagem e incluiu uma análise aprofundada em seu livro* Mensagem de Jesus para os Sobreviventes.

Ele lançou essa obra no dia 1º de dezembro de 1974, em Glorinha/RS. Dezesseis anos depois, em 2 de dezembro de 1990, o Irmão Paiva esteve no Lar e Parque Alziro Zarur, da LBV, e realizou uma Cruzada do Novo Mandamento de Jesus na presença do vibrante povo gaúcho de Boa Vontade, em especial, dos guris que à época eram abrigados lá e que pediram ao Líder da Juventude Legionária tal encontro — no que foram prontamente atendidos.

*Naquela ocasião, **Paiva Netto** disse:*

Em 1º de dezembro de 1974, o saudoso Irmão Alziro Zarur lançou, em Glorinha/RS, seu livro *Mensagem de Jesus para os Sobreviventes*. Ele simbolicamente entregou a Jesus o primeiro exemplar.

Naquela memorável data, o Proclamador da Religião do Terceiro Milênio explicou o motivo de ter escolhido aquela região para o lançamento de tão importante obra. Ele ressaltou que **ninguém pode se pôr de pé se a sua base for atingida**. No sonho de Nabucodonosor, veremos uma estátua esplendorosa que vai desabar, porque o seu alicerce era frágil.

Ora, o Brasil é o Coração do Mundo, Pátria do Evangelho-Apocalipse de Jesus, segundo revelam abnegados Amigos do Mundo Espiritual. Sua função não é dominar os demais povos do planeta, mas **iluminá-los com a Luz do mundo, que é Jesus**. O Divino Chefe ordena que avancemos enquanto a Sua Claridade nos aponta o caminho acertado na Terra. Virão dias de escuridão tremenda, não só atmosférica. Será o ápice do breu moral e espiritual dos seres humanos, algo nunca visto antes na face do nosso orbe. *"Mas não parece que*

Em 1º de dezembro de 1974, o saudoso Irmão Alziro Zarur lançou em Glorinha/RS, que naquela ocasião pertencia ao município de Gravataí, seu livro* Mensagem de Jesus para os Sobreviventes. *Ele simbolicamente entregou a Jesus o primeiro exemplar.

isso vai acontecer" — podem argumentar alguns desavisados.

Porém, **foi Jesus Quem profetizou**, meu Deus do Céu! Será que não O leem? Ou não têm *"olhos de ver e ouvidos de ouvir"*? Está no Evangelho, segundo Mateus, 24:29: *"Logo em seguida à tribulação daqueles dias,* ***o Sol escurecerá, a Lua não dará a sua claridade, as estrelas cairão do firmamento****, e* ***os poderes dos Céus serão abalados****"*.

Seus seguidores, atônitos, perguntavam: *"Mas, Senhor, como será a Sua Volta?"* Valendo-se de uma parábola, o Profeta Divino respondeu:

A parábola da figueira

28 Aprendei, pois, a parábola da figueira: quando já os seus ramos se renovam, e as folhas brotam, sabeis que está próximo o verão.

> 29 *Assim, também vós: quando virdes acontecer estas coisas, sabei que está próximo, às portas.*
> 30 *Em verdade, em verdade vos digo que não passará esta geração sem que tudo isto aconteça.*
> 31 *Passará o Céu, passará a Terra, mas as minhas palavras não passarão.*
> 32 *Mas a respeito daquele dia ou daquela hora ninguém sabe; nem os Anjos no Céu, nem o Filho, mas somente o Pai.*
>
> (Boa Nova, segundo Marcos, 13:28 a 32)

E ainda:

> 42 *Portanto, vigiai, porque não sabeis em que dia vem o vosso Senhor.*
> 43 *Mas considerai isto: se o pai de família soubesse a que hora da noite viria o ladrão, vigiaria e não deixaria que fosse arrombada a sua casa.*
> 44 *Por isso, ficai também vós de sobreaviso; porque, à hora em que não cuidais, voltará o Filho de Deus.*
>
> Jesus (Mateus, 24:42 a 44)

Atenção: **a Volta Triunfal de Jesus será repentina**! E toda a humanidade distraída será como uma casa surpreendida por algo que não se espera. Outra cena descrita no Evangelho é inesquecível, semelhante a descargas elétricas cortando o firmamento em um átimo, figurando o Cavaleiro do cavalo branco[36] ao mesmo tempo nos quatro cantos da Terra, consoante o Evangelho, segundo Mateus, 24:27: *"Porque, assim como o relâmpago sai do Oriente e se mostra até ao Ocidente, assim será a Vinda do Filho de Deus"*.

A função espiritual do Rio Grande do Sul

O Rio Grande do Sul representa a base, logo, é como se fosse os pés do Brasil — embora eu não goste dessa referência, mas é para ilustrar sobre o que vimos discorrendo. Portanto, é um Estado que precisa ser esse sustentáculo e ter uma contextura evangélico-apocalíptica mais poderosa que tudo, porque senão o país vai se esborrachar, como desmoronou a escultura do sonho do rei da Babilônia Nabucodonosor. Por essa razão, o livro *Mensagem de Jesus para os Sobreviventes* foi lançado aqui neste lugar fértil[37], em que a Legião da Boa Vontade desenvolve o cérebro e o coração de cidadãos ecumênicos.

Temos proclamado a todos os que queiram nos acompanhar que Jesus é o Cristo Ecumênico, o Di-

---

[36] Apocalipse, 6:1 e 2.

[37] **Nota dos editores**
Paiva Netto aqui cita o antigo Lar e Parque Alziro Zarur, hoje, Centro Comunitário de Assistência Social Alziro Zarur, conhecido também como o Templo da Criança e da Natureza, na cidade de Glorinha/RS, localizado na Rodovia RS 30, km 19. Parada 119 — Guabiroba.

vino Estadista, portanto Dessectarizado. Ele é o **Rei dos reis, o Senhor dos senhores, o Primogênito dos mortos, a Testemunha Fiel de Deus na Terra**, conforme nos revela o Apocalipse, 1:4 a 6:

> 4 *João, às Sete Igrejas que se encontram na Ásia: Graça e paz a vós outros, da parte Daquele que é, que era e que há de vir* [esse é Deus], *da parte dos Sete Espíritos que se acham diante do Seu trono,*
> 5 *e da parte de Jesus Cristo, **a Fiel Testemunha, o Primogênito dos mortos e o Soberano dos reis da Terra**. Àquele que nos ama, e, pelo Seu sangue, nos libertou dos nossos pecados,*
> 6 *e nos constituiu reino, sacerdotes para o Seu Deus e Pai, a Ele a glória e o domínio pelos séculos dos séculos. Amém!*

O Retorno Majestoso do Cristo no Apocalipse

Na sequência da Dedicatória às Sete Igrejas da Ásia, vem o emocionante versículo 7, que narra o Retorno Triunfal de Jesus. Imaginem vocês: **todos vamos testemunhar esse fato singular**. Quando isso ocorrer, pensaremos assim: "Nossa, os 'poderosos' da Terra, que insignificantes eles eram!" E essa referência também podemos estender aos que dominavam o mundo pela tirania da riqueza, da fama, da beleza, da força, da razão mal dirigida. Todos tão pequeninos diante da majestade do Mestre dos mestres, cuja benevolência permitiu-lhes tantas oportunidades, durante séculos, para gerir os destinos dos povos.

Há décadas afirmo que **nenhum ser humano realmente tem poder neste mundo, mas instantes de poder dos quais prestará severas contas ao verdadeiro Senhor do Poder: Deus!** Agora, ao toque da Sétima Trombeta, o reino dos seres humanos passou a ser Reino de Nosso Senhor Jesus Cristo (Apocalipse, 11:15). Firmados nisso, tivemos a honra de realizar a Proclamação do Cristo Ecumênico, o Divino Estadista[38].

Vamos nos unir agora em pensamento, vislumbrando essa esplêndida cena. Avistar essa amplitude do céu, aqui no Lar e Parque Alziro Zarur, da LBV, em Glorinha/RS, nos permite visualizar bem isso. Olhem a vastidão do firmamento, com suas nuvens. E o Cristo vem justamente com elas. Está tudo propício para a nossa percepção espiritual conceber antecipadamente esse magnífico acontecimento, que será uma realidade breve, brevíssima:

> [7] ***Eis que Jesus vem com as nuvens, e todos os olhos O contemplarão,*** *até mesmo aqueles que O*

[38] *Vide* o capítulo "Quanto à Dessectarização de Jesus, o Cristo de Deus", no segundo volume das *Sagradas Diretrizes Espirituais da Religião de Deus, do Cristo e do Espírito Santo* (1990), no qual Paiva Netto explica detalhadamente o tema.

traspassaram. E todas as nações da Terra se lamentarão sobre Ele. Certamente. Amém!

(Apocalipse, 1:7)

Por que as nações da Terra se lamentarão sobre Ele? Porque não quiseram dar crédito à Sua Palavra. Então, todos terão motivos sobejos para se lastimar e chorar. E esperamos que isso não aconteça com vocês, que estão sendo alertados martelantemente, insistentemente mesmo. Por isso, jamais poderão reclamar de que não foram avisados.

Quem revela e garante a Volta Triunfal de Jesus? É o próprio Pai Celestial, conforme declara agora no versículo 8:

8 Eu sou o Alfa e o Ômega, o A e o Z, o Princípio e o Fim, diz o Senhor, ***Aquele que é, que era e que há de vir, o Todo-Poderoso Deus****.*

(Apocalipse, 1:8)

O Apocalipse de Jesus não está ultrapassado

A Volta Triunfal de Jesus é tema tão extraordinário que, como vocês bem sabem, a Religião de Deus, do Cristo e do Espírito Santo tem Quatro Fases Iniciáticas de sua notável pregação inspiradas neste grandioso fato anunciado no Evangelho-Apocalipse:

1ª) Jesus Está Chamando!;
2ª) Jesus Está Voltando!;
3ª) Jesus Está Chegando!; e
4ª) Jesus Chegou!

A primeira delas, iniciada em 29 de janeiro de 1957, foi a mais polêmica de todas. O Irmão Zarur passou a pregar a Boa Nova do Cristo na antiga Rádio Mundial, à época Emissora da Boa Vontade, e sacudiu a base de muita gente que se achava dona de Almas, mentes e corações. Ele buscou iluminar as consciências, trazendo à tona magnos Assuntos Espirituais.

Houve aqueles que o ouviram e se ergueram. Outros, derraparam. É uma questão de uso do livre-arbítrio. Simeão já tinha profetizado, quando nasceu Jesus, o Nazareno, que Ele seria fator de elevação e queda de muitos, porque **o Rabi da Galileia é um divisor de águas**[39]. **Por intermédio de Sua Palavra rediviva ontem, hoje e sempre, tudo se define**, porque o Excelso Legislador retribui *"a cada um de acordo com as próprias obras"* (Mateus, 16:27).

Então, olhemos para o céu e caminhemos na direção do Cristo, pois é do mais Alto que Ele vem, conforme a cena esplendorosa relatada no Apocalipse, um livro que foi por algum tempo vilipendiado e desprezado. Na verdade, tentaram avacalhá-lo, todavia não conseguiram, porque **o que é de Deus é eterno**.

---

[39] Evangelho de Jesus, segundo Lucas, 2:34 e 35.

Daniel interpreta o sonho de Nabucodonosor, por William Brassey Hole (1846-1917).

O SONHO DO REI NABUCODONOSOR

(Parte 2)

Estando aqui na base do Brasil, o Rio Grande do Sul, vamos ler um trecho da 20ª Chave Bíblica da Volta Triunfal do Cristo de Deus, escrita pelo saudoso Proclamador da Religião do Terceiro Milênio, Alziro Zarur:

> *Então se cumprirá a palavra do Profeta Daniel, no capítulo 7, versículos 13 e 14 — "Eu estava olhando, nas minhas visões da noite, e eis que vinha com as nuvens do céu o Filho de Deus, e dirigiu-se ao Ancião de Dias (Deus). E Lhe foi dado o domínio, e a glória, e o reino, para que O servissem os povos, nações e homens de todas as línguas.* ***O Seu domínio é domínio eterno, que não passará, e Seu reino jamais será destruído****".*
>
> *No Velho e no Novo Testamento, encontramos profecias sobre* ***o tempo do fim*** *ou* ***fim dos tempos****.*

Jesus e os Profetas deixaram farto material sobre os acontecimentos deste fim de ciclo. Só que... não indicaram datas. Mas a misericórdia de Deus é infinita, como no caso de Daniel diante de Nabucodonosor. Esse rei teve um sonho impressionante, e, quando acordou, não conseguiu reter o que o sonho lhe mostrara. E queria que os magos, os decifradores, os feiticeiros de Babilônia lhe dissessem ***qual o sonho que tivera e sua interpretação****! Ora, Deus nos entregou as profecias da Bíblia Sagrada. Só nos pede um pouco de Boa Vontade para entendermos a decifração de todas elas. Pois, na verdade,* ***os homens não deciframm nada: é o próprio Deus, através do Cristo, Quem desvenda tudo, como revelou a Daniel o sonho de Nabucodonosor e a sua verdadeira interpretação****.*

Teria terminado a profecia que está no 2º capítulo de Daniel? O assunto é tão importante que vou dá-lo aqui, na íntegra. Trata-se do capítulo 2 do Profeta Daniel.

Então, crianças, nesta Cruzada do Novo Mandamento de Jesus, que vocês pediram que fosse realizada, dedicada aos guris do Lar e Parque Alziro Zarur, da LBV, vamos reviver essa época em que esse acontecimento tão marcante vai se dar. Assim, vocês vão se preparando desde pequenininhos para os fatos profetizados que virão sobre a humanidade. Estão atentos?

— *Guris: Sim!*

O perturbador sonho do rei

Vamos à leitura, em Espírito e Verdade, à luz do Novo Mandamento do Cristo, do livro do Profeta Daniel, no Antigo Testamento da Bíblia Sagrada, capítulo 2, versículos de 1 a 18, que o saudoso Irmão Zarur fez questão de destacar em sua obra literária:

> 1 *No segundo ano de seu reinado, Nabucodonosor*
> *teve um sonho; o seu espírito se perturbou, e ele per-*
> *deu o sono.*
> 2 *Então, o rei mandou chamar os magos, os encan-*
> *tadores, os feiticeiros e os caldeus* [os caldeus, por-
> que eram astrólogos], *para decifrarem o seu sonho.*
> *Eles vieram e se apresentaram diante do rei.*
> 3 *Este lhes disse: Tive um sonho, e para sabê-lo está*
> *perturbado o meu espírito.*
> 4 *Os caldeus, então, disseram ao rei em aramaico:*
> *Ó rei, vive eternamente! Conta o sonho aos teus ser-*
> *vos, e daremos a interpretação.*
> 5 *Respondeu o rei, dizendo aos caldeus: Uma coisa*
> *é certa: se não me fizerdes saber o sonho e a sua inter-*
> *pretação, sereis despedaçados, e as vossas casas serão*
> *feitas monturo* [amontoado de escombros]*;*
> 6 *mas, se me disserdes o sonho e sua interpreta-*
> *ção, recebereis de mim dádivas, prêmios e grandes*

honras. Portanto, declarai-me o sonho e sua interpretação.

7 *Pela segunda vez, eles disseram: Diga o rei o sonho a seus servos, e lhe daremos a interpretação.*

8 *Mas o rei insistiu: Bem percebo que quereis ganhar tempo, porque vedes que o que eu disse está resolvido,*

9 *isto é, se não me fazeis saber o sonho, uma só sentença será a vossa; pois combinastes palavras mentirosas e perversas para as proferirdes na minha presença, até que se mude a situação; portanto, dizei-me o sonho, e saberei que me podeis dar-lhe a interpretação.*

Quer dizer, Nabucodonosor estava dizendo: *"vocês estão querendo me enrolar... Eu esqueço o sonho e fica tudo por isso mesmo? Não será assim, não!"*

10 *Responderam os caldeus na presença do rei: Majestade, não há mortal sobre a Terra que possa revelar o que o rei exige; pois jamais houve rei, por mais poderoso que tivesse sido, que exigisse semelhante coisa de algum mago, encantador ou caldeu.*

11 *A coisa que o rei exige é difícil, e ninguém há que a possa revelar diante do rei, senão os deuses, e estes não moram com os homens.*

12 *Então, Nabucodonosor se enfureceu e ordenou que matassem todos os sábios de Babilônia.*

13 E saiu o decreto, segundo o qual deviam ser mor-
tos os sábios; e buscaram a Daniel e aos seus compa-
nheiros, para que fossem mortos também.
14 Então, Daniel falou, avisada e prudentemente,
a Arioque, chefe da guarda do rei, que tinha saído
para matar os sábios de Babilônia.
15 E disse a Arioque, encarregado do rei: Por que é
tão severo o mandado do rei? Então, Arioque expli-
cou o caso a Daniel.
16 E Daniel foi ter com o rei e lhe pediu que desig-
nasse o tempo, e ele revelaria ao rei a interpretação
do seu sonho.
17 Então, Daniel foi para casa e contou o caso a
Ananias, Misael e Azarias, seus companheiros,
18 para que pedissem ao Deus do Céu que lhes de-
cifrasse esse mistério, a fim de que Daniel e seus com-
panheiros não morressem com o resto dos sábios de
Babilônia.

O que vocês acham, crianças? Será que Deus vai mostrar a Daniel o segredo? Qual a opinião de vocês? Quem pensa que sim levante o braço. Agora, quem acredita que não? Então, vamos ver quem é que vai ganhar.

Em 1990, Paiva Netto estuda o Apocalipse de Jesus com os guris do antigo Lar e Parque Alziro Zarur, em Glorinha/RS.

O SONHO DO REI NABUCODONOSOR

(Parte 3)

Estamos reunidos no Lar e Parque Alziro Zarur, da LBV, em Glorinha/RS, no dia seguinte às comemorações dos 16 anos do lançamento feito pelo Irmão Zarur, em 1º de dezembro de 1974 [lembrando que esse encontro é de 1990], da *Mensagem de Jesus para os Sobreviventes*. Viemos atender a um pedido dos guris abrigados neste Templo da Natureza. Eles disseram:

> — *Irmão Paiva, e nós, os guris? Queremos uma Cruzada para nós!*

Então, estou aqui realizando a Cruzada do Novo Mandamento de Jesus com eles, que estão prestando bastante atenção para aprenderem. Esse negócio de achar que criança é boba é bobagem. Só é bobo quem diz que criança é boba. (risos) Os comerciantes entendem isso muito bem, enchem a televisão, o rádio, a imprensa, as ruas de cartazes e publicidade, tudo visando tocar o coração dos pequeninos, porque sabem que fica difícil ao pai ou à mãe resistir ao pedido deles. Se eles fazem isso para vender, por que não usaremos a Comunicação 100% Jesus para iluminar as Almas, direcionando quem se integrar na Palavra do Cristo para o caminho do Bem?

Atos de justiça dos Santos

O Divino Ressuscitado está chegando mesmo! E garantia o Irmão Zarur:

> — *Jesus volta, mas desta vez não será crucificado, não!*

Pelo contrário, aqueles que ainda O quiserem crucificar é que moralmente se imolarão a si mesmos na cruz de suas más escolhas. Porque Ele próprio revela que, ao voltar com as nuvens, com os Seus Santos Anjos, dará a cada um de acordo com as suas próprias realizações:

> *12 E repete o Cristo: Eis que venho sem demora, e comigo está o galardão que tenho para retribuir a cada um segundo as suas próprias obras* (Apocalipse, 22:12).

E são os bons atos a justiça dos Santos, que nos salvarão, conforme encontramos no capítulo 19 do Livro da Revelação:

> 6 *Então, ouvi uma voz de muita gente, como o estrondo de muitas águas e como o estampido de fortes trovões, dizendo:*
> *Aleluia! Pois reina o Senhor, nosso Deus, o Todo-Poderoso.*
> 7 *Alegremo-nos, exultemos e demos-Lhe glória, porque são chegadas as bodas do Cordeiro de Deus, cuja esposa a si mesma já se ataviou,*
> 8 *pois lhe foi dado vestir-se de linho finíssimo, resplandecente e puro.* ***Porque o linho finíssimo são os atos de justiça dos Santos.***

Os que fizerem por merecer serão revestidos das vestiduras brancas, pois elas simbolizam o nosso comportamento, a nossa dedicação em fazer o Bem, o nosso amar o semelhante com o Amor de Jesus.

Serão as vestes das Boas Obras, que ainda temos tempo de praticar. A "*vergonha da tua nudez*" (Apocalipse, 3:18) não é estar despido da roupa material, mas sem o linho finíssimo dos atos de justiça dos Santos. Porque, quando você é flagrado agindo mal, até reage envergonhado. É como se você se sentisse nu, tentando esconder com as mãos as partes pudicas, logo se denunciando.

Então, o Apocalipse retratou isso muito bem: no Julgamento Final, todos estaremos nus diante de Deus e uns dos outros. Mas não é sem roupa comum, de pano, o que seria até uma cena um tanto quanto desagradável. Não! É bem pior que isso: os bons atos serão as límpidas vestimentas, enquanto os maus trarão o constrangimento de estar espiritualmente de mãos vazias, desprovidos do que apresentar.

Cada instante de poder será contabilizado

Bom, perguntei a vocês quem achava que Deus revelaria a Daniel o segredo do sonho do poderoso rei da Babilônia, Nabucodonosor, que tinha autoridade sobre vida e morte. Viram com que facilidade ele mandou Arioque, o chefe da sua guarda, matar os sábios de Babilônia? Eles achavam que podiam tudo.

Entretanto, o próprio Nabucodonosor, com toda sua hegemonia, também sofreu a penalidade do **Poder Superior**, que lhe concedia momentos de **poder terreno**. Ele teve um segundo sonho, decifrado também por Daniel, que revelava que durante sete anos ele andaria feito um animal, comendo capim (Daniel, 4:32 e 33).

Ele viria a perder tudo, por causa da sua soberba e do mau uso do poder que lhe fora concedido pelo Soberano Senhor da Terra. O Profeta do Antigo Testamento até tentou convencê-lo a se arrepender dos seus atos perversos, para que não fosse acometido por aquela consequência direta dos seus desvios. Porém, ele não lhe deu ouvidos. Imaginem um rei, com todas as regalias e privilégios de seu trono, rodeado de bajuladores, que de repente se encontra sozinho, agachado feito um cachorro, comendo grama, sem nenhum amigo sincero para ajudá-lo!

Sarjeta moral

Na sua miséria, Nabucodonosor reconheceu que Deus rege tudo e é Dele a fonte do Legítimo Poder. E o Pai Celestial o reconduziu à sua glória terrena. Por isso, questiono sempre: Poder?! **Ninguém tem poder na Terra. Tem apenas instantes de poder, dos quais prestará severas contas ao dono do Poder verdadeiro.** E essa é a hora de ninguém titubear diante das responsabilidades que pediu ao Criador, antes de reencarnar, para cumprir na Terra sua Agenda Espiritual.

Já lhes aconselhei: não tenhamos inveja de quem está em posições sociais de destaque, seja por dinheiro, fama, beleza, força, poder, domínio... Ao fim da vida, os que recebem essas grandes provações e não as empregam para o bem comum se descobrem como desgraçados ou desgraçadas, os seres mais infelizes do mundo. **Todos merecem nossas preces. Oremos por eles e por nós mesmos, para que não caiamos nessa sarjeta moral.**

A revelação do sonho

Então, veremos se foi revelado o mistério do primeiro sonho de Nabucodonosor a Daniel e aos seus companheiros, retomando a leitura do capítulo 2, a partir do versículo 17, do livro de Daniel:

> 17 *Então, Daniel foi para casa e contou o caso a*
> *Ananias, Misael e Azarias, seus companheiros,*
> 18 *para que pedissem ao Deus do Céu lhes revelasse*
> *esse mistério, a fim de que Daniel e seus companhei-*
> *ros não morressem com o resto dos sábios de Babilô-*
> *nia.*
> 19 *Então, foi revelado o mistério a Daniel, numa*
> *visão de noite, e Daniel bendisse o Deus do Céu,*
> 20 *dizendo: Seja bendito o nome de Deus, de eter-*
> *nidade a eternidade, porque Dele é a sabedoria e o*
> *poder;*
> 21 *é Ele Quem muda o tempo e as estações, remove*
> *reis e estabelece reis; Ele dá sabedoria aos sábios e*
> *entendimento aos inteligentes.*
> 22 *Ele revela o profundo e o escondido; conhece o*
> *que está em trevas, e com Ele mora a Luz.*
> 23 *A Ti, ó Deus de meus pais, eu Te rendo graças e*
> *Te louvo, porque me deste sabedoria e poder; e agora*
> *me fizeste saber o que Te pedimos, porque nos fizeste*
> *saber este caso do rei.*

Vejam só! Pela graça de Deus, Daniel e seus companheiros Ananias, Misael e Azarias — e de roldão até mesmo os demais sábios caldeus — vão escapar da morte decretada pelo rei!

"Pedi, e Deus vos dará"

Então, na hora do testemunho, não adianta fugir ou ficar apavorado ou apavorada. Façamos como o Profeta e seus amigos: **supliquemos a ajuda do Pai Celestial**. Podemos simplesmente perguntar:

> — *Ó Deus, Senhor, não sei nem falar direito, mas a minha situação é grave. Não quero o mal de ninguém, quero ajudar a Tua Obra na Terra, a LBV e a Religião Divina. O que eu faço, Senhor?*

Não se importe se você considera que sua forma de se expressar não está totalmente correta. O que interessa para o Altíssimo nesse momento é se você está **sintonizado com as Letras Espirituais, alfabeto do coração, do sentimento verdadeiro**, aquele que dirige uma mensagem diretamente **de sua Alma para a *Alma Mater***, principalmente se vocês são crianças. Mesmo ainda em tenra idade, toda menina e todo menino ocasionalmente têm suas preocupações. Quantas suplicam a proteção celeste para seus pais — não se iludam, elas veem as lutas. Às vezes, suportam caladas as dores que sabem reconhecer na feição dos genitores. E, lá no silêncio, imploram ao Criador:

> — *Papai do Céu, ajude minha família, minha mãezinha, meu papai, meus irmãos, meus avós. Proteja a todos eles!*

Ou, se você ainda não sabe como dialogar com o Todo-Poderoso, ó Soldadinho do Bem, da Fraternidade, do Amor Ecumênico, portanto, DE DEUS, diga assim:

> — *Socorro, Deus meu! Estou em perigo! Tenha piedade de mim! O Senhor não me mandou aqui para a Terra? Estou aqui, ó! Então, por favor, me ajude, Senhor!*

Duvido que Deus não se comoverá com um pedido desses! Entenderam por que Jesus nos convida a ser como as crianças, que têm o gérmen da pureza divina em seu Espírito?! Sentindo essa mesma virtude em nossa Alma, **se vocês tiverem Fé e Amor no seu pedido justo, certamente ele será atendido**. E a Mãe-Pai Celestial virá, sim, ao seu amparo, porque Jesus, em Seu Santo Evangelho, segundo Mateus, 7:7; e 10:29, assegurou:

— *Pedi, e Deus vos dará. (...) Deus não é indiferente nem à morte de um passarinho.*

Vamos ver se vocês, crianças (lembrando que conversava com os Soldadinhos de Deus, da LBV, em Glorinha/RS), conhecem estas palavras de Jesus:

Paiva Netto (PN): *"Se teu filho te pede um pão, tu lhe dás"* o quê?

Guris: *Uma pedra?*

PN: E agora: *"Se teu filho te pede um peixe, tu lhe dás"* o quê?

Guris: *Uma serpente?*

Parabéns, todos vocês sabem! Estão fazendo a prece que a todo momento levamos ao ar pela Comunicação 100% Jesus. E conclui o Cristo:

— *Ora, se tu, que és mau, sabes dar boas coisas a teu filho, que é que não dará o Pai, que está nos Céus?*

Jesus não é nenhum mentiroso, não! Se Ele falou, está falado. E, se o Mestre afirma que **Deus atende**

ao nosso clamor, oremos de todo o nosso coração à Suprema Fonte.

Contudo, jamais se esqueçam, fazer prece não é apenas elevar o pensamento ao Alto com sagrados gestos de contrição — fechar os olhos, juntar as mãos, ajoelhar-se, entoar belos louvores ou isolar-se em local ermo. Tudo isso é, sim, orar e em grande estilo. Porém, rezar vai além, é, sobretudo, viver segundo os ensinamentos de Deus em todos os tempos de nossa vida!

Vocês, guris, já estão sendo amparados antecipadamente pelo Divino Amigo!

Em 1998, Paiva Netto grava programa de TV com os guris, em Glorinha/RS, falando sobre o Apocalipse de Jesus.

O SONHO DO REI NABUCODONOSOR

(Parte 4)

Bem, vimos que Deus revelou o segredo do sonho para o Profeta Daniel e seus amigos Ananias, Misael e Azarias. É bom ter amigos, mas amigos de verdade, não os fujões na hora em que mais precisamos. É como poetizou o Irmão Zarur, em seu "Poema da Amizade":

> ***Que amizade se mostra é no perigo,***
> ***No luto, na ruína e no sofrer:***
> *Porque, afinal, é fácil ser amigo*
> *Nas horas deliciosas de prazer.*

Assim como descrevem os dois primeiros versos é que devem agir os Legionários da Boa Vontade e Cristãos do Novo Mandamento, **Amigos de Jesus** — meu Deus!, que responsabilidade esse título. O Divino Mestre nos ordena que nos amemos uns aos outros como Ele nos amou. E mais:

— *Não há maior Amor* [isto é, Amizade] *do que doar a própria vida pelos seus amigos* (Evangelho, segundo João, 15:13).

Guardem ainda esta reflexão no coração de vocês. É uma lição que aprendi nesses meus anos de dedicação a essas Casas de Deus: **Amizade nascida no ideal eterno do Bem não se desfaz nunca!**

E jamais se esqueçam: **o Benfeitor dos humildes doou Sua vida até mesmo pelos que se consideravam Seus eventuais adversários.**

A estátua fabulosa

Prossigamos no capítulo 2 do livro de Daniel: assim que Deus lhe fez a revelação do sonho, o Profeta correu para falar com Arioque, o chefe carrasco da imponente guarda do rei Nabucodonosor, antes que ele saísse matando todo mundo, se tornando mais criminoso do que já era:

24 *Por isso, Daniel foi ter com Arioque, ao qual o rei tinha designado para exterminar os sábios da Babilônia; entrou e lhe disse: Arioque, não mates os sábios da Babilônia; leva-me, por favor, à presença do rei, e revelarei a interpretação do seu sonho.*
25 *Então, Arioque depressa colocou Daniel na presença do rei e lhe disse: Majestade, achei um dentre*

os filhos dos cativos de Judá, o qual revelará ao rei a
interpretação.
26 *Respondeu o rei, dizendo a Daniel, cujo nome*
para ele era Beltessazar: Podes tu, realmente, fazer-
-me saber o que vi no sonho e sua interpretação?
27 *Respondeu Daniel ao rei: O mistério que o rei*
exige, nem encantadores, nem magos, nem astrólogos
o podem revelar ao rei.
28 *Mas há um Deus no Céu, o qual revela os mis-*
térios, pois fez saber ao rei Nabucodonosor o que vai
acontecer nos últimos dias [isto é, nos últimos tem-
pos do ciclo]. *O teu sonho e as visões da tua cabeça,*
quando estavas no teu leito, são estas:
29 *Estando tu, ó rei, em tua cama, surgiram-te*
pensamentos a respeito do que há de ser depois disto.
Aquele, pois, que revela mistérios te revelou o que há
de ser.
30 *E a mim foi revelado também este mistério, não*
porque haja em mim mais sabedoria do que em to-
dos os viventes, mas para que a interpretação se fi-
zesse saber ao rei, e para que entendesses as cogitações
da tua mente.
31 *Tu, ó rei, estavas vendo, e eis aqui uma grande*
estátua; esta, que era imensa e de extraordinário es-
plendor, estava em pé diante de ti; e sua aparência
era terrível.
32 *A cabeça era de fino ouro, o peito e os braços de*
prata, o ventre e os quadris de bronze;

> 33 *as pernas de ferro, os pés em parte de ferro, em parte de barro.*

Já imaginaram, guris, que coisa curiosa? Os pés eram de ferro misturado com barro. Isso não dá boa liga. Vocês vão ver o que vai acontecer.

> 34 *Quando estavas olhando, ó rei, uma pedra foi cortada sem auxílio de mãos, feriu a estátua nos pés de ferro e de barro e os esmiuçou.*
> 35 *Então, foi juntamente esmiuçado o ferro, o barro, o bronze, a prata e o ouro, os quais se fizeram como a palha das eiras no estio, e o vento os levou, e deles não se viram mais vestígios. Mas a pedra que feriu a estátua se tornou em grande montanha, que encheu toda a Terra.*
> 36 *Este é o sonho; e também a sua interpretação diremos ao rei.*
> 37 *Tu, ó rei, rei de reis, a quem o Deus do Céu conferiu o reino, o poder, a força e a glória;*
> 38 *a cujas mãos foram entregues os filhos dos homens, onde quer que eles habitem, e os animais do campo, e as aves do céu, para que dominasses sobre todos eles, tu és a cabeça de ouro.*

Observem: **Deus é que concede todas as coisas!** Não há ninguém na Terra capaz de nos ofertar a felicidade verdadeira, a saciedade de Espírito, a riqueza que as eras não destroem, a beleza eterna que o tempo não consome, a sabedoria que se sobrepõe à vaidade intelectual... Então, **saibamos pedir a Quem pode nos atender: o Pai Celeste**.

> 39 *Depois de ti, se levantará outro reino, inferior*
> *ao teu; e um terceiro reino, de bronze, o qual terá*
> *domínio sobre toda a Terra.*
> 40 *O quarto reino será forte como o ferro, pois o fer-*
> *ro tudo quebra e esmiúça; como o ferro quebra todas*
> *as coisas, assim ele fará em pedaços e esmiuçará.*
> 41 *Quanto ao que viste dos pés e dos dedos, em parte*
> *de barro de oleiro e em parte de ferro, será esse um*
> *reino dividido; contudo, haverá nele alguma coisa*
> *da firmeza do ferro, pois viste o ferro misturado com*
> *barro de lodo.*
> 42 *Como os dedos dos pés eram em parte de ferro e*
> *em parte de barro, assim por uma parte o reino será*
> *forte, e por outra será frágil.*
> 43 *Quanto ao que viste do ferro misturado com*
> *barro de lodo, misturar-se-ão mediante casamento,*
> *mas não se ligarão um ao outro, assim como o ferro*
> *não se mistura com o barro.*
> 44 *Mas, nos dias destes reis, o Deus do Céu suscitará*
> *um reino que não será jamais destruído; este reino*
> *não passará a outro povo; esmiuçará e consumirá to-*
> *dos estes reinos, pois ele mesmo subsistirá para todo o*
> *sempre,*

*45 como viste que do monte foi cortada uma pedra,
sem auxílio de mãos, e ela esmiuçou o ferro, o bron-
ze, o barro, a prata e o ouro. O Grande Deus faz
saber ao rei o que há de ser futuramente. Certo é o
sonho, e fiel a sua interpretação.*
*46 Então, o rei Nabucodonosor atirou-se de rosto
em terra, prostrado diante de Daniel, e ordenou que
lhe fizessem oferta de manjares e suaves perfumes.*
*47 Disse o rei a Daniel: Certamente, o vosso Deus é
Deus dos deuses, e o Senhor dos reis, e o Revelador de
mistérios, pois pudeste revelar este mistério.*
*48 Então, o rei engrandeceu Daniel, e lhe deu mui-
tos e grandes presentes, e o nomeou governador de
toda a província da Babilônia, como também o fez
chefe supremo de todos os sábios da Babilônia.*
*49 A pedido de Daniel, o rei constituiu Sadrac,
Mesac e Abdênego sobre os negócios da província de
Babilônia. Daniel, porém, permaneceu na corte do
rei Nabucodonosor.*

O SONHO DO REI NABUCODONOSOR

(Parte 5)

Após a leitura integral do capítulo 2 do livro do Profeta Daniel, no Antigo Testamento da Bíblia Sagrada, temos de retomar a pergunta feita pelo Irmão Alziro Zarur:

— *Teria terminado esta Profecia? Teria alcançado, no curso da História, seu total cumprimento?*

Muitos intérpretes acreditam que sim. Principalmente com a Primeira Vinda Visível de Jesus ao planeta Terra, ao nascer sob aquelas condições únicas e especialíssimas, o Cristo personificou *"uma pedra cortada sem auxílio de mãos humanas"* a derrubar as "poderosas" estátuas de barro das ilusões materiais, estabelecendo nos corações *"o reino que jamais será destruído"*.

Essa análise não deixa de ter sua validade, pois a passagem de nosso Senhor e Mestre transformou a face do mundo. Entretanto, se atentem para o que o saudoso Proclamador da Religião de Deus, do Cristo e do Espírito Santo revela ao defender que a Profecia do sonho do rei Nabucodonosor **ainda não se completou integralmente**:

— ***As Profecias mundiais se renovam na Lei dos Ciclos Múltiplos.***

Profecias e vidas sucessivas

Essa revelação do Irmão Zarur é explicada pela **Lei das Vidas Sucessivas**[40]. Sabemos que há aqueles que não acreditam nela. Todavia, sempre apresentamos nossa fraterna reflexão, não impondo nada a ninguém, apenas compartilhando a forma como entendemos os mecanismos espirituais do Cosmos. Ela, sendo Lei Divina, vai naturalmente se fazendo perceber à medida da maturação dos povos.

O famoso radialista carioca, também em uma de suas inspiradas pregações públicas, afirmou:

— *A chave da Profecia é exatamente a Reencarnação. Lavro, portanto, a minha própria sentença: A*

[40] **Lei das Vidas Sucessivas** — Mais conhecida como Lei Universal da Reencarnação. Para se aprofundar nesse estudo, sugerimos a leitura do subtítulo "Justiça, Lei da Reencarnação e párias", em *Os mortos não morrem* (2018), livro de Paiva Netto.

Lei Divina, julgando o passado, determina o futuro. Futuro de cada criatura humana. Futuro de cada povo e de cada nação. A semeadura é livre, justamente porque Deus respeita o livre-arbítrio de cada um; mas a colheita é obrigatória: cada um (homem, povo ou nação) receberá os frutos, bons ou maus, da sua livre semeadura. E como diz Jesus no Seu Apocalipse: a cada qual será dado de acordo com suas obras. Sim, Amigos e Irmãos, há um determinismo histórico. Mas, acima dele, há o Determinismo Divino. Queiram ou não queiram, saibam ou não saibam, Deus governa o Universo. E é por tudo isso que, para os verdadeiros intérpretes das Profecias de Deus na Bíblia Sagrada, o futuro é um livro aberto.

Sob a vigência da Lei Universal da Reencarnação, os Espíritos renascem em vidas múltiplas e, assim como eles, as nações igualmente reencarnam[41]. No Mundo Espiritual, também há coletividades, que se projetam das regiões sutis mais próximas da Terra nas sociedades terrenas, por meio do fluxo contínuo de Almas que nelas regressam, trazendo padrões culturais, missões

[41] **As nações também reencarnam** — Para outros esclarecimentos a respeito do tema, leia o primeiro volume das *Sagradas Diretrizes Espirituais da Religião de Deus, do Cristo e do Espírito Santo* (1987), do escritor Paiva Netto, no capítulo "Quanto à sua Fonte Inspiradora: Jesus, o Cristo Ecumênico, o Divino Estadista". Adquira o seu exemplar pelo *site* www.PaivaNetto.com/livros.

coletivas e lições cármicas. Tudo o que existe aqui é um reflexo do que existe lá, embora influenciado pela densidade da matéria condensada. E, no Outro Lado da Vida, do mesmo modo ocorrem aprendizados e progressos. Não é simplesmente por estar na dimensão invisível que se sabe de tudo, não é assim.

Quem conhece todas as coisas é Jesus, que é UM com Deus, e aqueles que Lhe são próximos, pelo merecimento de terem se integrado plenamente no Supremo Governante do planeta. Na Esfera mais elevada onde Ele habita, é tudo um Universo de Amor e Fraternidade, diferente do cenário humano material que se conhece. Contudo, o Astral do Cristo não é inacessível, pois a tudo permeia, está à nossa volta nesse exato Espaço-Tempo em que nos encontramos. De lá nascem as mais nobres inspirações, por exemplo, a ordem para materializar a Legião da Boa Vontade e a Religião de Deus, do Cristo e do Espírito Santo, o Templo da Boa Vontade...

As Esferas Celestiais

Paulo Apóstolo sonhou com vários Céus e os viu em pleno funcionamento. De tão extraordinária a experiência que vivenciou, ele a relata em terceira pessoa, para que não fosse glorificado na sua pequenez humana diante de tamanha grandeza espiritual de que foi testemunha:

1 Importa que me glorie? Na verdade, não convém! Passarei, entretanto, às visões e revelações do Senhor.
2 Conheço um homem em Cristo que, há catorze anos, foi arrebatado até o ***terceiro Céu****. Se foi no corpo, não sei. Se fora do corpo, também não sei; Deus o sabe.*
3 E sei que esse homem — se no corpo ou se fora do corpo, não sei; Deus o sabe —
4 foi ***arrebatado ao paraíso*** *e lá ouviu palavras inefáveis, as quais não é permitido ao homem repetir.*
5 Desse homem eu me gloriarei, mas de mim mesmo não me gloriarei, a não ser das minhas fraquezas.
6 Pois, ainda que me quisesse gloriar, não seria insensato, porque diria a verdade. Mas abstenho-me, para que ninguém me tenha em conta de mais do que vê em mim ou ouve dizer de mim.

(Segunda Epístola aos Coríntios, 12:1 a 6)

Reencarnação: oportunidade evolutiva

O mesmo Apóstolo dos Gentios afirmou que todos chegaremos

— (...) à unidade da Fé, ao pleno conhecimento do Filho de Deus, ao estado de homem feito à medida da estatura da plenitude do Cristo (Efésios, 4:13).

São Francisco de Assis

Não se tem notícia de alguém que tenha conseguido isso em uma só vida, nem mesmo um São Francisco (1181-1226). Para chegar a ser o Santo de Assis, o também Patrono da Legião da Boa Vontade, e que consideramos ser o Santo do Ecumenismo, precisou retornar várias vezes ao plano das formas. Gostei muito, e até achei graça, quando o Legionário da Boa Vontade de Deus, Rosiel dos Santos, exclamou:

— *Ora, reencarnação é para reencarnar!*

É isso! (risos) Para que surpresas?! Há quem argumente que Francisco de Assis, antes, foi Daniel e posteriormente João Evangelista. Isso seria algo muito interessante, pois, como vimos, Daniel tinha sonhos

Isaac Newton

proféticos, com sua mediunidade aflorada, e há diversas passagens do Último Livro da Bíblia Sagrada que dialogam com relatos do Profeta. Aliás, *sir* Isaac Newton (1643-1727), o sábio enunciador da Lei da Gravidade, que foi um corajoso decifrador do Apocalipse, é o autor da obra *As Profecias do Apocalipse e o Livro de Daniel.*

João Evangelista também demonstrou uma sensitividade diferenciada ao receber o Apocalipse de Jesus, vindo da parte de Deus. O Profeta Divino enviou a ele tal Revelação por intermédio de um Anjo, para que transmitisse aos seres humanos esses ensinamentos do livro profético. Percebam a **Hierarquia Divina**, uma disciplina espiritual que não pode ser quebrada, de acordo com o que estudamos, logo no início da série "O Apocalipse para os Simples de Coração": **Deus, Jesus, um Anjo e o repórter de Patmos**.

Francisco de Assis — cujo nome de batismo é Giovanni (João, em italiano) —, que igualmente teve diversas visões e sonhos anunciadores, viu-se segurando o corpo do Mestre Amado quando era descido da cruz. E possivelmente foi o que aconteceu: o Discípulo Amado recebeu o corpo — e na Religião Divina defendemos que se trata de envoltório fluídico — do Cristo ao tirarem-No do madeiro, com Nicodemos, José de Arimateia e Maria Santíssima por perto.

Bem, vou parar por aqui, lembrando que o Irmão Zarur disse que a Profecia do sonho do rei Nabucodonosor ainda não se completou totalmente. Vocês querem saber por que ele afiançou isso? Vamos entender na sequência do nosso estudo.

O SONHO DO REI NABUCODONOSOR

(Parte 6 — final)

Nós nos encontramos em Glorinha/RS, no Lar e Parque Alziro Zarur, da LBV, atendendo ao pedido dos guris que queriam uma Cruzada do Novo Mandamento de Jesus para eles. Estamos com satisfação realizando-a, ao estudar a interpretação feita pelo Profeta Daniel, intuído por Deus, do sonho de Nabucodonosor, rei da Babilônia. Ele viu uma estátua que foi destruída, porque os seus pés eram feitos com uma espécie de amálgama de ferro e barro. Seria o mesmo de querer misturar com estabilidade azeite e água. Não se consegue, pois suas moléculas têm polaridades opostas.

Retomando as palavras do saudoso Proclamador da Religião do Amor Universal na 20ª Chave Bíblica da Volta Triunfal de Jesus, ele salientou que a maioria dos intérpretes considera que o sonho de Nabucodonosor já se cumpriu. Entretanto, o Irmão Zarur explicou por que a Profecia ainda não se completou integralmente:

As Profecias mundiais se renovam na Lei dos Ciclos Múltiplos. Baseada nesta verdade, que é de Deus, a Religião Divina proclama: ***Ainda não se cumpriu totalmente a profecia do 2º capítulo de Daniel. Ela terá seu cumprimento final e total na segunda vinda, ou seja — na Volta Triunfal do Cristo de Deus.***

A Religião de Deus sempre declarou, alto e bom som, que ***ainda não houve Cristianismo na face da Terra. O verdadeiro Cristianismo do Cristo — a Religião do Amor Universal*** *— só encherá a Terra quando forem destruídos todos os reinos representados na estátua do sonho de Nabucodonosor. Como, então, poderemos entender tudo isso?*

Pela própria ***Palavra de Deus: nenhum homem, nenhum grupo forte, nenhum povo, nenhuma nação superpotência, comunista ou capitalista, poderá estabelecer Paz na Terra. Isto é obra pessoal e intransferível de Jesus.*** *Somente o Cristo tem poder — no Céu e na Terra — para realizar essa maravilha. E Ele o fará, quando descer do Alto uma pedra, cortada sem auxílio de mãos humanas, para ferir a estátua nos pés de ferro e de barro.* ***Este acontecimento está próximo, mas ainda não se concretizou.***

Agora, muita atenção: nesta última volta cíclica da História, terá seu complemento a Profecia de Jesus por intermédio do Profeta Daniel.

Olhem o extraordinário valor do Antigo Testamento, todos os fatos ainda vão se cumprir! Prossegue Zarur:

> *Brevemente, surgirão no mundo as dez nações simbolizadas nos* ***dez dedos dos pés da estátua****, do sonho de Nabucodonosor. Como não podia deixar de acontecer, elas estarão sob o comando do anti-Cristo, o que significa sob o comando absoluto do próprio satanás. Espécie de Roma Antiga rediviva, essa aliança décupla do mal estará no* ***último Armagedom do Apocalipse****, disposta a derrotar as Forças do Bem. Mas, desta vez, como vimos na palavra dos Profetas, nas Chaves anteriores, o Senhor pelejará em defesa das Suas Almas eleitas.*

Isso acontece primeiro na Pátria da Verdade, onde, no astral inferior, existe o império dos dragões, que domina as Almas daqueles que erram na Terra e não podem passar direto para uma Esfera mais elevada. Então, ficam ali sofrendo. Por isso, o Irmão Zarur dizia que a batalha seria nos dois planos: material e espiritual. O Cristo vai pelejar pelos que se fizeram eleitos por suas obras, estejam eles encarnados ou ainda no Espaço.

Conclui Zarur:

> *A humanidade terá de enfrentar os piores horrores de toda a sua vida na Terra. Mas os escolhidos nada sofrerão: estarão sob a Proteção de Deus, assinalados para a salvação eterna. E, então, veremos o fim*

> *de Roma Antiga rediviva, o fim do anti-Cristo e do falso profeta. E, mais tarde, o fim de satanás e seus anjos.* ***É a vitória do Bem, é a vitória de Deus, do Cristo e do Espírito da Verdade, a vitória da Religião Divina — novo nome de Jesus!***

Bem, assim se encerra a 20ª Chave Bíblica da Volta Triunfal de Jesus. Gostaram de rever tão fundamental revelação do saudoso Irmão Zarur para os tempos atuais? Aqui, em Glorinha/RS, já está anoitecendo, e vocês, guris, têm bastante coisa para meditar.

Por exemplo, **o que seriam essas dez nações, representadas pelos dez dedos da estátua**? É bom que todos pensem nisso, debatam entre si, preguem, escrevam sobre seus achados. Não estamos sem motivo reunidos aqui com este grupo desejoso de aprender, convocado pelas crianças, tratando desses magnos Assuntos Espirituais. Levem tudo isso muito a sério!

Quem diria que um menino de 12 anos, que recebeu um folheto das mãos de uma senhora negra, depois aquele rapaz que ouviu a pregação do Irmão Zarur no rádio, seria mais tarde o Presidente das Instituições da Boa Vontade? Quem acreditaria que, com a ajuda do povo, levantaria o Templo da Boa Vontade, em Brasília/DF, traria a Comunicação 100% Jesus[42] e tantas

---

[42] **Comunicação 100% Jesus** — Atualmente formada pela Boa Vontade TV, pela Super Rede Boa Vontade de Rádio, pelo portal Boa Vontade,

outras obras erguidas para a valorização espiritual-humana das criaturas?

Tive a honra e o privilégio de participar de muitas reuniões singelas como esta que estamos fazendo, no meio da Natureza, entre as árvores, neste ambiente bucólico, em que o Irmão Zarur pessoalmente proferiu palavras extraordinárias. Agora, podemos revelá-las nos programas de rádio e TV e nos escritos, publicados na Literatura da Quarta Revelação — a Religião de Deus, do Cristo e do Espírito Santo.

Nunca se esqueçam disto: **foi Deus Quem nos reuniu aqui**! Portanto, agradeçamos aos Céus e vamos trabalhar *"por um Brasil melhor e por uma humanidade mais feliz!"*[43], como almejava o Irmão Zarur.

ADENDO

A Volta de Jesus e o Templo da Boa Vontade

Não podia deixar de registrar trecho de uma memorável preleção do saudoso Proclamador da Reli-

---

pelo aplicativo Boa Vontade Play e pelas revistas BOA VONTADE e JESUS ESTÁ CHEGANDO! Para outras informações, acesse o portal Boa Vontade.

43 ***"Por um Brasil melhor e por uma humanidade mais feliz"*** — Lema radiofônico criado por Alziro Zarur, com que é aberta e encerrada a "Campanha da Boa Vontade", desde 4 de março de 1949.

gião de Deus, do Cristo e do Espírito Santo, Alziro Zarur, na qual ele explicou a passagem bíblica do sonho do rei Nabucodonosor e nos emocionou com tão maravilhosa revelação espiritual:

> *Como vimos todos nós, na parte de José* [do Egito], *o faraó teve um sonho, ninguém o sabia interpretar até que apareceu José e o interpretou. Eram sete anos de fartura, seguidos de sete anos de fome, de miséria em toda a Terra. Era preciso juntar todos os trigos do Egito, guardar as provisões em todos os celeiros do Egito. Então, se era necessário colocar um homem tão sábio e tão previdente no governo, o faraó nomeou governador o próprio José, vice-rei do Egito.*
>
> *Vemos aqui a mesma sabedoria de Deus através de Daniel. E vemos Nabucodonosor constituindo Daniel governador de toda a província de Babilônia.*
>
> *Mais difícil que o sonho do faraó, mais difícil que o sonho de Nabucodonosor é o Apocalipse, exatamente como se encontra, principalmente agora neste fim de ciclo, quando exige uma interpretação total e final, porque a Religião de Deus tem esta grande meta: anunciar a Volta de Jesus, com um só Rebanho para um só Pastor, vencendo o egoísmo sectário, o divisionismo religioso gerado pelo ódio, proveniente da*

ignorância espiritual, que é exatamente a negação do Novo Mandamento do Cristo de Deus.

Os três dias da morte ou ausência de Jesus representam três milênios. ***No terceiro milênio, Jesus estará de novo conosco, visível a todos os olhos humanos, e vai encontrar o Templo da Boa Vontade, um Templo construído pela Boa Vontade dos homens.*** *Tal como dizia o Marquês de Maricá: "a Boa Vontade é o tijolo firme que todas as criaturas podem ceder ao edifício do progresso comum". Não há argumento melhor que* ***a Boa Vontade. "É a maior força da vida"****, como definiu Henry Ford. E* ***o Reino que jamais será destruído é o do Cristo de Deus, fundado no Seu Novo Mandamento,*** *conforme asseverou Pietro Ubaldi: Jesus veio à Terra para sacrificar-se por Amor, Suas últimas palavras foram de Amor: "Amai-vos. Assim como o Pai me amou, assim Eu vos amei. Permanecei no meu Amor". Por Amor, Ele desceu à Terra e por Amor Ele voltará à Terra, já redimida, porque* ***Jesus venceu o mundo pelo Amor****.*

Marques de Maricá

Henry Ford

Pietro Ubaldi

Viva Jesus!

Em 21 de outubro de 1989, Paiva Netto inaugurou, em Brasília/DF, Brasil, o Templo da Boa Vontade (TBV) — Sede Espiritual da Religião de Deus, do Cristo e do Espírito Santo —, com a presença de mais de 50 mil pessoas. Conhecido também como o Templo da Paz, é o polo do Ecumenismo Divino, que proclama o contato socioespiritual entre a criatura e o Criador. Aclamado pelo povo uma das Sete Maravilhas de Brasília, o TBV é o monumento mais visitado da capital federal, conforme dados oficiais da Secretaria de Turismo do Distrito Federal (Setur-DF), e, desde que suas portas foram abertas, recebe anualmente mais de um milhão de peregrinos.

O TEMPLO DA BOA VONTADE E A QUEDA DA ESTÁTUA

Academia Jesus, o Cristo Ecumênico, o Divino Estadista — *No livro* Voltamos! — A Revolução Mundial dos Espíritos de Luz, *de autoria do Presidente-Pregador da Religião do Terceiro Milênio, fomos buscar uma circular dele, datada de 8 de abril de 1992 (quarta-feira), que na obra está publicada na íntegra. No entanto, selecionamos apenas alguns trechos, a partir do item 19, que corroboram o estudo que estamos realizando com seu autor, sobre o sonho do soberano da Babilônia.*

Escreveu ***Paiva Netto****:*

19 — A Obra da Boa Vontade de Deus é vastíssima, no visível e no Invisível, isto é, no mundo físico e no Mundo Espiritual, porquanto é hora de definitivamente unir as Duas Humanidades para o trabalho de renovação dos povos, de acordo com o Planejamen-

to do Governo Superior da Terra[44], que determinou, conforme a revelação de Zarur em 1953, a Revolução Mundial dos Espíritos de Luz, já desencadeada pela Religião Divina. Parabéns a todos os que têm sabido perseverar no Bem (Apocalipse do Cristo, 2:10).

O tocar da Sétima Trombeta

20 — Desde 21 de outubro de 1989, quando da inauguração do Templo da Boa Vontade (o TBV) — chamado pelo povo de o Templo da Cura, o Templo da Paz, a Pirâmide de Deus, em Brasília/DF —, a Sétima Trombeta tronantemente passou a tocar do Brasil para o mundo. E, como se lê no Livro das Profecias Finais, 10:7:

> — *Mas nos dias da voz do Sétimo Anjo, quando ele estiver para tocar a trombeta, cumprir-se-á então o mistério de Deus, conforme Ele anunciou aos Seus servos, os Profetas.*

21 — E mais: Apocalipse do Cristo, 11:15:

> — *O Sétimo Anjo tocou a trombeta, e se ouviram no Céu grandes vozes, dizendo:* ***O reino do mundo***

---

[44] **Governo Superior da Terra** — Conheça mais sobre o assunto no capítulo “Lyndoe e a América Meridional”, constante de *As Profecias sem Mistério* (1998), de autoria do escritor Paiva Netto.

se tornou de nosso Deus e do Seu Cristo, e Ele reinará pelos séculos dos séculos.

a) Aparece aí — claramente — o ápice da União das Duas Humanidades.

b) E a hora histórica é esta. Não existirá outra.

A pedra do sonho de Nabucodonosor

c) Desde 21 de outubro, portanto, foi lançada a pedra, *"não arremetida por mão humana"*, e que está fazendo cair a estátua do famoso sonho de Nabucodonosor, relatado no livro do Profeta Daniel, 2:44 e 45, que desvendou o segredo, conforme o relato do Antigo Testamento da Bíblia Sagrada[45].

d) Em uma pregação pela Super Rede Boa Vontade de Rádio, no programa *Vamos Falar com Deus*[46], lembrei aos prezados Irmãos que o progresso material,

---

[45] *Vide* em especial o subtítulo "O perturbador sonho do rei", constante desta obra.

[46] ***Vamos Falar com Deus*** — Criado pelo radialista Paiva Netto e transmitido pela Super Rede Boa Vontade de Rádio, o programa é um convite para quem busca oração e paz na madrugada. Apresentado de segunda a sexta-feira, da meia-noite às 6 horas e aos sábados e domingos da meia-noite às 5 horas, leva esclarecimento e conforto espiritual por meio das pregações do Santo Evangelho-Apocalipse de Jesus, na voz do Presidente-Pregador da Religião Divina, da prece de hora em hora, além de outros conteúdos que promovem a Paz, a Espiritualidade Ecumênica e a tranquilidade de Alma. Acompanhe pelo aplicativo Boa Vontade Play ou pelo *site* www.boavontade.com/radio.

no século 20 (estávamos em 1992), foi espantoso, havendo o ser humano passado, em pouco tempo, da carruagem para o foguete interplanetário. Também ponderei que muito mais surpreendente será a rapidez da evolução espiritual dos povos nestes anos de final de transição apocalíptica e início de uma era de extraordinário significado para a Alma das criaturas visíveis e das ainda, por pouco tempo, invisíveis.

Para os que duvidam, recordemos estas palavras de Jesus, no Seu Evangelho, segundo Mateus, 19:26:

> — *O que não é possível ao homem para Deus é sempre possível.*

e) **Imaginem, pois, como é rápido o desmoronamento de uma imensa estátua toscamente sustentada por pés ao mesmo tempo de ferro e de barro.** Assim são os **reinos humanos: na aparência, fortes; na essência, fragilíssimos**. Basta ver que reis, presidentes, primeiros-ministros, ditadores, grandes sacerdotes e militares notáveis, enfim, todos "morrem"! No entanto, Deus é imortal, e o **Seu Reino consequentemente imperecível**.

f) **Sendo eterno, por ser de Deus, inderrotável e infalível é.** Por isso, nas linhas pontilhadas na Chave 17ª da Volta Triunfal do Cristo, encontramos esta revelação de Zarur, em 1974:

O segredo do governo dos povos

De fato, em "Religião de Deus — 25 anos de pioneirismo da LBV", editado para o Congresso da Boa Vontade em Belo Horizonte, no ano de 1974, está escrito:

*Ninguém, até hoje, descobriu **a Fórmula Perfeita** para resolver os grandes problemas dos chefes de Estado, na arte de governar os povos. (...) Dizem os estadistas que "Política é a ciência do governo dos povos". Entretanto, à luz dos ensinos do Cristo de Deus, podemos afirmar, tranquilamente, que a política em vigor no mundo nunca passou, mesmo, de uma arte. Sempre lhe faltou a base das Leis Divinas, imutáveis, para atingir o grau de Ciência. Sim, **há uma fórmula perfeita para resolver os grandes problemas dos chefes de Estado, na ciência do governo dos povos**. Mas não pode ser dada aos cães nem aos porcos: eles a corromperiam, imediatamente, tentando submetê-la aos seus instintos bestiais. Brevemente, ela será dada ao Brasil. Depois, sim, conhecida no mundo inteiro, mas de molde a sujeitar ao seu poder todos os reis, imperadores, ditadores, presidentes, governadores e chefes deste reinado de satanás. Repito: é uma Fórmula Perfeita. Mas tão simples que, aos olhos dos "homens práticos", parecerá uma utopia. Muito ao contrário: é a Fórmula de Jesus! Por isso mesmo, **a essência é** ....*

Ainda este ano (1973), tomarão conhecimento dela os Legionários de Deus — um grupo de iluminados a serviço do Senhor dos Exércitos. Esses sabem que chega ao fim o livre-arbítrio dos governantes. Esgota-se o prazo fatal da tomada de contas. Todos os poderes humanos serão extintos. Nenhum ditador ditará mais nada. É o Determinismo Divino que traz a Nova Ordem Eterna, primeiro para o nosso Brasil, depois para as outras nações.

E o texto das linhas pontilhadas é:

— A essência é justamente a vitória do Novo Mandamento de Jesus, com a União da humanidade de baixo com a Humanidade de Cima.

Sutil e Grandioso

22 — A União das Duas Humanidades — que estamos materializando de acordo com a Programação Legionária da Boa Vontade, isto é, **o Governo Eterno do Criador em benefício de Suas criaturas** — tem fundamento evangélico nestas palavras do Cristo, nos notáveis relatos de Sua Vida, registrados magistralmente por João, 6:33:

— *Porque o Pão de Deus* [a Sabedoria Eterna] *é o que desce do Céu e dá vida ao mundo.*

23 — Nunca, como agora, nos encontramos tão irmanados: a humanidade da Terra com a Humanidade do Céu. É só o primeiro grande passo. Preparem os seus corações para o que está por vir e tudo será realizado até o final do ciclo apocalíptico. A União das Duas Humanidades, a humana com a Espiritual, está também anunciada na descida da Nova Jerusalém (Apocalipse do Cristo, 21:2), que apresenta uma nova forma de governar as nações, como explicitei na série "O Apocalipse de Jesus para os Simples de Coração".

24 — Vocês são, os de Boa Vontade de todos os rebanhos, **a geração escolhida por Jesus**. Nestas páginas — que eu mesmo datilografei — ofereço-lhes, em nome Dele, um **alimento imperecível**, que o mundo não lhes pode dar. Pois Ele próprio diz, no Seu Evangelho, segundo João, 6:35:

— *Eu sou o Pão da Vida; quem vem a mim de modo algum terá fome; e quem em mim crê jamais terá sede!*

Sendo Jesus o Pão Vivo que desce do Céu, trata-se, portanto, da elevação das Almas, da iluminação dos Espíritos, da sublimação das consciências humanas. Ele é a demonstração de que **a Solidariedade é necessária à**

sobrevivência da humanidade. É preciso pensar nisso, mas a partir do **coração iluminando o cérebro; razão e sentimento têm que trabalhar juntos**.

Por isso, prego a Economia da Solidariedade Espiritual e Humana, desde a década de 1970[47]. O Celeste Provedor não admite que se use a ciência econômica para esmagar aqueles que sua ação deveria melhorar a existência: os povos, que, em sua maioria, andam sofrendo com tantas coisas que se vê acontecer em muitas nações. Quando já nos encontramos no terceiro milênio, que por sinal tem mil anos, tais coisas não deveriam mais ocorrer. Mas deixarão de existir quando todo mundo entender o verdadeiro sentido da Caridade, que **é a maior Estratégia de Deus**. Aliás, João Evangelista, que aprendeu com seu Mestre, Jesus, afirma em sua Primeira Epístola, 4:8: *"Deus é Amor"*. Logo, **é Caridade igualmente**, porque Amor e Caridade são sinônimos, consoante se encontra nos dicionários. Por isso, sempre recordo aos que me leem: Caridade não é apenas o simples e louvável ato de dar o pão a um desfavorecido da sorte. **A Caridade é o sentimento de Deus que nos mantém vivos, nas horas mais agonizantes de nossa existência. Em breve, todo o planeta carecerá dela!**

---

[47] **Economia da Solidariedade Espiritual e Humana** — Leia mais a respeito do assunto no capítulo "De *O Capital de Deus*", constante desta obra.

JESUS VÊ NOSSAS ALMAS

(Parte 1)

***Academia Jesus, o Cristo Ecumênico, o Divino Estadista** — Voltando à popular série radiofônica "O Apocalipse de Jesus para os Simples de Coração", o Irmão Paiva também nela dedicou algumas de suas explanações fraternas sobre a Carta do Cristo à Igreja em Tiatira aos Soldadinhos de Deus, como são carinhosamente chamadas as crianças na Religião Divina. Elas sempre puderam contribuir com suas opiniões e comentários, encantando a audiência com tamanha perspicácia espiritual. Aliás, o selo editorial Soldadinhos de Deus, da LBV, vem trazendo para o universo infantil, na forma de coleção, obras com as explicações do Último Livro da Bíblia Sagrada, traduzindo na linguagem dos pequeninos esses fundamentais ensinamentos.*

*Vamos prosseguir neste empolgante estudo, agora analisando, com o Presidente-Pregador da Religião do Terceiro Milênio, o versículo 19 do capítulo 2 do Livro das Profecias Finais. Explicou o **Irmão Paiva Netto**:*

> 19 *Conheço as tuas obras, o teu amor, a tua fé, o teu serviço, a tua perseverança e as tuas últimas obras, mais numerosas do que as primeiras.*

Como alguém no mundo pode se atrever a somente destacar o mal no próximo? Notem o que garante Aquele que tem *"olhos como chamas de fogo e pés semelhantes ao bronze polido"*, que a tudo vê, está firme sobre Suas bases e a Ele ninguém pode enganar: ***"conheço as tuas obras"****!*

Quer dizer: *"podes ficar tranquilo. Mesmo estando submetidos à influência malévola de Jezabel,* ***vejo tua Parte Divina e sei o que fazes de bem****, mas também o que aprontas de mal. Neste caso, toma juízo, pois tens de te corrigir no que tiveres errado, e o tempo está curto, hein?!"*

O Pastor Zeloso podia ver através da iniquidade que se estabeleceu em Tiatira, sendo capaz de fazer um julgamento verdadeiramente justo, seguro, piedoso e acima de qualquer suspeição. Seus pés, como sólidos alicerces, não eram como na estátua do sonho de Nabucodonosor, desvendado pelo Profeta Daniel, no Antigo Testamento da Bíblia Sagrada: parte de ferro e parte de barro. Aquela construção tinha de cair mesmo, porquanto era alicerçada na injustiça, mas aqui, não, pois do que eram compostos os fundamentos do Cristo?

— *De bronze!*

Forte, reluzente, sem arestas. É claro que, sendo Educador Celeste, mesmo reconhecendo nosso potencial no Bem, Ele não poderia deixar de nos advertir, logo na sequência, sobre os desvios muito sérios que precisamos endireitar.

O que vale é o reconhecimento do Benfeitor Sublime

Jesus, cujo olhar misericordioso atravessa falsas aparências, **primeiro ressalta o lado bom das criaturas** — que todas têm sem exceção —, colocando em evidência **a Parcela de Deus que compõe cada um de nós**. Ele enxerga nosso Amor, nossa Fé, nossas realizações, nossa Perseverança e exalta que **temos progredido no caminho do Bem**: nossas Boas Obras mais recentes são em maior número do que as anteriores.

É a única Igreja da Ásia que recebe essa menção. Mesmo sob condições muito adversas, aquela comunidade estava **persistindo em expandir suas virtudes**. Mas nem por isso pode haver acomodação, como bem diz o dito popular:

— *Não adianta deitar na sopa.*

Ora, devemos nos manter firmes, em constante aprendizado e evolução espiritual, tal qual criancinhas que absorvem novas lições com muita facilidade a todo momento.

Jesus abençoa Seus filhos espirituais

Façamos com que a palavra do Evangelho-Apocalipse de Jesus seja **a mão do Cristo permanentemente abençoando nossas cabeças**, crianças espirituais que somos. É como aprendemos naquela passagem bíblica em que o Rabi da Galileia repreende Seus Apóstolos por tentarem manter longe Dele os meninos e as meninas, ordenando:

> 14 *Deixai vir a mim os pequeninos, não os impeçais, porque deles é o Reino dos Céus.*
> 15 *E, tendo-lhes imposto as mãos, retirou-se dali.*
> (Evangelho, segundo Mateus, 19:14 e 15)

Cuidemos para não adotarmos essa atitude dos Discípulos do Mestre dos mestres, que, mesmo movidos por boas intenções, ao verem Jesus sendo sempre requisitado pelas multidões, apertado daqui, empurrado dali, tentaram impedir a aproximação das criancinhas. Já alertavam os antigos:

— *De boa intenção está calçado o inferno!*

O importante é não afastar de Jesus as crianças que somos todos nós, pois não há quem Dele não precise. Agir assim é um crime dos mais graves que se pode cometer. Vivemos ainda em um mundo cão, por isso não podemos ser ingênuos. Porém, **libertos da ignorância espiritual** — que é a maior desgraça que pode assolar uma criatura humana — e **limpando a nossa Alma, o nosso coração** de tudo que ensombrece a Vida, teremos um pouco que seja da **simplicidade e da pureza de sentimento dos que estão na infância**, para merecermos **o Reino de Deus**.

A pureza das crianças

Mas por que Jesus, admoestando os Discípulos, dá a peremptória ordem?

> — *Deixai vir a mim os pequeninos, não os impeçais, porque deles é o Reino dos Céus.*
>
> Jesus (Mateus, 19:14)

Porque Ele destacava ali justamente essa pureza das crianças. E mais, ao ser questionado por Seus Discípulos e Apóstolos acerca de quem seria o maior no Reino dos Céus, o que esclareceu o Divino Professor?! Leiamos a passagem evangélica:

1 *Naquela hora, aproximaram-se de Jesus os Discípulos, perguntando: Quem é, porventura, o maior no Reino dos Céus?*
2 *E Jesus, chamando uma criança, colocou-a diante deles.*
3 *E disse: Em verdade, em verdade vos digo que, se não vos converterdes e não vos tornardes como crianças, de modo algum entrareis no Reino dos Céus.*

(Boa Nova, segundo Mateus, 18:1 a 3)

Como a recomendar: *"tenhais a candura delas"*.

Então, para entrar no Reino Divino devemos nos manter limpos de coração.

— *Ah, mas nesse mundo não é possível ser santo!*

Evangelista Marcos

Dê o primeiro passo, meu Amigo, minha Amiga, **pois o caminho da santidade é a Bondade**. Quem é perfeito neste mundo? Ninguém! O próprio Jesus, quando O chamaram de *"Bom Mestre"*, respondeu:

— *Por que me chamas bom? Ninguém é bom senão um, que é Deus* (Evangelho, segundo Marcos, 10:18).

E o Irmão Zarur explicava que, vindo à condição humana, ninguém consegue ser bom igual a Deus. Pelo menos não nesse estágio em que se encontra a humanidade. Mas todos temos a **obrigação de melhorar**, **de ascender espiritualmente**.

A Coleção Ecumênica "Apocalipse de Jesus para as crianças" (Editora Elevação) convida os pequeninos a embarcarem em uma jornada fascinante pelo Livro das Revelações Finais, compreendendo sua forte mensagem de Amor e Esperança. Com uma narrativa envolvente e divertida, além de seção de atividades e espaço para envio de dúvidas, até o momento, a série conta com seis volumes e pode ser adquirida pelo* site *ClubeCulturadePaz.com.br.

JESUS VÊ NOSSAS ALMAS

(Parte 2 — final)

Evangelho-Apocalipse do Cristo: escola da alfabetização espiritual

A fome da Palavra de Deus é imensa no planeta. Por isso, nossa missão é **pregar popularmente aos Simples de Coração** e isso inclui as crianças, que nos honram com a sua audiência. Quem fala aqui com vocês, às vezes até com eloquência, é um amigo. Alguém que deseja ver todos se abeirarem desses conhecimentos e que se preocupa em explicar o Apocalipse de Jesus a quem se coloca nesta condição exaltada pelo Cristo, em Seu Santo Evangelho, segundo Lucas, 10:21:

> 21 *Naquela hora, exultou Jesus no Espírito Santo e exclamou: Graças Te dou, ó Pai, Senhor do Céu e da Terra, porque ocultaste estas coisas aos sábios e instruídos do mundo e* ***as revelaste aos pequeninos****. Sim, ó Pai, porque assim foi do Teu agrado.*

Ser um pequenino não se trata de categorias sociais, pois, ricos ou pobres, **todos somos aprendizes das questões eternas**. Daí fazermos nossos estudos sem pressa, ponto a ponto, procurando não deixar nada escapar à atenção. É como escreveu o Apóstolo Paulo, em sua Primeira Epístola aos Coríntios, 3:1 a 3:

> [1] *A vós, Irmãos, não vos pude falar como a homens espirituais, mas como a seres carnais, como a criancinhas em Cristo.*
> [2] *Eu vos dei leite a beber, e não alimento sólido que ainda não podíeis suportar. Nem ainda agora o podeis, porque ainda sois carnais.*
> [3] *Com efeito, enquanto houver entre vós ciúmes e contendas, não será porque sois carnais e procedeis de um modo totalmente humano?*

Precisamos ter **humildade diante de Deus** e dos nossos Irmãos, reconhecer nossos limites, melhorar nossa condição moral, para com o tempo admitir **alimento espiritualmente mais sólido**. E vejam que a **substância mais robusta** que está sendo oferecida aos Simples de Coração é **a Palavra do Redentor Apocalipse do Cristo**. Espero que esse nosso esforço consiga satisfazer o anseio de vocês em aprender esses assuntos de alfabetização espiritual.

Homenagem aos pequeninos

Por falar nas crianças, que chamamos carinhosamente de Soldadinhos de Deus, da Religião Divina, elas têm se manifestado com grande desenvoltura durante nossas palestras fraternas acerca do Último Livro da Bíblia Sagrada. Tenho repetido muitas vezes: quem pensa que criança é boba é que é bobo. Ouço a todo momento comentários muito importantes delas na nossa programação legionária[48]. **As crianças têm sabedoria, são Almas antigas...** Muitas vezes, elas ou os jovens são mais velhos do que muitos adultos. Quer dizer, longevos em Espírito, mas joviais no ânimo. Isso é algo extraordinário. **É bom aprendermos com eles.** Sempre procuro fazer isso ao me dirigir às suas Almas, que vão registrando os ensinamentos do Santo e Re-

---

[48] **Espaços de Protagonismo Infantojuvenil** — Em 2003, Paiva Netto criou o Fórum Internacional dos Soldadinhos de Deus, da LBV, que tem como Patrono Jesus. É um espaço de cultura espiritual aberto para a formação e o protagonismo infantojuvenil. Ao longo do ano, as crianças e adolescentes do Brasil e do exterior se reúnem para refletir e agir em torno de temas essenciais à construção de um mundo melhor, propostos por elas mesmas. Naquele ano, o Presidente-Pregador da Religião Divina acompanhava, pela Super Rede Boa Vontade de Rádio, o programa *Soldadinhos de Deus, da LBV* (apresentado por crianças da Religião do Terceiro Milênio e dirigido ao universo infantil) e se sentiu motivado a entrar ao vivo na programação e, segundo suas próprias palavras, *"propor aos meninos e meninas da LBV um desafio: a criação de um fórum para que essa novíssima geração pudesse discutir e apontar soluções para os principais problemas que preocupam os pequeninos"*. A partir de então, o evento tem ocorrido em diversos países, como Brasil, Argentina, Bolívia, Estados Unidos, Paraguai, Portugal e Uruguai.

dentor Evangelho-Apocalipse de Jesus. Afinal, ou acreditamos de uma vez por todas em nossa preexistência incorpórea ou então rasguemos as nossas máscaras.

Ando pelos ambientes da LBV e da Religião do Amor Universal — detesto gabinetes —, vou conversando com eles — também com os vovôs e as vovós — e anoto suas sugestões ou suas queixas. Onde há razão, vamos melhorando, aplicando essa característica espiritual de Jesus, apresentada por Ele à Igreja em Tiatira:

> — *Estas coisas diz o Filho de Deus, que tem os olhos como chama de fogo e os pés semelhantes ao bronze polido.*

Que visão purificadora e, ao mesmo tempo, segura do Excelso Pegureiro! Ele conhece as obras de cada um de nós, pois não perde nada de vista e aos Seus olhos:

> — ***Não há nada oculto que não seja revelado*** *nem encoberto que não venha a ser conhecido e trazido à luz* (Evangelho, segundo Mateus, 10:26).

Gostaria ainda de destacar estes inspirados versos do "Poema dos Soldadinhos de Deus", de autoria do Irmão Zarur:

> *Pois, se o mundo é da criança,*
> *No futuro, ó filhos meus,*

Quem é a nossa esperança?
— Os Soldadinhos de Deus!...

Meus Irmãos, minhas Irmãs, com essa estrofe repleta de Fé Realizante, expresso nossa homenagem a todos vocês, homens e mulheres, jovens, crianças e Espíritos, Almas Benditas. Confiamos na Misericórdia de Jesus, que mantém erguida essa Obra — a Quarta Revelação. É o Excelso Governador deste orbe Quem sustenta, com Seus pés semelhantes ao bronze polido, a Legião da Boa Vontade e a Religião de Deus, do Cristo e do Espírito Santo, e tudo o que brota de seus abençoados ventres, visto que lutam incessantemente *"por um Brasil melhor e por uma humanidade mais feliz"*.

Precisamos ter humildade diante de Deus e dos nossos Irmãos, reconhecer nossos limites, melhorar nossa condição moral, para com o tempo admitir alimento espiritualmente mais sólido. E vejam que a substância mais robusta que está sendo oferecida aos Simples de Coração é a Palavra do Redentor Apocalipse do Cristo. Espero que esse nosso esforço consiga satisfazer o anseio de vocês em aprender esses assuntos de alfabetização espiritual.

O CAMINHO DA LIBERDADE ESPIRITUAL

(Parte 1)

***Academia Jesus, o Cristo Ecumênico, o Divino Estadista** — Ainda sobre o amplo sentido do versículo 19 do capítulo 2 do Apocalipse de Jesus, no qual o Divino Mestre demonstra valer-se dos Seus olhos como chama de fogo para realmente ver quem nós somos na intimidade, vejamos as explicações do Irmão Paiva durante um programa radiofônico da série "Lições de Vida", de 11 de novembro de 1987 (quarta-feira). Nele, o Presidente-Pregador da Religião Divina apresentou um texto do livro* Lendas do Céu e da Terra, *de autoria de Malba Tahan, intitulado "O dragão de São Jorge" e fez uma importante reflexão sobre o processo de melhoria individual — exaltado pelo Mestre aos Seus seguidores em Tiatira — para alcançarmos a pureza de coração das crianças.*

*Com a palavra, o **Irmão Paiva**, primeiro transcrevendo o referido texto e em seguida seus comentários:*

O dragão de São Jorge

Malba Tahan

Havia na velha igreja de Santo Afonso, em Madri, um grandioso quadro em que São Jorge guerreiro, com suas armas de combate, matava um enorme dragão. Observava-se, porém, uma particularidade espantosa: o dragão tinha o mesmo rosto de São Jorge! O observador percebia, claramente, que o quadro, afinal, representava o glorioso santo vencendo-se a si mesmo. A inspiração do artista quis retratar o coração de um homem transformado pela misericórdia de Nosso Senhor Jesus Cristo, vencendo o velho coração que vivera no erro, na ignomínia, escravizado pelo pecado [ou ignorância, como quiserem dizer; o desaparecimento do homem velho dando lugar ao nascimento do homem novo, liberto pelo Amor do Novo Mandamento do Cristo — *"Amai-vos como Eu vos amei"* (Evangelho, segundo João, 13:34) — e pelo conhecimento da Verdade Divina — *"Conhecereis a Verdade* [de Deus], *e a Verdade* [de Deus] *vos libertará"* (Boa Nova, segundo João, 8:32)].

O dragão ali figurava como símbolo e representava o velho coração de Jorge antes da conversão ao cristianismo — coração cheio de vícios, de egoísmo, de ignorância e de vaidade; a figura de São Jorge, ao lado do dragão, em atitude vitoriosa, mostra-nos o coração regenerado, que, iluminado pelo poder de Jesus, pôde vencer e matar o dragão do erro.

Convém ponderar que outro erro ou engano em que ainda incorremos é o de pensar que todo tempo empregado em combater a tentação é tempo perdido. As horas passam e parece-nos que nenhum progresso fazemos, de tal forma nos vemos bloqueados por tentações. Mas sucede, muitas vezes, que justamente nestas horas temos, de fato, servido a Deus muito melhor do que nos momentos de relativa calma, em que nos julgamos isentos de pecado. Porque, quando lutamos contra a tentação, é que combatemos as batalhas do Senhor. E horas tais valem para nós, muitas vezes, por dias inteiros.

Eis aí a lição do ilustre matemático e escritor brasileiro Júlio César de Mello e Souza (1895-1974), cujo pseudônimo era Malba Tahan. É bom ter isso em mente quando toda a humanidade se aproxima do momento da quitação dos seus erros antigos, milenares. Não estamos aqui tentando apavorar ninguém. É aquela história: Quem semeia ventos colhe tempestades, ora!

Não querem ser livres, fazer o que bem entender?! Ótimo! Mas liberdade depreende responsabilidade também. No livro *Reflexões e Pensamentos — Dialética da Boa Vontade* (1987), encontra-se este nosso pensamento: **Ser livre é mais difícil do que ser escravo...**

Descartes

Por isso, tantos preferem se acomodar... Têm medo de pensar... E muita gente que pensa, não pensa...

Lembro-me do velho Descartes (1596-1650), que concluiu:

— *Cogito, ergo sum.* (Penso, logo existo.)

Mas o próprio filósofo francês poderia ter refletido melhor para que o seu *cogito* não abanasse a chama do materialismo, tão firmado apenas no pensamento chamado "racional". Então, mesmo sendo indispensável, só a razão não basta. Já afirmara Confúcio (551-479 a.C.) que tudo na vida é reciprocidade, como encontramos neste diálogo dele com seus seguidores, registrado nos *Analectos*, Livro 4, capítulo 15:

Confúcio

— *Confúcio disse: "Shen (Zengzi), minha doutrina está toda entrelaçada por um único fio condutor". Zengzi respondeu: "De fato". Depois que Confúcio partiu, os outros discípulos perguntaram: "O que ele quis dizer?" Zengzi respondeu: "A doutrina do Mestre se baseia na lealdade e na reciprocidade; é isso".*

Sempre menciono o ditado popular de que toda moeda tem duas faces. Aliás, costumo dizer a meus assistentes que ela, na verdade, possui vários lados. Ao seu pensamento, Descartes esqueceu de somar **o coração**. Teria ele de completar:

— *Amo e penso, logo existo.*

Estamos falando do Amor de Deus e não daquele comumente confundido com acesso livre a infecções sexualmente transmissíveis. **O Amor Divino cria e eleva os mundos e os seres que habitam neles.** É a única força capaz de redimir o ser humano.

Toda a humanidade se aproxima do momento da quitação dos seus erros antigos, milenares. Não estamos aqui tentando apavorar ninguém. É aquela história: Quem semeia ventos colhe tempestades, ora! Não querem ser livres, fazer o que bem entender?! Ótimo! Mas liberdade depreende responsabilidade também. No livro *Reflexões e Pensamentos — Dialética da Boa Vontade* (1987), encontra-se este nosso pensamento: Ser livre é mais difícil do que ser escravo...

O CAMINHO DA LIBERDADE ESPIRITUAL

(Parte 2 — final)

Vencer-se a si mesmo

Que cada um faça um exame sincero de consciência e se pergunte: não preciso mesmo de uma forcinha para me aprimorar? Quero ficar estagnado na preguiça ou na ociosidade? Prefiro desistir sem tentar? E ainda dizer:

— *Eu não posso ser bom, pois sou pecador!*

Quem neste mundo não é, meu Irmão, minha Irmã? Você poderia fazer a gentileza de me apontar onde não há um pecador ou uma pecadora neste planeta? No livro de Provérbios, 24:16, encontramos:

— *Porque o justo cai sete vezes, mas ergue-se, enquanto os ímpios desfalecem na desgraça.*

A questão maior é **como reagimos diante de equívocos cometidos**. Ao estudar o Apocalipse, vemos o que ocorre com Jezabel, por exemplo. Muito diferente dos vários "pecadores" que seguiam a Jesus, e que depois se tornaram verdadeiros santos, ela jamais quis mudar sua postura. E isso se deve a uma série de razões, entre elas seu apego à materialidade malsã e à perversidade que corria em suas veias. Basta ver que persegue e manda matar os profetas de Deus.

E quero deixar bem claro que não estou aconselhando ninguém a sair por aí dando marretada na cabeça dos outros ou se esbaldando em acumular falhas próprias. Não é nada disso, não! Estou enfatizando que **não podemos desistir da Vida**, por nos considerarmos imperfeitos. Nada justificaria isso, porque estamos todos no mesmo barco, acertando e errando, até aprendermos a **amar em plenitude divina** e nos transformarmos em **obras aperfeiçoadas em Deus**, conforme registrou João Evangelista, em sua Primeira Epístola, 4:11 e 12:

> 11 *Amados, se Deus de tal maneira nos amou, devemos nós também amar uns aos outros.*
> 12 *Ninguém jamais viu a Deus;* ***se amarmos uns aos outros, Deus permanece em nós, e o Seu Amor é, em nós, aperfeiçoado****.*

Liberdade Divina: fim da ignorância espiritual

Não seria este o verdadeiro sentido da libertação que Jesus revelou à humanidade? Não é algo conquistado em um passe de mágica, então reiteremos o que Ele atestou:

> — *Conhecereis a Verdade* [de Deus], *e a Verdade* [de Deus] *vos libertará* (Evangelho, segundo João, 8:32).

Ao afirmar isto, o Cristo Ecumênico, o Divino Estadista, está despertando todo o potencial que possuímos, **Templo do Deus Vivo que somos**. E mais: ao nos desvencilharmos gradativamente das algemas da ignorância e do erro, Ele está nos convidando a **viver a Sabedoria que advém da Liberdade Espiritual para entrarmos no Reino de Deus** — ambiência à qual pertencemos. Prestaram atenção?! Somos muito mais do que seres errantes.

É o que São Jorge guerreiro está fazendo ao derrotar o dragão que tinha o seu rosto, conforme vimos na página de Malba Tahan. A fera que diariamente temos que derrotar são os equívocos que nos impedem de sermos felizes.

Não há ninguém que seja perverso e possa ser feliz, nem quem se compraza nas graves falhas e viva em real contentamento. Ou você pensa que é cuspindo para cima que vai chegar a isso? Ou esfregando a sua face na lama, como os suínos? Aliás, isso nos faz recordar a situação exposta pelo Cristo relativa aos cães e porcos — sem ofensa aos animaizinhos —, que devemos evitar que aconteça em nossas vidas, pois estaríamos empedernidos a tal ponto de desprezarmos a Bondade Celeste:

> — *Não deis aos cães o que é santo, nem lanceis vossas pérolas aos porcos, para que não as pisem com os pés e, voltando-se, vos dilacerem.*
>
> Jesus (Mateus, 7:6)

Infelizmente, é o que ocorre com quem se distancia da Luz do Cristo e vive nas sombras dos enganos: prefere rejeitar as Verdades Espirituais, que levariam sua Alma à cura, e se recolhe na própria brutalidade. Entretanto, a **Caridade Divina não deixa ninguém desamparado** nem sequer desiste de qualquer um de nós. Mais dia, menos dia, **todos alcançaremos os Tesouros Celestiais**. Antes, porém, meu Deus, quanto sofrimento irão carpir. Verão quanto dói uma saudade!... Sim, mesmo com Almas Benditas dispostas a lhes auxiliar, ainda assim viraram as costas e se recusaram a reconhecer a Bondade Divina. Resultado: serão entregues à própria sorte, até que, um dia, retornem ao berço do Cristo! E, pasmem, lá estará Ele, de braços abertos, saudando-os:

> — *Vinde a mim, todos vós que estais cansados e oprimidos, e Eu vos darei lenitivo* (Evangelho, segundo Mateus, 11:28).

O Amor de Deus nos purifica

Perceberam que Jesus muito se valeu do uso de parábolas em Suas abençoadas pregações? O Sublime Pedagogo assim o fez para que, pela força do raciocínio e das Boas Obras, pudéssemos **melhor compreender Suas Benditas Lições e nos purificar no Amor Divino**. Afinal, essa é a Ordem Suprema que Ele legou ao mundo e que não me canso de repetir:

> — *Amai-vos como Eu vos amei. Somente assim podereis ser reconhecidos como meus discípulos* (Evangelho, segundo João, 13:34 e 35).

E, com a vivência do Seu Novo Mandamento, Ele deseja, como desejou e desejará sempre, que nos esforcemos para **merecer o Amor e a Verdade de Deus**. Já nos alerta a sabedoria popular:

> — *O que fácil vem fácil vai.*

Quem não se empenhou por conseguir algo e o recebe com facilidade dos pais, dos amigos, dos avós, dos padrinhos, de quem quer que seja, tão depressa o perde, porque não batalhou para tê-lo e por isso não o valoriza. Isso é um princípio básico na educação dos filhos. Contudo, não significa obter o que se quer a qualquer custo, ou seja, matando, explorando, trapaceando, subjugando quem estiver pela frente. Há sempre **uma rota de Paz**, mesmo que seja mais trabalhosa.

Segurança em Deus no fim dos tempos

Vem aí sobre a humanidade o Professor Sofrimento. Jamais por vontade de quem quer que seja, entretanto, a Lei de Causa e Efeito existe. Caso contrário, o Universo seria uma bagunça ingovernável. O Cristo trouxe à Terra, com Seu próprio sacrifício, **o caminho do Amor Divino**, revelando Sua Lei Maior: *"Amai-vos"*. Porém, parte da turma prefere seguir por outras paragens. Então, é natural que receba o prêmio do trajeto escolhido.

Ele nos mostrou uma estrada luminosa, ainda que estreita, cheia de ladeiras e curvas, porque temos de nos esforçar para percorrê-la. Todavia, quando chegarmos ao final dela, **lá estará Jesus para nos receber em Seu Reino Sagrado**.

Em sentido oposto, a humanidade está trilhando um percurso largo, repleto de aparentes facilidades e ilusões, mas que desembocará em terreno baldio, cheio de espinhos. Depois, ainda reclama dizendo que Deus é mau. Não, inconsequentes são os que optam pelo roteiro errado. É o que se tem feito no planeta. Daí o Armagedom e a Grande Tribulação que vêm, porque as condições para essas tragédias foram semeadas pelos seres humanos. Concordam?!

Entenderam, de uma vez por todas, que o Apocalipse não é um livro do desamor de Deus? Longe disso, pois o Criador, por intermédio do Cristo e do Anjo, revelou a João o que passaríamos caso escolhêssemos o caminho da dor que está aí campeando. E foi até um aviso de amigo. Alertou primeiro, mas muitos não quiseram ouvir.

Aliás, falar disso hoje parece até, como diz o povo, "chover no molhado", pois basta que saiamos às ruas para trabalhar, assistamos à TV, ouçamos o rádio, leiamos os jornais para que essas loucuras todas, perpetradas pelos seres humanos, estarreçam os nossos sentidos.

No entanto, **Jesus sempre estende o Seu Amparo Bendito para nós** e espera que saibamos nos agarrar a Ele e não larguemos jamais a Sua destra. Como diz o mantra sagrado da Religião de Deus, do Cristo e do Espírito Santo: **Seguros estamos na Divina Segurança das seguras mãos de Jesus!**

A GRAVE ADVERTÊNCIA DO CRISTO

(Parte 1)

Academia Jesus, o Cristo Ecumênico, o Divino Estadista *— A abertura do versículo 20 do capítulo 2 do Apocalipse vem com uma tremenda admoestação do Supremo Comandante da Terra aos Seus seguidores em Tiatira. Contudo, o autor de "O Apocalipse de Jesus para os Simples de Coração", na sequência de sua análise, deixa bem clara a posição equidistante do Cristo relativamente aos prejulgamentos.*

Esclarece ***Paiva Netto:***

> *20 Tenho, porém, umas coisas contra ti, porque permites a Jezabel, mulher que diz profetizar, pregar e seduzir os meus servos, para praticarem a prostituição e a comerem coisas sacrificadas aos ídolos.*

Estamos agora diante da severa repreensão do Cristo à Igreja em Tiatira, tema central desta Sua Carta Fraterna, que vai nos ocupar pelos próximos versículos. O primeiro ponto a se destacar é a citação de uma mulher chamada Jezabel, sendo essencial compreender de antemão que se trata de uma simbologia. Não há necessariamente indicação de que existia alguém com esse nome entre os seguidores do Caminho naquela cidade. No entanto, Jesus se vale dessa figura do Antigo Testamento da Bíblia Sagrada para deixar nítida a Sua advertência, por tudo o que ela representa.

Vamos a uma explanação inicial feita pelo saudoso Irmão Zarur:

> — *Que vem a ser Jezabel? Exato! Debaixo do nome Jezabel, mulher do rei Acab, se entende aqui a mulher ímpia que favoreceu os "nicolaítas", como também a antiga Jezabel favorecia aos adoradores de Baal.*

É sempre necessário nos recordarmos do perigo seriamente apontado pelo Apóstolo Paulo, na Segunda Epístola aos Coríntios, 3:6:

> — *(...) A letra mata, mas o Espírito vivifica.*

Dito isso, analisemos as Escrituras Santas não ao pé da letra, todavia em Espírito e Verdade, à luz do Novo Mandamento — *"Amai-vos como Eu vos amei. Somen-*

te assim podereis ser reconhecidos como meus discípulos" (Evangelho, segundo João, 13:34 e 35).

Superando estigmas moralistas

Não está em questão o fato de Jezabel ser do sexo feminino, que costumo chamar de sustentáculo de uma nação, quando, de fato, integrada em Deus. Nem mesmo retrata as Irmãs meretrizes, conforme alguns querem fazer crer exclusivamente.

Assim como ocorreu com os nicolaítas, em Éfeso, e com os adeptos da doutrina de Balaão, em Pérgamo, não deve ser enfatizado se eram homens ou mulheres, mas sim o sentido histórico-profético que encarnam, precavendo assim o olhar de julgamentos moralistas, que só desviam a atenção do que está sendo admoestado por Jesus.

Nesse sentido, **Jezabel representa o que há de fanático, ganancioso, pernicioso no ser humano** e que precisa ser corrigido pelo poder da Boa Vontade de um Deus, que é Amor.

Jesus sempre enaltece as mulheres

Há inúmeras passagens do Santo Evangelho do Cristo em que **Ele valoriza a presença feminina**, contrariando os costumes de uma época em que ser mulher significava, oficialmente, uma condição social inferior — muitas vezes nem sendo contabilizada em censos. Aliás, essa era uma prática comum a várias sociedades do passado e ainda em vigor em algumas partes do planeta.

Poderíamos, por exemplo, recordar quando o Divino Amigo apresentou impactante revelação a uma mulher samaritana, afirmando que ***"Deus é Espírito"*** (João, 4:7 a 26). Ou quando exaltou a oferta de uma viúva pobre no gazofilácio (Marcos, 12:41 a 44). Como não destacar a ressurreição da filha de Jairo (Lucas, 8:40 a 56) ou a cura da mulher hemorroíssa (Marcos, 5:25 a 34)? E quando evitou que uma mulher adúltera fosse apedrejada, conforme procedimento hipócrita — portanto, injusto — daquele tempo (João, 8:1 a 11)?

É emblemático o respeito com que o Mestre Amado tratava a todos, independentemente se eram homens, mulheres, jovens ou crianças. As seguidoras femininas — a maioria anônima, pois a História falhou em registrar seus nomes —, vendo o reconhecimento que era dado a elas, acompanhavam o Cristo e O serviam com seus bens (Lucas, 8:1 a 3), a exemplo de Joana, esposa de Cuza, e Suzana, além de muitas outras. Uma delas, apenas conhecida na cidade como "pecadora" — vejam só! —, entrou na casa onde Jesus estava, trouxe um frasco de alabastro com perfume. Chorando de emoção, ela regou os pés do Rei dos reis com suas lágrimas e os enxugou com seus cabelos. Ainda mais comovida, beijou-os e os ungiu com o perfume, sensibilizando o

Cristo na casa do fariseu, por Jacopo Tintoretto (1519-1594).

coração do Excelso Pastor, que perdoou seus pecados e lhe disse:

> — *A tua fé te salvou; vai-te em paz.*
>
> Jesus (Lucas, 7:36 a 50)

Seria possível continuarmos por muitas páginas relatando a projeção que Jesus destinava às mulheres, muitas das quais não apenas ajudaram o Cristo, mas também desafiaram as normas sociais de sua época, demonstrando coragem e Fé incomparáveis no testemunho a Jesus, a exemplo de Lívia, esposa do senador romano Públio Lentulus. Talvez por isso, na hora mais dolorosa de Seu Ministério Crístico, foram elas que permaneceram com Ele diante da cruz, junto a João Evangelista e Sua mãe, Maria Santíssima. E, ao raiar do terceiro dia, após a sórdida crucificação, o Divino Ressuscitado apareceu primeiro a Maria Madalena, de quem havia expulsado sete demônios (Lucas, 8:2), e que ficou perplexa diante do túmulo vazio (João, 20:11 a 18). Ela foi depressa contar aos Discípulos, que possivelmente estavam escondidos por medo.

A GRAVE ADVERTÊNCIA DO CRISTO

(Parte 2 — final)

A mulher no conSerto das nações

***Academia Jesus, o Cristo Ecumênico, o Divino Estadista** — Apesar dos avanços desde a Primeira Vinda Visível de Jesus, ainda há muito a ser feito pela igualdade de gênero neste mundo, como demonstra o Presidente-Pregador da Religião de Deus, do Cristo e do Espírito Santo. As Instituições da Boa Vontade têm feito a sua parte, contribuindo com soluções efetivas para um problema tão grave, que se arrasta por milênios. Reproduzimos, por oportuno, trechos de documento que o dirigente da LBV enviou à ONU e foi traduzido por ela em seus seis idiomas oficiais, por ocasião da 51ª Sessão do* Status *da Mulher, em 2007, na sede das Nações Unidas, em Nova York. Esse evento* *sempre conta com a presença da LBV, que leva a sua palavra de Paz às delegações do mundo*[49].

*Escreveu **Paiva Netto**, em "A mulher no conSerto das nações":*

Prezadas leitoras e leitores, antes de tudo devo esclarecer-lhes sobre a palavra conSerto grafada com "s" no título da página. Não se trata de erro ou distração no emprego do vocábulo em português. É con**S**erto mesmo, porquanto, da forma que se encontra o mundo a pré-abrasar-se com o aquecimento global, é melhor que os sexos confraternizem, unam forças e realizem o con**S**erto urgente do que ameaça quebrar-se, porque, do contrário, poderemos acabar nuclear ou climatica-

[49] **LBV na ONU** — Em virtude da ampla abrangência de seus programas, serviços e ações e da excelência no trabalho realizado, a Legião da Boa Vontade (LBV) mantém relação consultiva com a Organização das Nações Unidas (ONU), desde 1994, por intermédio do Departamento de Comunicação Global (DCG) desse organismo internacional e, desde 1999, com o Conselho Econômico e Social (Ecosoc) das Nações Unidas, no qual a Instituição possui *status* consultivo geral, grau máximo de reconhecimento que uma Entidade pode alcançar junto a esse órgão. A LBV tem participado ativamente das principais conferências e reuniões da ONU, contribuindo com importantes recomendações, por meio de documentos e publicações, editados em diversos idiomas, que são entregues a chefes de Estado, conselheiros ministeriais, agências internacionais e representantes da sociedade civil. Dentre esses materiais destacam-se as revistas *Sociedade Solidária*, *Paz para o Milênio*, *Globalização do Amor Fraterno*, BOA VONTADE *Desenvolvimento Sustentável*, BOA VONTADE *Mulher* e BOA VONTADE *Educação*.

mente cozidos numa panela fenomenal: o planeta que habitamos. Isto sem falar no ameaçador bioterrorismo.

Feita a observação, peço-lhes licença para prestar uma justa homenagem às mulheres de todos os segmentos da sociedade — entre eles, étnicos, religiosos, científicos, políticos, enfim: culturais —, àquelas que são a base das nações, quando integradas em Deus e/ou nos mais elevados sentimentos que honram a raça humana (...).

"Pão e rosas"

A luta pela emancipação da mulher é antiga. Já nos tempos clássicos da Grécia, esse espírito libertário procurava, sob certo aspecto, o seu caminho nos esforços e dificuldades de Lisístrata, com sua greve do sexo, na qual moveu mulheres de Atenas e de Esparta para deter a Guerra do Peloponeso, segundo a comédia de Aristófanes.

Em 1857, centenas de operárias das fábricas têxteis e de vestuário de Nova York iniciaram um forte protesto contra os baixos salários, jornada de mais de 12 horas e péssimas condições de trabalho. Em 1908, mais de 14 mil delas voltaram às ruas nova-iorquinas. Sob o *slogan* "Pão e rosas" — *"tendo o pão como símbolo da estabilidade econômica e as rosas representando uma melhor qualidade de vida"* —, pleiteavam idênticos direitos aos reivindicados pelas trabalhadoras da década de 50 do século 19. Três anos depois, também naquela cidade, ocorreu um trágico incêndio provocado pelas infernais condições de segurança na Triangle Shirtwaist Company. Em 25 de março de 1911, mais de 140 tecelãs e tecelões, de maioria italiana e judia, morreram calcinados (21 eram homens). Os fatos foram, em sua dramaticidade, registrados: criaturas em desespero jogando-se das janelas do prédio em chamas. As manifestações ocorridas na metrópole cosmopolita alinham-se entre os principais degraus para a emancipação da mulher, bem como os esforços de tantas outras, a exemplo da alemã Clara Zetkin (1857-1933), uma das mais famosas ativistas pelos direitos femininos, que, em 1910, durante o II Congresso Internacional de Mulheres Socialistas, em Copenhague, propôs a criação do Dia Internacional da Mulher.

Clara Zetkin

A atitude corajosa delas encontra-se perfeitamente enquadrada nesta exclamação da inesquecível Helen Keller (1880-1968):

— *A vida é uma aventura ousada ou nada!*

É palmar que a famosa ativista social se refere à audácia que impulsiona os vanguardeiros a rever costumes e conceitos ultrapassados, que retardam a evolução das criaturas e dos povos (sobretudo no campo imprescindível do conhecimento espiritual). Ela própria é um modelo constante dessa premissa. Cega e surda, em decorrência de uma doença manifestada aos 18 meses, rompeu barreiras, tornando-se uma das mulheres mais respeitadas da História.

A Alma da humanidade

O papel da mulher é essencial para a sobrevivência dos povos. Mãe, esposa, irmã, amiga, trabalhadora, chefe de família, líder, é presença indispensável e conselheira. Por isso, as sociedades que a deprimem o fazem a si mesmas. **A mulher de entendimento esclarecido torna o elo familiar forte e a comunidade grande, moral, respeitada e unida.**

Sua ação é tão importante, que, mesmo com todas as obstruções da cultura machista, nenhuma organização que queira sobreviver — seja ela religiosa, política, filosófica, científica, empresarial ou familiar — pode abrir mão de seu apoio. Ora, a mulher, bafejada pelo Sopro Divino, é a Alma de tudo, é a Alma da humanidade, é a boa raiz, a base das civilizações, a defesa da existência humana. Qual mãe deseja ver seu filho morto na guerra? Ai de nós, os homens, se não fossem as mulheres esclarecidas, inspiradas, iluminadas!

Essas nossas afirmativas encontram ressonância nas de Charles McIver (1860-1906), que dizia:

— O caminho mais econômico, fácil e certo para a educação universal é educar as mulheres, aquelas que se tornarão as mães e professoras de gerações futuras.

Charles McIver

Verdade seja dita, homem algum pouco realiza de verdadeiramente proveitoso, se não contar, de uma forma ou de outra, **com a inspiração feminina**. Realmente, pois

— se você educar um homem, educa um indivíduo; mas se educar uma mulher, educa uma família inteira.

Exato, McIver.

Apropriada também a assertiva do velho Goethe (1749-1832):

— O homem digno irá longe guiado pelas boas palavras de uma mulher sábia.

Goethe

Às mulheres do Brasil e do mundo, a nossa saudação pela força e intrepidez que as definem, jamais esmorecendo diante de incontáveis batalhas cotidianas, por vezes invisíveis. Não celebremos apenas um dia dedicado a elas, o convencional 8 de março. Porém, todo dia é dia da mulher, cujo exemplo de coragem encontramos no Evangelho do Cristo, segundo João, 19:25, que relata o apoio por Ele recebido, na derradeira hora:

> — *E diante da cruz estavam a mãe de Jesus, a irmã dela e também Maria Madalena, e Maria, mulher de Clopas.*

Essas heroínas, no instante supremo da dor, **não O abandonaram**, permanecendo ao Seu lado, num inaudito **sinal de bravura. Nenhuma ação humana pode, decisivamente, progredir sem o auxílio, reservado ou público, das mulheres.** A História está repleta de comprovações.

O papel da mulher é essencial para a sobrevivência dos povos. Mãe, esposa, irmã, amiga, trabalhadora, chefe de família, líder, é presença indispensável e conselheira. Por isso, as sociedades que a deprimem o fazem a si mesmas. A mulher de entendimento esclarecido torna o elo familiar forte e a comunidade grande, moral, respeitada e unida.

JEZABEL, A RAINHA PERVERSA

***Academia Jesus, o Cristo Ecumênico, o Divino Estadista** — Feito esse necessário preâmbulo, **Paiva Netto** retorna à sua explicação do versículo 20 do capítulo 2 do Apocalipse de Jesus:*

Queremos deixar os assuntos bem explicados para o entendimento de todos, até do ser mais simplório e que é filho de Deus também. E o que somos todos diante das Elevadas Consciências, Entidades Magníficas que dirigem do Mundo Invisível a humanidade? Seres simploríssimos, ainda no início do conhecimento espiritual da Sociologia de Deus, da Política de Deus, da Filosofia de Deus, da Ciência de Deus, da Religião de Deus, da Economia de Deus, da Arte de Deus, do Esporte de Deus e assim por diante.

Somos todos aprendizes na Escola Universal da Sabedoria Divina, mesmo que tenhamos ganhado alguma experiência no decorrer da vida junto de nos-

sos Irmãos em humanidade. Portanto, **humildade, humildade, humildade perante Deus, o Cristo e o Espírito Santo**! Sócrates (aprox. 470-399 a.C.), "príncipe dos filósofos", costumava dizer, *mutatis mutandis*:

— *Quanto mais sei, mais sei que nada sei.*

Quem era Jezabel?

Na Igreja anterior, vimos adeptos do ensino de Balaão, em Pérgamo, propagando a prostituição e os sacrifícios aos ídolos, além de armar ciladas espirituais — heresias verdadeiras no tocante aos fatos realmente divinos. E antes, em Éfeso, apareceram seguidores de um incerto Nicolau, que estarão presentes também em Pérgamo. Aliás, há estudiosos que acreditam que a doutrina que Jezabel buscava difundir em Tiatira teria por base a dos nicolaítas, conforme citado pelo Irmão Zarur.

Mas não adianta prosseguirmos nas explicações se não entendermos quem era essa figura, cujas más ações são relatadas no Antigo Testamento da Bíblia Sagrada, nos livros de Reis, e mereceu de Jesus tamanha reprovação nesta Carta Dele que estamos examinando. Vamos a um despretensioso estudo para conhecer o que ela fazia de tão condenável diante das Leis Divinas e a luta do Profeta Elias contra essa pessoa pérfida, que não se arrependia dos seus erros.

A princesa fenícia adoradora de Baal

Jezabel era filha de Etbaal, rei de Tiro e Sidom, e adoradora do deus pagão Baal. Seu pai foi identificado pelo antigo historiador Menandro de Éfeso (século 2 a.C.), segundo narra a obra *Contra Apião*, livro 1, parte 18, do famoso historiador judeu Flávio Josefo (38-100). Etbaal, um sacerdote de Astarote (ou Astarte) — deusa cananeia ligada à fertilidade, sexualidade e guerra —, subiu ao trono ao assassinar o rei Feles. Que gente boa, hein?!

Flávio Josefo

Alguns pesquisadores consideram que o nome da princesa fenícia significava originalmente "Baal é exaltado", ou "Baal é um marido", ou ainda "onde está o príncipe" (isto é, o próprio Baal). No entanto, sua reputação e influência tornaram-se sinônimos de idolatria, manipulação e perseguição aos fiéis de Deus. Por isso, o significado de Jezabel teria sido deliberadamente alterado para refletir a rejeição dos hebreus a ela e a seu deus, passando para: "não exaltado" ou "sem ter marido". No Apocalipse de Jesus, o nome dela se aplica, de modo figurado, a uma falsa profetisa, que enganava os cristãos com os seus ensinamentos.

O nome Baal quer dizer "senhor" ou "mestre", sendo um título usado para várias divindades no mundo antigo, especialmente na região do Oriente Médio. É comum encontrar diversas variações desse deus, a depender do povoado, a exemplo de: Baal Hadad, Baal Melqart, Baal-Peor, entre outros. Em geral, era a principal divindade do panteão cananeu e fenício, associado à tempestade, fertilidade, chuva e prosperidade agrícola.

O culto a ele incluía sacrifícios — até humanos —, festivais e rituais de fertilidade, envolvendo atos sexuais praticados nos templos, pois acreditavam que isso incentivaria a fertilização da terra. Baal era, em especial, venerado em cidades como Tiro, Sidom e Ugarit, também sendo amplamente adorado pelos povos moabitas, amonitas e edomitas.

Tal culto foi uma das grandes ameaças à fé monoteísta de Israel, visto que sua adoração entrou no reino por meio de casamentos políticos e influências estrangeiras, levando a um embate entre a crença no Deus único e as forças da idolatria e da corrupção moral.

O fraco rei Acab

Acab — que se pronuncia "A-háb", como sempre gostava de lembrar o saudoso Irmão Zarur, para evitar confusão com o imperativo do verbo "acabar" — foi o sétimo rei de Israel, governando entre 874 e 853 a.C.

Ele sucedeu a seu pai, Onri, um dos mais poderosos reis dos hebreus, que estabeleceu Samaria como a capital do Reino do Norte. Acerca dos péssimos feitos desse fraco e covarde rei, como veremos, registrou o Primeiro Livro de Reis, 16:30 a 33:

> 30 *Fez Acab, filho de Onri, o que era mau perante o Senhor,* ***mais do que todos os que foram antes dele****.*
> 31 *Como se fora coisa de somenos* [ou seja, de menor valia] *andar ele nos pecados de Jeroboão, filho de Nabat, tomou por mulher a Jezabel, filha de Etbaal, rei dos sidônios; e foi, e serviu a Baal, e o adorou.*
> 32 *Levantou um altar a Baal, na casa de Baal que edificara em Samaria.*
> 33 *Também Acab fez um poste-ídolo, de maneira que* ***cometeu mais abominações para irritar ao Senhor, Deus de Israel, do que todos os reis de Israel que foram antes dele****.*

Impressionante! Acab (A-háb, para marcar a pronúncia) foi campeão do mal, o que mais força empregou contra os Mandamentos Divinos, superando todos aqueles que o antecederam — até mais que Jeroboão, que fez dois bezerros de ouro para que o povo os adorasse (1 Reis, 12:28 a 30).

Uma desastrosa aliança política

Tudo indica que o casamento do rei Acab com a princesa pagã foi selado por motivos políticos, sem consideração pelas desastrosas consequências religiosas para o povo. Depois de firmar tal aliança, o próximo passo lógico para agradar sua esposa, devotada à adoração de Baal, foi construir um templo e um altar para essa divindade, erguer um poste sagrado ou poste-ídolo à deusa mãe cananeia da fertilidade Aserá (ou Asherah) e assim juntar-se a Jezabel em tal adoração idólatra. Isso não poderia dar certo, como veremos a seguir.

Reparem vocês: tais objetos colocados próximos aos locais de culto, muitas vezes, tinham o formato fálico, isto é, do membro viril do homem. Esse era um costume difundido entre várias culturas antigas, sendo muito característico, por exemplo, em Pompeia, onde havia até templos que retratavam um órgão genital masculino ereto.

Bem, deixemos a continuação dessa análise para o próximo programa[50]. Vocês viram como é importante conhecer esses fatos históricos antes de prosseguirmos no estudo da Carta de Jesus à Igreja em Tiatira? Passar adiante, sem tais explicações, poderia atrapalhar o entendimento acerca das Revelações Proféticas do Cristo para os dias atuais.

---

[50] Lembramos que muitas dessas análises foram feitas por Paiva Netto em programas no rádio e na televisão.

Além disso, alguns desatentos não saberiam de quem se está falando, pensando se tratar de fulana, sicrana ou beltrana. Por isso, **vamos aos poucos descortinando a profundidade do Recado Moral e Espiritual do Divino Mestre, usando o método histórico-profético**[51].

Somos todos aprendizes na Escola Universal da Sabedoria Divina, mesmo que tenhamos ganhado alguma experiência no decorrer da vida junto de nossos Irmãos em humanidade. Portanto, humildade, humildade, humildade perante Deus, o Cristo e o Espírito Santo!

[51] **Método histórico-profético** — *Vide* o subtítulo "Chegando a Pérgamo", no terceiro volume desta coleção.

O Profeta Elias despertado no deserto por um Anjo, na concepção de Giovanni Lanfranco (1582-1647).

O IMPLACÁVEL PROFETA ELIAS

Estamos aqui apresentando a vocês um despretensioso estudo sobre a malévola figura citada por Jesus em Sua Carta à Igreja em Tiatira, capítulo 2 do Apocalipse, versículo 20:

> *— Tenho, porém, umas coisas contra ti, porque* ***permites a Jezabel, mulher que diz profetizar****, pregar e seduzir os meus servos, para praticarem a prostituição e a comerem coisas sacrificadas aos ídolos.*

Sabemos que aqui ela aparece em sentido figurativo, simbolizando as coisas delituosas, perniciosas, resultantes da ganância que deturpa o espírito de autoridade, como sempre destacamos ao explicar a Política de Deus — a Política para o Espírito Eterno do ser humano. Essa representação deve servir de alertamento para nossos dias atuais, pois a impenitente personagem histórica, registrada nos livros de Reis do Antigo Testamento da Bíblia Sagrada, era uma rainha dominadora, ególatra — quer dizer, centrada em si mesma — e ferrenha defensora do baalismo, isto é, da adoração a Baal. E sua personalidade fala de um coletivo deletério que, ao longo das eras, ressurge para disseminar a sordidez de sua prevaricação.

Ao contrair matrimônio com Acab, Jezabel chegou a Samaria trazendo consigo sua crença e os seus profetas, fato bastante frequente nas alianças políticas da época. Por ser um rei fraco, ela o influenciou de tal maneira que praticamente reinava no lugar do seu marido, arrastando-o a cometer tamanhos crimes, que superaram todas as transgressões dos reis israelitas anteriores, conforme vimos no relato bíblico.

Foram contados entre eles 450 profetas de Baal e 400 profetas do poste sagrado, ou poste de Aserá, sendo que Jezabel cuidava de todos eles e os alimentava de sua própria mesa, a expensas do reino.

Perseguição aos profetas

Não satisfeita em conseguir que o trono real aprovasse e financiasse sua idolatria, Jezabel empreendeu uma cruel perseguição com o objetivo de conquistar Israel para a religião de Baal, exterminando o culto do povo hebreu ao Deus único, quebrando a aliança feita por Abraão e renovada por Moisés.

Em sua investida, ela ordenou a morte de todos os profetas de Jeová. Entretanto, encontrou um insubornável opositor no Profeta Elias, a quem Deus protegeu, mandando que escapasse cruzando o rio Jordão (1 Reis, 17:1 a 3). Enquanto isso, Obadias, o mordomo do palácio, porém temente ao Senhor, ocultou cem outros profetas em cavernas e os alimentou:

> [3] *Acab chamou a Obadias, o mordomo.* ***Obadias temia muito ao Senhor****,*
> [4] *porque, quando Jezabel exterminava os profetas do Senhor,* ***Obadias tomou cem profetas****, e de cinquenta em cinquenta os escondeu numa cova, e os sustentou com pão e água* (1 Reis, 18:3 e 4).

Apesar dos esforços fanáticos de obliterar a adoração ao Deus único, no fim das contas, todos os joelhos que não se dobraram diante de Baal e todas as bocas que não o beijaram, revelou o Senhor, somavam sete mil pessoas (1 Reis, 19:18).

Fogo do céu no monte Carmelo

Mesmo com a perseverança desses sete mil hebreus que se mantinham fiéis a Deus, o desvio espiritual — ou adultério, ou prostituição religiosa — que vinha ocorrendo não poderia prosseguir. Após três anos e meio de severa seca, conforme predito pelo próprio

Elias, ele recebeu dos Mensageiros Divinos a orientação para sair daquele lugar que estava escondido. E foi incumbido da missão de retornar para não deixar aquele povo sem o amparo das Verdades Espirituais, devendo desafiar Acab e Jezabel.

E eis que o Profeta do Antigo Testamento aparece ao rei israelita (1 Reis, 18:17 a 24):

> [17] *Vendo-o, Acab disse-lhe: És tu, ó perturbador de Israel?*
> [18] *Respondeu Elias: Eu não tenho perturbado a Israel, mas tu e a casa de teu pai, porque deixastes os mandamentos do Senhor e seguistes os baalins.*
> [19] *Agora, pois, manda ajuntar a mim todo o Israel no monte Carmelo, como também os quatrocentos e cinquenta profetas de Baal e os quatrocentos profetas do poste-ídolo* [ou profetas de Aserá] *que comem da mesa de Jezabel.*

O desafio consistia em ver qual divindade enviaria fogo do céu para consumir o sacrifício. Prossegue o texto bíblico:

> [20] *Então, enviou Acab mensageiros a todos os filhos de Israel e ajuntou os profetas no monte Carmelo.*
> [21] *Elias, aproximando-se de todo o povo, disse: Até quando claudicareis vós para os dois lados (inclinando-nos umas vezes para o Senhor e outras*

para Baal)? Se o Senhor é Deus, segui-O; se, porém,
o é Baal, segui-o. Porém, o povo não lhe respondeu
palavra.
22 *Elias tornou a dizer ao povo: Eu sou o único que*
fiquei dos profetas do Senhor, mas os profetas de Baal
chegam a quatrocentos e cinquenta homens.
23 *Deem-se-nos, pois, dois novilhos; escolham eles*
para si um dos novilhos e, dividindo-o em pedaços,
o ponham sobre a lenha, porém não lhe metam fogo;
eu prepararei o outro novilho, e o porei sobre a lenha,
e não lhe meterei fogo.
24 *Então, invocai o nome de vosso deus, e eu invo-*
carei o nome do Senhor; e há de ser que o deus que
responder por fogo esse é que é Deus. E todo o povo
respondeu e disse: É boa esta palavra.

Preparados os novilhos sobre lenha, primeiro os profetas de Baal começaram a invocá-lo e nada de haver manifestação, a ponto de Elias zombar deles:

> — *Gritai mais alto, porque ele é deus, mas talvez esteja entretido a conversar, ou ocupado, ou em viagem, ou talvez durma e necessite que o acordem* (1 Reis, 18:27).

E clamavam bem alto e nada ocorria. Chegada a vez de Elias, ele mandou ainda que jogassem água sobre a fogueira onde estava o animal que deveria ser queimado pelo fogo da Manifestação Divina. O Profeta, então, invocou o nome de Deus com o coração cheio de sinceridade:

> [36] *Sendo já o tempo para se apresentar a oferta de manjares, aproximou-se o Profeta Elias e disse: Ó Senhor, Deus de Abraão, de Isaque e de Israel, fique, hoje, sabido que Tu és Deus em Israel, e que eu sou Teu servo e que, segundo a Tua palavra, fiz todas estas coisas.*
>
> [37] *Responde-me, Senhor, responde-me, para que este povo saiba que Tu, Senhor, és Deus e que a Ti fizeste retroceder o coração deles.*
>
> [38] *Então, caiu fogo do Senhor, e devorou o holocausto, e a lenha, e as pedras, consumindo até mesmo pó e a água que estava no regueiro.*
>
> [39] *Todo o povo, vendo isso, prostrou-se com o rosto em terra e disse:* ***O Senhor é Deus! O Senhor é Deus!***
>
> [40] *Disse-lhes Elias: Apanhai os profetas de Baal, que nem um deles escape. Tendo-os sido agarrados pelo povo, Elias levou-os ao ribeiro de Quisom e ali os matou.*
>
> [41] *Então, Elias disse a Acab: Vai, come e bebe, porque já se ouve o ruído de abundante chuva.*
>
> (1 Reis, 18:36 a 41)

A fúria de Jezabel

Quer dizer, o povo hebreu precisou de mais esses sinais — fogo do céu e retorno das chuvas — para finalmente voltar-se para Deus. Agora, imaginem vocês o que ocorrerá quando Jezabel souber do massacre dos seus sacerdotes:

> 1 *Acab fez saber a Jezabel tudo quanto Elias havia feito e como matara todos os profetas à espada.*
> 2 *Então, Jezabel mandou um mensageiro a Elias a dizer-lhe: Façam-me os deuses como lhes aprouver se amanhã a estas horas não fizer eu à tua vida como fizeste a cada um deles.*
> 3 *Temendo, pois, Elias, levantou-se, e, para salvar sua vida, se foi, e chegou a Berseba, que pertence a Judá; e ali deixou o seu servo.*
>
> (1 Reis, 19:1 a 3)

Percebam a influência nefasta de Jezabel, a ponto de fazer com que o Profeta Elias fugisse para não ser morto. E onde ele foi parar depois disso? Foi conduzido por seus Guias Espirituais através do deserto, durante quarenta dias e quarenta noites, até chegar ao monte Sinai, o mesmo local onde Moisés recebeu as tábuas da Lei de Deus (Êxodo, 34:1 a 35). E lá

Moisés

teve novas revelações, renovando o Pai Celestial sua missão profética.

Não é bom aprender assim o Apocalipse de Jesus? Viram como há uma integração perfeita entre Antigo e Novo Testamentos? Além disso, o Apocalipse percorre toda a Bíblia Sagrada, desde a Gênese Mosaica.

Por isso, não se pode ter pressa nos Assuntos Espirituais. É essencial saber quem foi Jezabel e toda essa história narrada nos livros de Reis. De que adianta passar correndo para aparentar erudição? Nada conhecemos verdadeiramente, a não ser aquilo que o Cristo revela, inspirando-nos às grandes Verdades Divinas, porque quem confia em Jesus...?

O povo responde: *Não perde o seu tempo!*

... não perde o seu tempo, porque Ele é...?

O povo responde: *O Grande Amigo que não abandona amigo no meio do caminho!*

Jesus ontem, hoje e eternamente! Amém!

A VINHA DE NABOTE

A Bíblia Sagrada, em especial o estudo do Apocalipse do Cristo, é empolgante, não acham? Nada tem de cansativo. Basta ver a reação da audiência, que envia bilhetes ou cartas, provando, graças a Deus, que o nosso tempo não está sendo perdido, apesar dos nicolaítas e das Jezabeis da vida, presentes neste final de ciclo apocalíptico.

Vínhamos apresentando quem é essa tal Jezabel, nome a que Jesus se refere na Sua Carta à Igreja em Tiatira. Não adiantaria irmos em frente sem saber o que essa figura histórica aprontou, conforme consta dos livros de Reis. Já passamos, na análise de outras Igrejas da Ásia, pelos seguidores de Nicolau — personagem de quem pouco se sabe a respeito — e pelos maus feitos de Balaão e Balaque. E agora continuaremos a conhecer mais sobre a história da esposa do rei Acab, para situarmos bem o contexto do ensinamento do Mestre dos mestres.

Há uma passagem que nos fornece outro enfoque do caráter iníquo, assassino, extremamente egoísta, adúltero, arrogante e cruel desta rainha do Antigo Testamento — que muito mal praticou, aproveitando-se da fraqueza do seu marido no comando de Israel.

O aborrecimento de Acab

Havia um homem chamado Nabote, que possuía um vinhedo — uma plantação de uvas — na cidade de Jezreel, onde o rei Acab tinha uma residência de verão. E ele se interessou por essa faixa de terra. Então, pediu a Nabote que vendesse sua vinha. Vamos ao que narra o Primeiro Livro de Reis, 21:1 a 4:

> 1 *Sucedeu, depois disto, o seguinte: Nabote, o jezreelita, possuía uma vinha ao lado do palácio que Acab, rei de Samaria, tinha em Jezreel.*
>
> 2 *Disse Acab a Nabote: Dá-me a tua vinha, para que me sirva de horta, pois está perto, ao lado da minha casa. Dar-te-ei por ela outra melhor; ou, se for do teu agrado, o seu preço justo em dinheiro.*
>
> 3 *Porém, Nabote disse a Acab: Deus me livre de te dar a herança de meus pais!*
>
> 4 *Então, Acab foi para sua casa desgostoso e indignado, por causa da resposta que Nabote, o jezreelita, lhe dera, quando disse: Não te darei a herança de meus pais. Deitando-se sobre a sua cama, voltou o rosto para a parede e não quis comer nada.*

Que cena hilária: um rei aborrecido, mal-humorado e trombudo, a fazer birra: "*tô* de mal!" (risos) Isso aconteceu porque Acab sabia que, pela legislação e pelos costumes antigos, Nabote estava no seu direito de dizer não, pois se tratava de um patrimônio familiar.

A perversão de Jezabel

Jezabel, porém, não se importava com leis, tradições nem com coisa alguma. Dominando o reino devido à fragilidade de Acab, desprezando sua condição de rei, ela decide interferir nesse caso e falar, em outras palavras:

> — *Ah, Acab, seu fracote, se você não consegue a vinha, eu a tomarei!*

Vejamos o astucioso, perverso e inescrupuloso plano que ela vai tramar contra Nabote, levando-o à morte (1 Reis, 21:8 a 16):

> 8 *Então, Jezabel escreveu cartas em nome de Acab, selou-as com o selo do rei e as enviou aos anciãos e aos nobres que havia na cidade de Nabote.*
> 9 *E escreveu nas cartas, dizendo: Promulgai um jejum e trazei Nabote para a frente do povo.*
> 10 *Fazei sentar defronte dele dois homens malignos que subornásseis, instruindo-os a proferir contra ele*

falso testemunho, dizendo: Blasfemaste contra Deus e contra o rei. Depois, levai-o para fora e apedrejai-o, para que morra.

11 *Os homens da sua cidade, os anciãos e os nobres que nela habitavam fizeram como Jezabel lhes ordenara, segundo estava escrito nas cartas que lhes havia mandado.*

12 *Promulgaram um jejum e trouxeram Nabote para a frente do povo.*

13 *Então, vieram dois homens malignos, sentaram-se defronte dele e testemunharam contra Nabote perante o povo, dizendo: Nabote blasfemou contra Deus e contra o rei. E o levaram para fora da cidade e o apedrejaram, e morreu.*

14 *Então, mandaram dizer a Jezabel: Nabote foi apedrejado e morreu.*

15 *Tendo Jezabel ouvido que Nabote fora apedrejado e morrera, disse a Acab: Levanta-te e toma posse da vinha que Nabote, o jezreelita, recusou dar-te por dinheiro; pois Nabote já não vive, mas é morto.*

16 *Tendo Acab ouvido que Nabote era morto, levantou-se para descer para a vinha de Nabote, o jezreelita, para tomar posse dela.*

Vocês entenderam o absurdo que aconteceu aqui? Acab ficou emburrado porque Nabote se recusou a lhe vender sua vinha. Então, Jezabel coage os maiorais da cidade para conseguir indivíduos criminosos e diabólicos para que acusassem falsamente a Nabote. Vejam o medo desses anciãos — que eram os juízes da época — e do povo que se deixou arrastar, percebendo ou não as más intenções de Jezabel. Assim, perverteu-se completamente o sentido de justiça como consequência desse desmando iníquo. Por isso, existe até uma música, de 1952, de autoria de Antônio Almeida (1911-1985), que o saudoso Jorge Goulart (1926-2012), marido da Nora Ney (1922-2003), cantava:

— *Jezebel, Jezebel, êta mulher do diabo!*

Contudo, neste fim de ciclo apocalíptico, com a revelação dos mistérios contidos no Apocalipse de Jesus, em Espírito e Verdade, à luz do Novo Mandamento do Cristo, não podemos temer nem as Jezabeis, nem os Acabs da atualidade, que se apresentam das mais sórdidas maneiras. O Sábio dos Milênios nos deu os seus retratos falados nas Escrituras Sagradas para podermos identificá-los rapidamente e, assim, nos precaver da insidiosa influência deles.

A JUSTIÇA DIVINA NÃO FALHA

Devemos confiar sempre no Poder Divino que a tudo rege do micro ao macrocosmo. O Pai Amantíssimo tem Autoridade Verdadeira e não protela o juízo de malfeitos. Gosto de repetir que **no Tribunal Celeste vigora o Amor, todavia não existe impunidade**. É indispensável enfatizar que, em consonância com o Amor de Deus, manifesta-se também a Justiça Celeste. A sublime redenção exige da criatura reabilitada pelo Amor Divino a devida correspondência em atitudes. De outra forma, seria a glorificação da permissividade.

Nesse caso que estamos estudando, os abusos cometidos por Acab e Jezabel não ficaram sem graves consequências, conforme veremos mais adiante, com um fim trágico para a rainha crudelíssima. Esse episódio representa igualmente um severo alerta a todos os indivíduos que se encontram na mesma faixa vibratória nociva, conforme nos admoestam estes versículos do Apocalipse de Jesus, 20:11 a 15:

O Juízo de Deus

11 *Vi um grande trono branco e Aquele que nele se
assenta, de cuja presença fugiram a Terra e o Céu, e
não se achou lugar para eles.*
12 *Vi também os mortos,* ***os grandes e os peque-
nos****, postos em pé diante do trono. Então, os livros
foram abertos. Ainda outro livro, o Livro da Vida
Eterna, foi aberto também.* ***E os mortos foram jul-
gados, segundo as suas obras, conforme o que se
achava escrito nos livros.***
13 *E o mar deu os mortos que estavam nele. A morte
e o além entregaram os mortos que neles havia.* ***E fo-
ram julgados, um por um, segundo as suas obras.***
14 *Então,* ***a morte e o inferno foram lançados
para dentro do lago do fogo. E esta é a segunda
morte, o lago do fogo.***
15 *E, se alguém não foi achado inscrito no Livro da
Vida Eterna, esse foi lançado para dentro do lago do
fogo.*

O poder por detrás do poder acovardado

Os crimes foram tantos à época que o Profeta Elias sentenciou:

— *Não houve outro semelhante a Acab, que se vendeu para fazer o mal aos olhos do Senhor, porque Jezabel, sua mulher, o incitou* (1 Reis, 21:25).

Infelizmente, a História tem catalogado muitos outros exemplos de influências perniciosas — visíveis ou invisíveis[52] — sobre aqueles que desfrutam de instantes de poder na Terra, levando ao prejuízo multidões. Um deles é o do rei Carlos IX (1550-1574), fortemente influenciado por sua mãe Catarina de Médici (1519-1589), rainha consorte da França (1601-1643), cujos terríveis desmandos suscitaram no massacre da noite de São Bartolomeu[53], sobre o qual já lhes contei nesta série dedicada ao estudo do Apocalipse de Jesus.

Esse tipo de fraqueza na condução de um povo lembra muito o caso de outro monarca francês, o rei Luís XIII (1601-1643). De personalidade tímida e indecisa, abriu espaço para Richelieu (1585-1642), seu primeiro-ministro, que assumiu um papel central na condução dos assuntos de Estado. Contudo, ele próprio recebia a influência de outro personagem, François Leclerc du Tremblay (1577-1638), que atuou como seu conselheiro. Ou seja, Tremblay era mentor de Richelieu, que por sua vez induzia Luís, que, por fim, pensava

---

[52] *Vide* o livro *A Missão dos Setenta e o "lobo invisível"* (2018), de Paiva Netto, em que o autor denuncia a ação dos espíritos obsessores, ou seja, os "lobos invisíveis", que a tantas tragédias vem arrastando indivíduos, famílias, sociedades, governos e países.

[53] Leia sobre o assunto no subtítulo "Crucificação para além do Gólgota", constante do volume 3 desta coleção, cujo enfoque é Pérgamo. Essa e outras obras da série *Jesus e as Sete Igrejas da Ásia*, reunidas pela Academia Jesus, o Cristo Ecumênico, o Divino Estadista, podem ser adquiridas pelo *site* www.PaivaNetto.com/livros.

governar os franceses. É aquilo que o saudoso Irmão Zarur severamente alertou em uma pregação sua, de dezembro de 1963, durante o 8º Congresso da Boa Vontade de Deus, em que ele denunciava o perigo de um "chefe banana", com sua forma popular e bem-humorada de se dirigir às massas:

> — *Camões tem um poema chamado "Lusíadas" e tem um verso que diz assim: "Um fraco rei faz fraca a forte gente". Um chefe banana é uma desgraça, porque ninguém se apruma com ele. O chefe é a cabeça, o restante é o corpo: são as pernas, são os braços, os pés e as mãos, o fígado, o intestino, os pulmões, o pâncreas. Se a cabeça, que comanda tudo isso, não estiver realmente integrada naquela Energia de Deus, o corpo todo vira banana. Então, é uma bananosa. Quando aparece um chefe de governo banana, estamos desgraçados, vira tudo banana. Então, o chefe tem que ter esse espírito de liderança, isso só Deus pode dar.*

Tenho sempre destacado que tudo depende da cabeça dos cabeças. Isso é Política de Deus pura.

Ouvir as bases

Tem mais uma questão que quero deixar bem clara: quando me refiro a esses fatos, não estou incentivando ninguém a subir em torres de marfim e se isolar dos escalões mais simples, pondo a perder ideias inovadoras que possam surgir. Seria uma estupidez sem tamanho. Eu sou o primeiro a dar o exemplo a vocês. **O segredo do meu sucesso?! Eu ouço as bases**, não fico preso a gabinetes. **Para a segurança e o desenvolvimento humanamente sustentado de uma grande Organização, é decisivo que todos os seus componentes, de alto a baixo, aprendam uma grande ciência, a ciência do diálogo.**

Aliás, tal atitude teria evitado que Luís XIII sofresse a influência nefasta do poder paralelo que dominou seu regime. Uma das consequências trágicas de sua tibieza espiritual e moral se mostrou, por exemplo, na condução da Guerra dos Trinta Anos, conforme relata o escritor e filósofo inglês Aldous Huxley (1894-1963), em sua obra *Eminência Parda*. Esse foi um dos mais sangrentos conflitos religiosos e políticos da História europeia, culminando na morte de aproximadamente 8 milhões de pessoas, entre batalhas, epidemias e fome. E, diga-se de passagem, muitas decisões nefastas eram justificadas com um alto sentido religioso. Imaginem vocês!

Blaise Pascal

Recordo-me do que o cientista e filósofo francês Blaise Pascal (1623-1662), em seu livro *Pensamentos*, denunciou:

— *Nunca se pratica o mal tão plena e tão alegremente como quando praticado por um falso princípio de consciência.*

Por isso, escrevi nas *Sagradas Diretrizes Espirituais da Religião de Deus, do Cristo e do Espírito Santo*, volume 3 (1991), que, se possuímos Fé, é necessário que tenhamos o Amor do Novo Mandamento de Jesus, a Caridade Integral[54], para que a usemos corretamente. **Fé sem Amor é tão insidiosa como uma serpente escorregando entre os pés de pessoas desprevenidas.** Em nome da Fé, sem o banho lustral do Amor Divino, que nos manda doar a própria vida pelos amigos, como o fez Jesus ao ser crucificado, foram praticadas as maiores crueldades. Não foi sem propósito que Zarur advertiu:

— ***O maior criminoso do mundo é aquele que prega o ódio em nome de Deus.***

Tal indivíduo tem Fé, mas... por lhe faltar o Amor de Deus — sinônimo de Caridade — a lhe clarear a Alma, faz de sua crença elemento da desgraça até mesmo de povos inteiros.

---

[54] **Caridade Integral** — *Vide* "Quanto à Caridade Completa", no primeiro volume de *Sagradas Diretrizes Espirituais da Religião de Deus, do Cristo e do Espírito Santo* (1987).

Um poema de Olavo Bilac

Bem, para encerrar essa parte do nosso estudo, gostaria de lhes apresentar um poema, porque a vida humana precisa da Arte para encontrar-se com Deus. Esses versos foram escritos pelo "príncipe dos poetas brasileiros", o mais destacado representante do Parnasianismo no país, Olavo Bilac (1865-1918). Valendo-se da triste narrativa do Antigo Testamento, envolvendo Acab, Jezabel e Nabote, ele a transpõe para retratar a dor de uma paixão não correspondida. Escreve, no livro *Alma Inquieta*,

Olavo Bilac

Vinha de Nabote

Maldito aquele dia, em que abriste em meu seio,
Cruel, esta paixão, como, ampla e iluminada,
Uma clareira verde, aberta ao sol, no meio
Da espessa escuridão de uma selva cerrada!

Ah! Três vezes maldito o amor que me avassala,
E me obriga a viver dentro de um pesadelo,
Louco! Por toda a parte ouvindo a tua fala,
Vendo por toda a parte a cor do teu cabelo!

De teu colo no vale embalsamado e puro
Nunca descansarei, como num paraíso,

Sob a tenda aromal desse cabelo escuro,
Olhando o teu olhar, sorrindo ao teu sorriso.

Desvairas-me a razão, tiras-me a calma e o sono!
Nunca te possuirei, bela e invejada vinha,
Ó vinha de Nabote que tanto ambiciono!
Ó alma que procuro e nunca serás minha!

Ainda bem que o eu lírico de Bilac, apesar de sua paixão avassaladora, não correspondida, e da impossibilidade de posse, não tentou por sortilégios ou violência obter "a vinha" tão ambicionada, como criminosamente fizeram Jezabel e Acab. As lições fraternas da Bíblia Sagrada se aplicam a todos os aspectos da vida diária, ensinando a cada um de nós a melhor forma de conduzir nossos destinos, em conformidade com as Leis Universais que, enfatizamos, a tudo governam. Lembrando também que as consequências chegam na medida exata das transgressões.

Ó inspirado vate, jamais se esqueça, ouça-nos onde estiver: **Pelos caminhos sublimes da Arte, nos elevamos à Face de Deus, que é Amor**.

O PERIGO DO CHARLATANISMO ESPIRITUAL

Entrar na vibração do Apocalipse de Jesus é ligar a tomada ao terceiro milênio das nações. Muitos ainda pensam que suas lições estariam limitadas apenas a um período histórico passado, com o foco em determinadas localidades geográficas, especialmente aos séculos iniciais da Era Cristã. Equivoca-se quem assim raciocina, pois restringe seu conhecimento. O sábio Zarur asseverava:

— *Quem não souber Apocalipse, neste final de ciclo, não poderá governar nem mesmo o seu próprio quintal.*

Se o Brasil e o mundo não se integrarem no que está espiritual e moralmente revelado no Último Livro da Bíblia Sagrada, vão cair na primeira fossa que aparecer pelo caminho. Pois, o destino da humanidade vai além das soluções de ordem meramente material: está em Deus, no Cristo e no Espírito Santo. A abrangência desta mensagem não se restringe aos povos ditos cristãos ou que sejam adeptos a alguma tradição de fé. Nosso pensamento é universalista, une religiosos e ateus, Terra e Céu, convictos que somos da urgência de viver os Quatro Pilares do Ecumenismo — Irrestrito, Total, dos Corações e Divino[55]. Afinal, precisamos dessectarizar Jesus. É dessa maneira abrangente que O compreendemos e Seus ensinamentos redentores, isto é, acima de idiossincrasias ou atavismos grosseiros. **Um Jesus sem algemas, pois Ele é muito maior do que pensamos.**

Desmascarando os falsos profetas

Antes de retomarmos a análise dos episódios relatados nos livros de Reis, que esclarecem a alusão feita a Jezabel pelo Mestre dos mestres em Sua Carta à Igreja em Tiatira, devemos voltar ao versículo 20 do capítulo 2 da Revelação de Jesus, para ilustrar a atualidade de Suas palavras:

---

[55] **Os Quatro Pilares do Ecumenismo** — "Ecumenismo Irrestrito" e "Ecumenismo Total" são expressões criadas por Alziro Zarur e conceituadas por Paiva Netto, que ainda nos trouxe e elucidou mais estes dois vanguardeiros conceitos: "Ecumenismo dos Corações" e "Ecumenismo Divino". Leia mais sobre o assunto no primeiro volume das *Sagradas Diretrizes Espirituais da Religião de Deus, do Cristo e do Espírito Santo* (1987) ou em *Reflexões da Alma* (2003), *best-sellers* do mesmo autor. Adquira: www.PaivaNetto.com/livros.

> — *Tenho, porém, umas coisas contra ti, porque permites a Jezabel, mulher que diz profetizar, pregar e seduzir os meus servos, para praticarem a prostituição e a comerem coisas sacrificadas aos ídolos.*

Qual é o grande recado dessa Missiva do Profeta Divino? Conforme dissemos anteriormente, Ele denuncia **a deturpação do poder humano**. Reparem que a personalidade que o Administrador Celeste chama de Jezabel *"diz profetizar"*, pregando e seduzindo os seguidores do Cristo na cidade. O que podemos depreender disso? Que essa figura exerce certa influência religiosa, moral e social naquele meio cristão. Portanto, tinha aparente autoridade em algum nível, porém a utilizou para legitimar sua adulteração dos ensinamentos de Jesus.

Eis mais um exemplo do porquê de se repetirem nas Escrituras Sagradas — Antigo e Novo Testamentos — constantes exortações à cautela com os que declaram possuir dons proféticos ou mediúnicos. Infelizmente, existe muito charlatanismo espiritual que urge ser desmascarado e combatido. Os seguidores do Caminho estavam sendo enganados pelo falso prestígio da pessoa aqui retratada. Seria necessário aplicar o que o Profeta Jeremias admoestou:

Profeta Jeremias

> — *Eis o que diz o Senhor dos Exércitos:* ***Não escuteis os profetas que vos transmitem vãos oráculos****; são visões do próprio espírito que vos divulgam,* ***e não as palavras do Senhor*** (Jeremias, 23:16)[56].

E isso procede também com o contato com o Mundo dos Espíritos, de acordo com o que orientou João Evangelista, em sua Primeira Epístola, 4:1:

> — *Amados, não deis crédito a qualquer Espírito; antes,* ***provai se os Espíritos procedem de Deus****, porque muitos falsos profetas têm se levantado no mundo.*

Entenderam o recado? Não é porque alguém diz ser médium, profeta ou outra denominação que isso seja obrigatoriamente verdadeiro. Nem significa que tal indivíduo faça um uso moralmente correto dos dons ou talentos que recebeu de Deus — mesmo que tenha alguma notoriedade nos círculos que transita. Não nos

---

[56] **Nota dos editores**
O versículo do Profeta Jeremias (23:16) foi retirado da Bíblia Sagrada traduzida dos originais em grego, hebraico e aramaico mediante a versão dos Monges de Maredsous (Bélgica) pelo Centro Bíblico Católico. No Natal de 1988, o então Cardeal Arcebispo Primaz do Brasil, Dom Lucas Moreira Neves (1925-2002), presenteou seu amigo Paiva Netto com sua Bíblia pessoal. Nela, há a seguinte dedicatória: *"Ao Dr. José de Paiva Netto, com votos de feliz e sereno Natal. † Lucas Moreira Neves, Natal de 1988".*

iludamos com as exterioridades sociais. Lembrem-se do que revela a Religião de Deus, do Cristo e do Espírito Santo: **somos todos sensitivos**. Portanto, **confiemos em nossa própria intuição lapidada no Amor de Deus**.

Para discernir uma coisa da outra e educar nossa sensitividade sobre a rocha firme do Evangelho-Apocalipse, eis uma instrução essencial do Sábio dos Milênios, constante da Sua Boa Nova, segundo Mateus, 7:15 a 20:

Identificando os falsos profetas

15 *Acautelai-vos dos* ***falsos profetas****, que se vos apresentam* ***disfarçados em ovelhas, mas por dentro são lobos roubadores****.*

16 ***Pelos seus frutos os conhecereis.*** *Colhem-se, porventura, uvas dos espinheiros ou figos dos abrolhos?*

17 *Assim,* ***toda árvore boa produz bons frutos, porém a árvore má produz frutos maus****.*

18 *Não pode a árvore boa produzir frutos maus, nem a árvore má produzir frutos bons.*

19 *Toda árvore que não produz bom fruto é cortada e lançada ao fogo.*

20 ***Assim, pois, pelos seus frutos os conhecereis.***

Jesus é realmente o Grande Amigo que não abandona amigo no meio do caminho, nem permite que Suas ovelhas caiam nas mãos de inescrupulosos salteadores espirituais. Caso de alguns dos nossos Irmãos em Tiatira, que se permitiram ser seduzidos pela lábia de Jezabel. Tivessem eles aplicado tais determinações crísticas, certamente não seriam contabilizados entre os que laboravam em grande erro. Por isso, estamos a todo momento proclamando neste estudo a união consciente das Duas Humanidades, para que ninguém mais seja alvo fácil de tais ciladas.

Deixo à meditação de vocês esta reflexão do Profeta Jeremias, registrada em seu livro (17:7 a 10), no Antigo Testamento da Bíblia Santa:

> 7 *Bendito o homem que confia no Senhor, e cuja confiança é o Senhor.*
>
> 8 *Porque será como a árvore plantada junto às águas, que estende as suas raízes para o ribeiro, e não receia quando vem o calor, mas a sua folha fica verde; e no ano de sequidão não se preocupa, nem deixa de dar fruto.*
>
> 9 *Enganoso é o coração humano, mais do que todas as coisas, e perverso; quem o poderá compreender?*
>
> 10 *Eu, porém, que sou o Senhor,* ***sondo rins e corações****, a fim de* ***recompensar a cada um segundo o seu comportamento e os frutos de suas ações****.*

OS RITUAIS DO VIL METAL

Academia Jesus, o Cristo Ecumênico, o Divino Estadista *— Vocês se lembram de como era o cenário religioso, econômico e cultural de Tiatira? Naquela cidade, existiam as corporações de ofício, uma espécie de associação composta por membros de uma determinada profissão. Elas foram posteriormente conhecidas como guildas. Para ingressar em uma delas e estar habilitado a fazer comércio na cidade, era comum que os candidatos precisassem participar de rituais pagãos — entre eles, ritos sexuais e sacrifícios. Além disso, por ser um local que recebia populações de origens distintas, eram difundidas e praticadas ideias doutrinárias e culturais diversificadas — o que hoje se chama de sincretismo religioso.*

A partir dessas observações, ***Paiva Netto*** *ampliará nossa visão sobre o que estava ocorrendo em Tiatira, a ponto de Jesus sentir a urgência de endereçar aos cristãos daquela comunidade uma mensagem tão séria e impactante:*

Utilizando a fórmula apresentada por Jesus (Mateus, 7:15 a 20), que nos ensina a reconhecer um Profeta pelos bons frutos produzidos, podemos concluir que Jezabel era uma falsa profeta, semelhante a Balaão. E o que ela corrompia nos cristãos de Tiatira? O texto bíblico nos revela que ela pregava e seduzia os servos de Deus *"para praticarem a prostituição e a comerem coisas sacrificadas aos ídolos"* (Apocalipse, 2:20).

Já explicamos, no estudo de outras Cartas do Cristo às Suas Igrejas da Ásia, que comer coisas sacrificadas aos ídolos não se restringe ao significado daquele tempo, em que alimentos eram dispostos às entidades espirituais, representadas por estátuas, e suas partes depois vendidas nos mercados ou consumidas pelos próprios sacerdotes. É um aviso geral para que ninguém se submeta à idolatria dos pés de barro, esquecendo-se do Deus Divino. Igualmente, devemos compreender que a prostituição não se limita ao ato sexual. Trata-se também de uma referência a todos os desvios que ocorrem nos diversos setores da vida humana.

Corrupção espiritual

É provável que a pessoa chamada de Jezabel, por tudo o que representava com suas perversidades, permitia ou mesmo incentivava, espiritual ou moralmente, que aqueles cristãos distorcessem suas crenças, cedendo aos costumes locais. Não foi algo semelhante ao que ocorreu nos relatos do primeiro livro de Reis? Vimos Acab, por influência de sua esposa, erguendo altares a Baal e postes sagrados, levando os hebreus a corromperem o mandamento da Lei de Deus, que dizia:

> — *Não terás outros deuses diante de mim* (Êxodo, 20:3).

O comportamento do casal foi duramente repreendido pelo Profeta Elias, que indagou à estupefata e emudecida multidão no monte Carmelo:

> — *Elias, aproximando-se de todo o povo, disse:* ***Até quando claudicareis vós para os dois lados (inclinando-nos umas vezes para o Senhor e outras para Baal)****? Se o Senhor é Deus, segui-O; se, porém, o é Baal, segui-o. O povo não lhe respondeu palavra* (1 Reis, 18:21).

Jesus mesmo advertiu, em Seu Santo Evangelho, segundo Mateus, 6:24:

> — *Ninguém pode servir a dois senhores; porque ou há de aborrecer-se de um e amar ao outro, ou se devotará a um e desprezará ao outro. Não podeis servir a Deus e a Mamom ou às riquezas.*

Jesus, Senhor do Ecumenismo

Temos abordado esta questão em inúmeras oportunidades: em nenhum momento, Jesus está comprometendo a subsistência dos filhos de Deus, num combate infrene às riquezas materiais. Até porque Ele não só alimentou as Almas das massas com Sua Palavra Redentora, mas também abasteceu corpos com comida perecível. Nem tampouco está incentivando um isolacionismo social de Seus seguidores, pois é só ler o que está escrito desde o Antigo Testamento, em Levítico, 19:34:

> — *Amarás o estrangeiro como a ti mesmo, pois fostes estrangeiros na terra do Egito: Eu sou o Senhor, vosso Deus.*

Não podemos nos esquecer de que o **Jesus Dessectarizado é o Senhor do Ecumenismo**. Temos ainda sempre ressaltado em nossas preleções que o Ecumenismo que defendemos não significa despersonalização. Por enxergar cada habitante deste orbe como uma ovelha Sua para ser apascentada, o Bom Pastor, com Sua Autoridade Divina, a todo momento, repreenderá os equívocos cometidos aos olhos da Moral Divina, que veio estabelecer na Terra. Sendo o Supremo Governante do planeta, UM com Deus, não deseja a destruição de ninguém e buscará cada um de nós no redil em que estivermos.

Considerando isso, o Sublime Legislador, por meio da Infalível Lei Divina, não será condescendente com os erros humanos, pois fará de tudo pela nossa salvação. O Cristo não desampara nenhum de Seus filhos, apenas pede que se mantenham perseverantes, sem se deixarem corromper com as seduções do mundanismo, que trará somente prejuízo aos que estiverem mergulhados nele.

Lembremo-nos sempre de que **nunca estamos sós neste mundo. Temos Jesus por nós!**

O sábio Zarur asseverava: *"Quem não souber Apocalipse, neste final de ciclo, não poderá governar nem mesmo o seu próprio quintal"*. Se o Brasil e o mundo não se integrarem no que está espiritual e moralmente revelado no Último Livro da Bíblia Sagrada, vão cair na primeira fossa que aparecer pelo caminho. Pois, o destino da humanidade vai além das soluções de ordem meramente material: está em Deus, no Cristo e no Espírito Santo.

QUEBRANDO AS ALGEMAS DAS CONVENÇÕES

As notícias do dia a dia nos fazem perguntar: como está o planeta? Muitos pensadores têm observado a situação atual e suas conclusões vêm ao encontro do que dizia o velho Zarur na sua pregação cinquentenária:

> — *O mundo está de cabeça para baixo. Portanto, é necessário* ***devolver ao Cristo o que é do Cristo***[57].

É dessa forma que se acelera a Volta Triunfal de Jesus sobre as nuvens. Já expliquei à saciedade que essa expressão significa elevar os nossos pensamentos à altura que corresponde à Autoridade Espiritual e Moral do Conhecimento do Cristo. E não agir como alguns, as-

[57] Outras reflexões de Paiva Netto a respeito da grande devolução a ser feita podem ser encontradas no segundo volume desta coleção (*Jesus e as Sete Igrejas da Ásia — Esmirna*), no subtítulo "Devolver ao Cristo o que é do Cristo".

sim como ocorreu em Tiatira, que deturparam a Doutrina Ecumênica de nosso Chefe e Senhor.

A marca da besta e o "deus" dinheiro

Lawrence Durrell (1912-1990), em seu livro *Monsieur or The Prince of Darkness*, assim grafou:

> — *O homem está numa armadilha e a bondade de nada lhe vale na nova ordem. Ninguém mais liga para isso, de uma maneira ou de outra. Bem e mal, pessimismo e otimismo são uma questão de grupo sanguíneo, não de disposição angélica. Quem algum dia se interessava e cuidava de nós, que se preocupava com o nosso destino e o do mundo, foi substituído por outro que se regozija com nossa servidão à matéria e às partes mais vis de nossa própria natureza.*

Ora, "*a semeadura é livre, mas a colheita é obrigatória*". O que estamos vendo já é resultado de uma ceifa em que por muito tempo se aplaudiu essa triste sina de faltar à humanidade Humanidade.

> — *Ah, Paiva, deixe de ser careta! O mundo é dos espertos! E quem não for, não tem vez e passa fome...*

Enquanto a Economia não for bafejada pelo espírito de Solidariedade, ela continuará impondo aos cidadãos planetários seus sórdidos rituais da ganância, egoísmo, favorecimento de poucos à custa da miséria de bilhões, subjugados que estão ao feitiço do vil metal. Quer dizer, hoje em dia, ou você aceita tais "regras" ou estará excluído do jogo. Então, em nome do lucro exacerbado, vale comprometer princípios, ética, valores, tudo, gerando consequente desequilíbrio social?! Evidentemente que não!

O que vocês acham que ocorreu em Tiatira?! No fundo, foi também essa paixão pelo "deus" dinheiro, nos mais diferentes aspectos do mundanismo, disfarçada sob uma falsa vertente religiosa (se é que podemos chamá-la assim), sob o tresloucado comando de Jezabel. Lembram-se do símbolo da besta?![58] O Apocalipse nos mostra que ela emerge da terra e concede a todos os que a seguem uma *"certa marca sobre a mão direita, ou sobre a fronte, para que ninguém possa comprar ou vender, senão aquele que tenha a marca"*.

O "deus" dinheiro é um falso deus que urge ser destronado, para que a Fraternidade, a Generosidade, a Caridade, a Compaixão e o Amor se tornem os alicerces de uma nova ordem econômica mundial. Em hipótese alguma, podemos abrir mão daquilo que há

[58] Mais para a frente, ao trazermos trechos de *O Capital de Deus*, de Paiva Netto, será transcrita essa passagem do Apocalipse, 13:16 e 17.

de mais sagrado na criatura humana. Caso contrário, as perspectivas serão funestas para o cenário global. Precisará entrar em cena o Professor Sofrimento para que, com as lições da Mestra Dor, desperte os seres humanos do fascínio promovido pelo materialismo e pelo consumismo, os quais vêm ditando os hábitos e as tendências de populações que pensam ser livres.

Entretanto, a Economia — assim como a Liberdade — verdadeira nasce em Deus, no Cristo e no Espírito Santo. Nada pode servir de pretexto para macular os Mandamentos Divinos, sintetizados na Ordem Suprema do Cristo:

> — *Amai-vos como Eu vos amei. Somente assim podereis ser reconhecidos como meus discípulos. (...) Não há maior Amor do que doar a própria vida pelos seus amigos* (Evangelho, segundo João, 13:34 e 35; e 15:13).

Estratégia de Sobrevivência

Desde a década de 1970, tenho dito que **a Solidariedade hoje se expandiu do luminoso campo da ética e se apresenta como uma estratégia, de modo que o ser humano possa alcançar a sua sobrevivência**. E sabemos quão árdua tarefa é subsistir neste mundo. Só o Pai Celestial sabe os imensos sacrifícios que o saudoso Irmão Alziro Zarur e eu temos feito para manter de pé as Instituições da Boa Vontade. Meu Deus, é uma luta sem trégua! Porém, a grande questão é **jamais nos desviarmos de nossas sagradas finalidades, nem permitirmos que nossos Princípios Espirituais sejam corrompidos, visto que são nosso maior tesouro**! Mesmo que isso signifique desagradar aos corifeus modernos — que se manifestam das mais variadas formas sinuosas — e não seguir os modismos do momento. Se a onda atual vai acachapar aquilo que defendemos, nademos contra ela, oras! Ela passa, mas **Jesus permanece**! É como diz a sabedoria popular:

— *Vão-se os anéis, ficam os dedos.*

Nos instantes mais desafiadores da minha trajetória missionária, o que faço? **Eu oro!** Portanto, quando as turbulências da vida chegarem em forma de crises, façamos prece, **integremo-nos em Deus e tomemos as medidas acertadas** para a Obra que é Dele, jamais abrindo mão de quem somos e do que viemos realizar na Terra. **Seremos severamente responsabilizados por todos os atos que praticarmos nestas Casas Divinas na Terra.** Assim, espero que fielmente ajam todos os Legionários da Boa Vontade e Cristãos do Novo Mandamento, onde quer que se encontrem, nos setores em que estiverem, honrando o **legado da Quar-**

ta Revelação[59]. Afinal, todos vocês são os **Amigos de Jesus**!

Audácia do Cristo

Para isso, temos de ser audazes, pois Jesus lamentava que

> — *(...) os filhos do mundo são mais vivazes do que os filhos da luz* (Boa Nova, segundo Lucas, 16:8).

Ora, esse dissabor do nosso Mestre não pode permanecer para sempre por culpa de nossa inépcia. Quando amamos realmente nosso semelhante — a Obra Máxima do Criador, que também nos fez —, **a Competência de Deus com Seu Amor se estabelece em nós e aí realizamos milagres extraordinários**, inclusive **mudar uma civilização**. Lógico que não com o nosso poder, que não é nenhum, todavia **revestidos pela força Daquele que é Onipotente, Onisciente, Onipresente e Onidirigente.**

Já dizia Paulo que ele era pequeno, mas se tornava grande Naquele que o fortalecia: **Cristo Jesus**[60]. Siga-

---

[59] **Quarta Revelação** — Leia mais sobre o tema no primeiro volume das *Sagradas Diretrizes Espirituais da Religião de Deus, do Cristo e do Espírito Santo* (1987), em "As Quatro Revelações da Palavra de Deus". Acesse www.PaivaNetto.com/livros.

[60] Epístola de Paulo aos Filipenses, 4:13.

mos o exemplo do Apóstolo dos Gentios: sejamos pessoalmente humildes diante de Deus, e o denodo Dele virá até nós, porque **a humildade verdadeira é, acima de tudo, corajosa e a chave do entendimento entre todos**. Conforme o Celeste Educador nos ensinou:

> — *Aquele que quiser ser maior no reino de Deus seja o menor, seja o servidor dos seus Irmãos* (Evangelho, segundo Marcos, 10:43).

ADENDO

Coragem em Deus para transformar o mundo

Academia Jesus, o Cristo Ecumênico, o Divino Estadista *— A provocação feita pelo Sublime Educador em Seu Evangelho, consoante Lucas, 16:8, nos desafiando a ser mais audazes que os filhos do mundo, nos fez buscar trechos de uma pregação do Presidente--Pregador da Religião do Amor Universal, datada de 23 de outubro de 2004.*

Diretamente da Nave do Templo da Boa Vontade (TBV) — Sede Espiritual da Religião Divina —, ele nos convida à intrepidez na defesa dos ensinamentos do Mestre dos milênios, no que denomina "humildade corajosa". Naquele dia, ***Paiva Netto*** *nos apresentou* *ainda os caminhos filosóficos e práticos de sua tese "Liderar sob a Proteção de Deus":*

Administrar é chegar antes. O mal é que muitos dos que se declaram bons geralmente se acovardam e se escondem atrás da sua pretensa bondade. É o que vemos expresso na lástima proferida pelo destemido pastor norte-americano Martin Luther King Jr. (1929-1968):

— *A história haverá de registrar que a maior tragédia desse período de transição social não foi o clamor estridente das pessoas más, porém o assustador silêncio das pessoas boas. A nossa geração terá de arrepender-se não apenas pelos atos e pelas palavras dos filhos da treva, mas também pelos medos e pela apatia dos filhos da luz.*

Trocando em miúdos, costumo enfatizar à Juventude Ecumênica da Boa Vontade de Deus: **Quando o território não é defendido pelos bons, os maus fazem "justa" a vitória da injustiça**. O primeiro ato de coragem de quem quer ser do Bem é **enfrentar o que precisa ser enfrentado**. O mesmo ocorre com essa questão de ser humilde. Muita gente temerosa se camufla por trás de uma pretensa modéstia, enquanto — temos repetido martelantemente — **a humildade é, acima de tudo, corajosa.**

Jesus é o paradigma dessa humildade destemida e nos legou exemplos inigualáveis de bravura em Sua trajetória terrena. Extraordinários **modelos de despojamento e pertinácia** podemos também encontrar em Moisés, Lao-tsé, Confúcio, o Profeta Muhammad, Buda, Zoroastro, Krishna, Onisaburo, João XXIII, Helena Blavatsky, Francisco de Assis, Madre Teresa de Calcutá, Lutero, Kardec, Zarur, Gandhi, Eleanor Roosevelt, Marian Anderson, Dr. Bezerra de Menezes, dra. Elisabeth Kübler-Ross, Semmelweis, Antonieta de Barros, Bias, os Irmãos Rebouças, Júlia Lopes de Almeida, enfim, destacadas figuras das diversas religiões e dos campos do saber humano. E poderíamos aqui continuar numa lista interminável, graças a Deus!

Porém, há alguns que até se exasperam quando ressaltamos os feitos do Cristo:

> — *Ah, mas em nome de Jesus tantas guerras ocorreram...*

Mas **não foi isso que o Divino Mestre pregou** nem o que encontramos nos registros de Seus feitos. Seria, numa comparação, guardadas as infinitas proporções, culparmos Leucipo (550-440 a.C.)

e Demócrito (460-370 a.C.) — esses dois grandes filósofos e matemáticos gregos, reconhecidos por enunciar a existência do átomo — pelas explosões atômicas que dizimaram as populações de Hiroshima e Nagasaki. Ora, eles viveram há 2.500 anos, o que teriam a ver com o que ocorreu agora, com a corrida armamentista? Nada!

O mesmo se dá com o Cristo e com os notáveis fundadores das Religiões. Disse-me um grande amigo da LBV:

> — *Os grandes líderes espirituais pregam a Bondade. Não se pode acusar Jesus pelas chacinas que realizaram em Seu nome.*

Exato! E o mesmo vale para outras personalidades que se enquadram nessa chave. É hora de unir ateus e crentes, porque, afinal de contas, só existe uma raça: **a Raça Universal dos Filhos de Deus. Ou dos Filhos da Natureza**, para aqueles que não admitem a ideia de um Criador — e sem notar dão a Ele um outro nome. Acho interessante que muitos falam como se tudo resultasse do acaso. Se assim fosse, não seria o Universo a maior bagunça jamais imaginada?

É preciso então que se **discipline os corações** e se **eduque os povos**. Não basta instruir. Muita gente ilustrada provocou fatos aterrorizantes. Necessário se faz ir além: **reeducar o cidadão e, acima de tudo, espiritualizá-lo**, ou seja, elevar a sua Alma para que sejam clareados os seus feitos[61].

— *Ah, mas isso leva muito tempo!*

Se é difícil e demora, o tempo urge, comecemos já, ou ontem mesmo, porque estamos muito atrasados para pegar esse trem da História. Caso contrário, não poderemos ser chamados de animais racionais formados de Alma. **Só o Bem é capaz de iluminar e salvar a criatura humana e as suas nações.** O saudoso Irmão Zarur, que voltou à Pátria Espiritual em 1979 — mas ninguém morre, os mortos não morrem! —, bradava:

— *Deus criou o ser humano de tal forma que ele só pode ser feliz praticando o Bem.*

---

[61] Recomendamos a todos a leitura do livro *É Urgente Reeducar!* (2000), do escritor Paiva Netto, que ultrapassou a expressiva marca de 230.000 exemplares vendidos. Nesta obra, firmada na Educação com Espiritualidade Ecumênica, são apresentados os conceitos da Pedagogia do Afeto e da Pedagogia do Cidadão Ecumênico — uma visão além do intelecto. Disponível também em português e espanhol no formato digital. Baixe agora nas plataformas Amazon, iBooks ou Google Play.

Alguns dos que nos ouvem ou leem podem pensar que isso seja apenas um ato pessoal. **No entanto, o Bem é uma estratégia científica. É uma exigência política. É uma necessidade religiosa**, porque tudo é Religião — que não significa diferença pessoal, nem ódio arrasador. Há décadas afirmo que Ciência é RELIGIÃO. Filosofia é RELIGIÃO. Economia é RELIGIÃO. Tecnologia de ponta é RELIGIÃO, porque **RELIGIÃO são as mais elevadas condições que o ser humano precisa desenvolver para vivenciar o mais alto sentido da ética, sem a qual estaremos destruídos**.

E não estamos nos referindo a atos litúrgicos somente: é, sobretudo, o exercício do que existe de melhor em nós. Não serão tratados políticos, por mais avançados que sejam os governos, que resolverão os problemas dos povos: eles continuariam insatisfeitos, porque não são formados só de sexo, estômago, intelecto, nem são apenas um saco de detritos biológicos. Acima de tudo, constitui Espírito Imortal, que vive — mais dia, menos dia — a perscrutar os segredos de Deus, à procura de outros mundos, de outras dimensões, de coisas mais elevadas. Por isso, se equivocam os políticos humanos ao pensarem nos formadores de suas pátrias unicamente como matéria perecível. Na verdade, a Política tem que ser psicossomática: cuidar do corpo do cidadão e também se preocupar com o Espírito dele, porque fomos criados à imagem e semelhança de Deus; em Sua direção é que as nações devem elevar-se continuamente. **O ser humano (corpo e Alma) é, acima de tudo, sentimento bom.**

Desde a década de 1970, tenho dito que a Solidariedade hoje se expandiu do luminoso campo da ética e se apresenta como uma estratégia, de modo que o ser humano possa alcançar a sua sobrevivência. E sabemos quão árdua tarefa é subsistir neste mundo. Só o Pai Celestial sabe os imensos sacrifícios que o saudoso Irmão Alziro Zarur e eu temos feito para manter de pé as Instituições da Boa Vontade. Meu Deus, é uma luta sem trégua! Porém, a grande questão é jamais nos desviarmos de nossas sagradas finalidades, nem permitirmos que nossos Princípios Espirituais sejam corrompidos, visto que são nosso maior tesouro!

DE *O CAPITAL DE DEUS*

Academia Jesus, o Cristo Ecumênico, o Divino Estadista — *Expressiva obra de Paiva Netto é o livro* O Capital de Deus, *do qual o autor vem publicando trechos em suas colunas da imprensa ao longo de anos. Essa obra tem suscitado produtivo debate na Juventude Ecumênica da Boa Vontade Divina ao defender a Economia da Solidariedade Espiritual e Humana, dentro da Estratégia da Sobrevivência.*

Para dialogar de forma direta com os capítulos que lemos anteriormente, transcrevemos a seguir trechos dessa tese de vanguarda de ***Paiva Netto****, para que reflitam sobre quão abrangente é a análise que ele faz da Carta do Cristo à Tiatira. Alguns já devem ter começado a perceber que muitos, a fim de manter sua posição privilegiada no tecido social, se manietaram com as práticas contrárias às suas crenças, muitas vezes em nome de uma alegada necessidade econômico-financeira, tornando-se, de certa forma, "cativos" de um sistema comercial avalizado pela falsa profetisa denominada Jezabel:*

Alma *versus* cartão de crédito

A Economia é hoje, mais do que ontem, o reino do egoísmo. Ora, ela foi feita para beneficiar o planeta e seus povos, distribuindo decentemente os bens de produção. Se isso, porém, não ocorre, é porque se faz necessária uma mudança de mentalidade. Urgente! **Quem faz o pão deve também ter direito a ele[62].**

Diante do cenário atual, somos levados a indagar: o que mais importa — o cidadão ou o consumidor? Sua Alma ou seu cartão de crédito? A dignidade humana ou o cifrão na **testa**? O sentimento ou a **mão**, só porque assina o talão de cheques?

> [16] *A todos, os pequenos e os grandes, os ricos e os pobres, os livres e os escravos,* [a besta que emerge da terra] *faz que lhes seja dada certa marca sobre a **mão** direita, ou sobre a **fronte**,*
>
> [17] *para que ninguém possa comprar ou vender, senão aquele que tenha a marca, o nome da besta, ou o número do seu nome.*
>
> (Apocalipse, 13:16 e 17)

[62] Conheça mais o pensamento do escritor Paiva Netto sobre o assunto em seu livro *Tesouros da Alma* (2017).

O domínio do consumismo

Quem, por imposição do comércio, recebe esse selo já não é mais livre. Alguém me retruca:

— *Ah! não! Eu comprei aquilo, porque gosto muito...*

Que nada, rapaz! Há uma propaganda tremenda em sua cabeça, uma quantidade de informação que atinge a todos, desde o seu filhinho. Você nem repara que ele está marcado assim, pois puseram na sua frente aquilo que se usa na mula: cabresto. A criança está encabrestada, magiada pela besta, que no Apocalipse simboliza o consumismo, e ninguém nota. Tira-se a essência do indivíduo, visto que vende tudo, até as Almas de seres humanos. E você se considera liberto? Como? Não pode nem dar liberdade ao seu menino, dominado que ele está pelas telas.

Peguei a televisão como exemplo. Ela vive de negócios, tem de subsistir. Um dia, o amadurecimento das mentes mostrará uma forma inovadora para a sobrevivência da mídia ou outra coisa similar que a venha substituir, sem que ela — que pensa ser independente — permaneça cativa do poder dos acordos comerciais.

Somente a Verdade de Deus nos torna libertos, porque a verdade humana é açoite, chicote, flagelo. Senão, todos viveriam bem, não teriam medo de sair à rua à noite, estariam com os seus corações confortados. Que liberdade é essa que deixa as pessoas atemorizadas? Como se vê no capítulo 13 do Apocalipse, é a do dragão, da besta que emerge da terra, da besta que emerge do mar, enfim, o domínio transitório da hegemonia pela força.

Não sejamos reféns

Necessitamos da subsistência material, e o Cristo ensinou que

> — *(...) o operário é digno do seu salário* (Evangelho, consoante Lucas, 10:7).

Contudo, nossos destinos não podem ficar nas mãos do dinheiro, como se fôssemos reféns da moeda. Em 26 de agosto de 1982, na cidade de Joinville/SC, Brasil, durante entrevista concedida ao jovem repórter Fernando Pinto Júnior, do jornal *Extra*, declarei que o ser humano não é apenas um número cibernético. **Ele merece respeito por ser o Capital de Deus.** E ele somos nós!...

Há milênios, Confúcio ponderava sobre a razão celestial estar contida em nossa natureza, visto que, de tudo que o Céu produz e a Terra nutre, **o mais importante é o ser humano**. Ele afirma:

— Portanto, o ser humano é o ***coração do céu e da terra****, o ponto de partida dos cinco elementos*[63]*, aquele que vive ao saborear alimentos, distinguir sons e vestir-se com cores.*

Ora, o ser humano, com seu Espírito Imortal, é **o centro da Economia.** Daí a razão de Zarur afirmar:

— O ser humano é a Obra Máxima de Deus.

E, ao ser questionado por que se preocupava em pregar Evangelho e Apocalipse, respondeu:

A Obra Máxima de Deus

Não interessa agradar a pessoas, ***mas a Deus****. Não trabalhamos na Seara do Evangelho e do Apocalipse para que gostem de nós: queremos a bênção de Deus, que se traduz em Paz Interior. Este é o verdadeiro significado da pergunta de Jesus: "De que vale ao homem conquistar o mundo inteiro, se perder a sua Alma?" (Evangelho, segundo Mateus, 16:26)*

Por isso é que, acima de todas as obras, colocamos a sagrada pessoa humana — a Obra Máxima do

[63] **Cinco elementos** — Teoria filosófica e cosmológica desenvolvida na China antiga para descrever as forças fundamentais que compõem o Universo e suas interações. Os elementos seriam: metal, madeira, água, fogo e terra.

Criador. Quem não conhece Evangelho e Apocalipse, à luz do Novo Mandamento, não respeita o Autor da Vida: se não respeita o próprio Deus, por que há de respeitar os semelhantes? Mas que é que entendem de Evangelho e Apocalipse as crianças mentais que se riem de nós? Acima de todos os poderes humanos, acima de todo o dinheiro da Terra, permanece a Lei Divina (...).

O ser humano não é apenas um número cibernético. Ele merece respeito por ser o Capital de Deus. E ele somos nós!...

A ECONOMIA COMEÇA EM DEUS

(Parte 1)

Academia Jesus, o Cristo Ecumênico, o Divino Estadista *— Em 24 de outubro de 2009, na Nave do Templo da Boa Vontade — que integra o Conjunto Ecumênico por ele inaugurado em Brasília/DF, Brasil —, durante as comemorações do 20º aniversário do TBV, seu Fundador, divinamente inspirado, apresentou conceitos de vanguarda sobre a Economia além da economia.*

Paiva Netto *continuou a desenvolver o assunto nos originais de* O Capital de Deus *e em editoriais da revista JESUS ESTÁ CHEGANDO!, com a série de artigos "Jesus, a Economia e sua ética, firmadas no Seu Novo Mandamento". E são extratos desses valiosos escritos que trazemos a seguir:*

O Poder além do poder

Quem realmente tem poder neste mundo? Ninguém o tem, mas apenas desfruta de instantes de poder, dos quais prestará severas contas ao dono do Poder verdadeiro: Deus. Já repararam que os cemitérios estão cheios de poderosos, de pessoas que se achavam indispensáveis?

Lord Acton

O Lord Acton (1834-1902) já havia denunciado:

— *O poder tende a corromper; o poder absoluto corrompe absolutamente.*

Recordo-me do discurso final de *O Grande Ditador*, no qual Charlie Chaplin (1889-1977), um dos maiores gênios da História do cinema, utiliza pela primeira vez o recurso da fala nos seus filmes e assim se expressou em alguns trechos:

Sinto muito, mas não quero ser um imperador. Isso não é da minha conta. Não quero governar ou conquistar ninguém. Gostaria de ajudar a todos — se possível — judeus, gentios, negros, brancos. Todos nós queremos ajudar uns aos outros. Os seres humanos são assim. Queremos viver pela felicidade uns dos outros — não pela miséria uns dos outros. Não queremos odiar nem desprezar uns aos outros. Neste mundo, há espaço para todos. E a terra generosa é rica e pode prover para todos. O caminho da vida pode ser livre e lindo, mas nós perdemos o caminho.

A ganância envenenou as Almas dos homens, ergueu barreiras de ódio pelo mundo e nos conduziu, em marcha rígida, à miséria e ao derramamento de sangue. Desenvolvemos a velocidade, mas nos enclausuramos. Máquinas que proporcionam abundância nos deixaram na escassez. Nosso conhecimento nos tornou cínicos. Nossa inteligência, duros e cruéis. Pensamos demais e sentimos muito pouco. Mais do que máquinas, precisamos de humanidade. Mais do que inteligência, precisamos de bondade e gentileza. Sem essas qualidades, a vida será violenta e tudo estará perdido...

(...) No 17º capítulo de São Lucas, está escrito: "O Reino de Deus está dentro do homem" — não de um homem nem de um grupo de homens, mas de todos os homens! Em você! Vocês, o povo, têm o poder — o poder de criar máquinas. O poder de criar felicidade! Vocês, o povo, têm o poder de tornar esta vida livre e bela, de fazer desta vida uma maravilhosa aventura. (...)

Devemos ainda considerar que **o Legítimo Poder vem do Mundo Espiritual Superior. Tudo é planejado nessa Dimensão Invisível**. Não me canso de ressaltar que **o governo da Terra começa no Céu, nas**

mais Augustas Esferas Espirituais, onde habitam os Fidedignos Dirigentes deste orbe, Almas tão elevadas que a nossa mente, em seu atual estágio de desenvolvimento, não consegue conceber com precisão. **Trata-se de um bom desafio para vocês.**

A Economia além da economia

Reitero, pois, a importância de que a nossa Forma Eterna seja iluminada pelo Amor Fraterno transmitido por Jesus com o Seu Mandamento Novo. Essa Norma de Amor Celeste não é exclusividade dos cristãos, por ser uma Lei Universal imprescindível à sobrevivência de qualquer povo. **Daí a citação à Economia além da economia, que, de fato, anima todas as realizações espirituais, morais e humanas. A verdadeira origem da Economia provém do Mundo Invisível.** Ela é mais ampla do que concebem muitos dos seus respeitáveis analistas. **Tem início em Deus.** E convém esclarecer que lhes falo do Deus Divino, e não daquele criado à imagem e semelhança dos seres humanos, que ainda se encontram em longo processo de amadurecimento. Eis por que é fundamental **mantermos sintonia constante com a Espiritualidade Divina**, que atende às nossas preces e nos enriquece com Suas Celestes Intuições. ***"Sintonia! Sintonia! Sintonia!"***, conclama o Irmão Flexa Dourada (Espírito).

Flexa Dourada

Referimo-nos à força transformadora que advém das lições sublimes do Texto Sagrado, consoante podemos ler na Epístola de Paulo aos Hebreus, 4:12:

— *Porque a Palavra de Deus é viva, e eficaz, (...) e é apta para discernir os pensamentos e propósitos do coração.*

Esses preceitos não são delirantes: a continuar como vai, com certos indivíduos e grupos arrastando multidões à pobreza pelas trilhas da ganância econômico-financeira, apoiada na egolatria, **o que impedirá mais uma "bolha especulativa", todavia, desta vez, insuperável a todo esforço das grandes egodemências que a provocaram**? E qualquer criança da era ultradinâmica do computador sabe que, em geral, esse tipo de crise pode facultar o incremento de novas e sanguinolentas guerras. Não apenas as movidas à bala, contudo aquelas que ao homem comum propositalmente não é permitido perceber, tamanha a manipulação dos fatos + das informações + do conhecimento, **de forma que seja mantido na treva que lhe sustenta a escravidão**. Diante disso, humildemente aconselho-os a ler e meditar sobre as divulgadas, mas nem sempre bem entendidas, Palavras de Jesus, o Filósofo Celeste e Estadista Divino. Suas Leis só poderão ser plenamente vivenciadas quando todos compreendermos, em seu magnífico alcance, a

Ordem Suprema do Cristo, o Seu Novo Mandamento, cuja Proclamação documentamos neste primeiro livro da Academia Jesus, o Cristo Ecumênico, o Divino Estadista[64]. Seu lançamento se dá hoje, 24 de outubro de 2009, quando comemoramos neste ano o cinquentenário daquele Sete de Setembro de 1959, em Campinas/SP, Brasil.

Sentenciou, pois, Jesus:

> — *Conhecereis a Verdade* [de Deus], *e a Verdade* [de Deus] *vos libertará* (Evangelho, segundo João, 8:32).

---

[64] **Nota dos editores**

Paiva Netto e a Proclamação do Novo Mandamento de Jesus — A saga heroica de Alziro Zarur (1914-1979) na Terra — Na solenidade de encerramento das comemorações do 20º aniversário do Templo da Boa Vontade, em Brasília/DF, o Presidente-Pregador da Religião Divina fez o lançamento do livro *Paiva Netto e a Proclamação do Novo Mandamento de Jesus – A saga heroica de Alziro Zarur (1914-1979) na Terra*, primeira publicação da Academia Jesus, o Cristo Ecumênico, o Divino Estadista. A tiragem inicial da obra esgotou-se no mesmo dia (24/10/2009), tamanho foi o interesse dos presentes ao evento. Em 29 de junho de 2019, uma edição atualizada desse trabalho literário foi publicada para festejar o aniversário de 60 anos da Proclamação do Novo Mandamento de Jesus, realizada pelo saudoso Zarur, em Campinas/SP, Brasil, em 7 de setembro de 1959. Na mesma data, ocorreu o evento de conclusão do 44º Fórum Internacional do Jovem Ecumênico da Boa Vontade de Deus, sob o tema "A urgência de viver o 'Amai-vos como Eu vos amei', de Jesus".

Urgência de aliar Terra ao Céu

Emmanuel, em *A Caminho da Luz*, explana, com muito acerto, a respeito do perigo que paira sobre a Terra. E diz claramente o porquê:

> — *Em nome do Cristo espalharam-se, nestes vinte séculos, todas as discórdias e todas as amarguras do mundo.*

É chegada então a época de um reajustamento de todos os valores humanos. Se as dolorosas expiações coletivas preludiam o tempo dos últimos *"ais"* do Apocalipse[65], a Espiritualidade tem de permear as realizações do ser físico, conduzindo-as para o bem de toda a humanidade.

Convém repetir um ensinamento fundamental de Alziro Zarur:

> — *O segredo do governo dos povos é unir a humanidade da Terra à Humanidade do Céu.*

Evidentemente, tais lições do Cristo devem sempre ser **analisadas e vividas em Espírito e Verdade**, como

---

[65] **Os três Ais do Apocalipse** — *"Então vi e ouvi uma águia que, voando pelo meio do céu, dizia em grande voz: Ai dos habitantes da Terra! Ai dos habitantes da Terra! Ai dos habitantes da Terra!, por causa das outras vozes dos três Anjos que ainda têm de tocar a trombeta"* (Apocalipse de Jesus, 8:13).

Allan Kardec

Allan Kardec (1804-1869) preconizou, **e sob o luzeiro do Novo Mandamento de Jesus**, conforme desejava Zarur, porque assim somos libertados das sombras da intolerância, que tanto mal tem feito aos povos pelos milênios.

O Legítimo Poder vem do Mundo Espiritual Superior. Tudo é planejado nessa Dimensão Invisível. Não me canso de ressaltar que o governo da Terra começa no Céu, nas mais Augustas Esferas Espirituais, onde habitam os Fidedignos Dirigentes deste orbe, Almas tão elevadas que a nossa mente, em seu atual estágio de desenvolvimento, não consegue conceber com precisão.

A ECONOMIA COMEÇA EM DEUS

(Parte 2)

Fartura para todos

A Economia é crucial para a vida do ser humano em si mesmo e em sociedade. Por esse motivo, temos de buscar conhecimento, experiência e sabedoria da **Fraternidade Ecumênica na Universidade de Deus**, em primeiro lugar. Porém, não do deus que aprisiona, mas alforria o Espírito das gentes. Então, é claro que falamos do **Deus imarcescível**, do qual tanto nos lembra Zarur, em seu "Poema do Deus Divino":

....
....
....

Pois creio é nesse Deus imarcescível
Que ampara a humanidade imperfeitíssima:

Deus de uma Perfeição inacessível
À humana indagação falibilíssima.

Por conseguinte, reforço que não se trata do deus com barba e equívocos comuns aos seres terrestres, apegado ao poder e às riquezas materiais. Falamos do Criador dos Universos, **os quais exigem inigualável código econômico para funcionar, pelas eternidades, com toda a perfeição**. A Economia Celeste já começa a ser equacionada por pensadores vanguardeiros, os quais cogitam a tese de **que a *morte* de um Universo significaria o nascimento de outro**.

Logo, estava e está certo Zarur quando ensina que

— ***não há morte em nenhum ponto do Universo.***

Nem dele mesmo, o Cosmos. O que há é **perene transformação**. E quanto aos habitantes da *"multitudo infinitorum"*[66], que vivem nos bilhões de bilhões de planetas dos bilhões de bilhões de galáxias?! Eles estão sempre evoluindo em sua forma original de Espírito, que pode existir nas infinitas condições de vida, que subsiste em todas as frequências.

---

[66] ***"Multitudo infinitorum"*** — Expressão em latim que pode ser traduzida como "uma multiplicidade de infinitos" ou "uma multidão de infinitos".

Revelou Jesus:

> — *Na Casa de meu Pai há muitas moradas. Se assim não fosse, Eu vos teria dito, pois vou preparar-vos lugar* (Evangelho, segundo João, 14:2).

Chave do êxito da Economia planetária

Acostumar os seres humanos ao desígnio de que somos geridos pela justa e magnânima Legislação Celestial é tese básica da **Universidade de Deus.**

No *Tao Te Ching*, ensinou o eminente e inspirado pensador chinês Lao-tsé (570-490 a.C.):

Lao-tsé

> — *O Grande Caminho (Tao) flui por toda parte. Todas as coisas nascem Dele, mas Ele não as abandona. Ele derrama a si mesmo em Sua obra, mas não faz nenhuma reivindicação. Ele nutre mundos infinitos, mas não se apega a eles. Como está fundido com todas as coisas e oculto em seus corações, Ele pode ser chamado de humilde. Todas as coisas desaparecem Nele, e apenas Ele permanece. Porque não age com superioridade, Ele é supremo.*

Há uma **imensa fortuna espiritual**, que gera honestamente as demais, aguardando que a nossa inteligência consiga percebê-la. Jesus, o Professor Celeste, apregoa uma lição que **jamais cansaremos de repetir**, até que todos compreendam que ela é a **chave da Economia planetária**:

— *Buscai primeiramente o Reino de Deus e Sua Justiça, e todas as coisas materiais vos serão acrescentadas* (Evangelho do Cristo, segundo Mateus, 6:33).

Economia sem Espiritualidade fomenta a violência e a miséria

No campo da Economia, para que haja abundância para todos, ouçamos esta palavra do Profeta Muhammad (570-632) — *"Que a Paz e as Bênçãos de Deus estejam sobre ele!"*, na 5ª Surata, versículo 120, do Alcorão:

— *A Deus pertence o reino dos céus e da terra, bem como tudo quanto encerra, porque é Onipotente.*

Dr. Evaristo S. Tavares

Sem esse reconhecimento, presente na maioria das Religiões, permaneceremos sob o guante da situação exposta pelo saudoso Legionário da Boa Vontade e Conselheiro da LBV Dr. Evaristo da Silva Tavares (1912-1994), grande intelectual, poliglota e ilustre engenheiro da Central do Brasil. No seu estudo *A História da Economia dos Homens (uma novela sem Deus)*, afirmava:

> — *O mais grave problema do século 20 é, inegavelmente, a desigualdade dos padrões de vida. Os progressos das Ciências e das técnicas não são aproveitados por todos, daí a* ***miséria****, a* ***fome****, as* ***doenças*** *e a* ***ignorância*** *em meio à* ***fartura****, à* ***abundância****.*

E assim continua no século 21.

É chegada a época de um reajustamento de todos os valores humanos. Se as dolorosas expiações coletivas preludiam o tempo dos últimos *"ais"* do Apocalipse, a Espiritualidade tem de permear as realizações do ser físico, conduzindo-as para o bem de toda a humanidade. Convém repetir um ensinamento fundamental de Alziro Zarur: *"O segredo do governo dos povos é unir a humanidade da Terra à Humanidade do Céu"*.

A ECONOMIA COMEÇA EM DEUS

(Parte 3 — final)

Economia da Misericórdia

Em 9 de setembro de 1998, fui aos microfones da Super Rede Boa Vontade de Rádio[67] para ler e analisar trechos da página que tinha escrito, estando no Rio de Janeiro/RJ, Brasil, nessa mesma data, uma quarta-feira, dedicada aos fiéis trabalhadores das Causas da Boa Vontade, no Brasil e no mundo. Seu título, **"Genialidade do Coração — A espiritualização dos feitos humanos"**, sinaliza a mudança de mentalidade plena necessária à profunda reforma político-econômica, para que haja justiça social para todos. No entanto, o que também falei naquele dia? Eis a seguir:

---

[67] **Super Rede Boa Vontade de Rádio** — Veja lista das emissoras que compõem as páginas finais deste livro.

Algum leitor apressado, ao ler a chamada deste artigo, pode com ironia exclamar, ao mesmo tempo perguntando: **“Economia da Misericórdia?!”**

Todavia, temos de olhar para a frente, vislumbrar o futuro e agir para que as coisas se tornem bem melhores. Jamais desprezemos o bom senso humano, que até hoje rege o pensamento e a ação de muitas pessoas. Embora devamos analisá-lo com a atenção exigida pelo Novo Mandamento de Jesus, pois o raciocínio de algumas criaturas — como, por exemplo, os nazistas — pode representar, neste emaranhado da evolução terrestre, o mais perfeito contrassenso ante as novas, e quando éticas, perspectivas de progresso. Do contrário, o resultado poderá ser o pior de todas as eras. Não possuímos vocação planetária suicida. Além do mais, como tantas vezes já lhes repeti: **Saudade?! Só do futuro**.

Ainda bem que os que pensam e atuam de forma otimista, mas competente, em prol de uma humanidade mais feliz, são numerosos.

Tapetes, homens e transformações

Cogita-se muito sobre a ameaça de uma onda recessiva a abalar a economia mundial sem compaixão (estávamos em 2009). Isso me traz à mente um antigo provérbio árabe:

— *Os homens são como tapetes, de vez em quando precisam ser sacudidos.*

E a História tem sido feita de sucessivos abalos. Falta, contudo, muita vez, o **espírito de Caridade Divina** para que essas transformações deixem de ser dolorosas. Quem garante que para evoluir é imprescindível padecer? **Somos nós que, quase sempre, criamos o sofrimento.**

Deus nos presenteou com a felicidade; os seres terrestres, porém, criaram a dor.

A Economia da Solidariedade Espiritual e Humana, constante da Estratégia da Sobrevivência, que há décadas propomos, vem suprir uma extensa lacuna nos relacionamentos humanos, sociais, políticos, religiosos, filosóficos e, acima de tudo, econômicos.

O desenvolvimento da Ciência, ou Arte, econômica, em que as lições do Bem, na maioria imensíssima de ocasiões, são colocadas de lado, aponta a necessidade de termos como **fator primordial** — de fortalecimento da instrução e da educação das massas oprimidas e Reeducação Ecumênica de suas elites — a **Economia da Misericórdia**, que nasce do coração de Deus. Não será de forma impune que o mundo continuará a ver alguém, ou grupos, sair sem piedade, a levar vantagens em decorrência da miséria de multidões, resultado justamente da falta de Misericórdia na Economia e de tudo aquilo que gira em torno dela. Por isso, a base do sucesso encontra-se **consubstanciada na Reeducação Ecumênica**, que sublima o sentimento.

Pertinácia, galhardia e sapiência

Quanto aos efeitos dos desatinos humanos, que ocorrem planeta afora em prejuízo de muitos, aprendamos a sobreviver com Espiritualidade Ecumênica, lucidez e coragem, que revestem a verdadeira aptidão de servir. E pertinácia, e galhardia, e sabedoria. Assegurou Jesus, no Último Livro da Bíblia Sagrada, 2:10:

— ***Sê fiel até à morte, e Eu te darei a coroa da vida.***

Ao estudar, com afinco, o Evangelho-Apocalipse do Cristo Ecumênico, o Excelso Estadista, a criatura consegue caminhar tranquila, porque tem a consciência plena de que **a solução unicamente vem da Sapiência de Deus**, que apenas começamos a desbravar. E, por sinal, muito temerosamente, por confundir o sentido real de Religiosidade com o mais profundo fanatismo — e um é o contrário absoluto do outro. A **Fé Realizante**, portanto, clareada pelo **espírito de universal companheirismo** (Apocalipse, 1:9), porquanto a união faz a força, é básica para tamanho esforço.

Conforme exclamavam os latinos: *"Semper idem!"* ("Sempre o mesmo!") No caso, **persistir no Bem**. Ir em frente, porque Deus Está Presente! No sentido oposto, o mundo já teria acabado com ou sem Profetas, que apenas são, quando do Deus que é Amor, anunciadores de fatos que eles não criaram. Na realidade, foram erguidos pelas gerações, cujo divertimento sinistro é armar cilada para os próprios caminhos. Cumpre aqui citar este ensinamento iniciático do notável Alziro Zarur (1914-1979), que diariamente vai ao ar por meio de sua alentadora voz, na tradicional *Hora do Ângelus*, transmitida há décadas pela Super Rede Boa Vontade de Comunicação:

— *Faze a tua parte, que Deus fará a parte Dele.*

Genialidade do Coração — A espiritualização dos feitos humanos

Como acessar, contudo, essa solução infalível nascida do seio do Criador para a riqueza das Suas criaturas? Valendo-nos da chave mágica que denomino de **Genialidade do Coração**.

Alguns podem achar engraçado:

— *Mas olhe o mundo como está?!*

Por isso tanto penam. Até que não se venham buscar somente os anéis, mas **se levem deles também os de-**

dos. Para deter tal situação, ao lado da inteligência do cérebro, temos de justamente aliar essa **sabedoria da benquerença** — difundindo a **Espiritualidade Ecumênica**, que deve coroar os feitos humanos, por enquanto nem sempre generosos — e com denodo procurar o Saber e o Ensino Celestes, pois deles provém o sentido da verdadeira Paz.

A Economia da Solidariedade Espiritual e Humana, constante da Estratégia da Sobrevivência, que há décadas propomos, vem suprir uma extensa lacuna nos relacionamentos humanos, sociais, políticos, religiosos, filosóficos e, acima de tudo, econômicos. (...) Não será de forma impune que o mundo continuará a ver alguém, ou grupos, sair sem piedade, a levar vantagens em decorrência da miséria de multidões, resultado justamente da falta de Misericórdia na Economia e de tudo aquilo que gira em torno dela. Por isso, a base do sucesso encontra-se consubstanciada na Reeducação Ecumênica, que sublima o sentimento.

UM TRATADO DA POLÍTICA DE DEUS

(Parte 1)

***Academia Jesus, o Cristo Ecumênico, o Divino Estadista** — O estrago causado na Igreja de Tiatira, na qual alguns de seus membros foram seduzidos pelas ambições político-econômicas promovidas por Jezabel, levou o Líder Espiritual da Religião de Deus, do Cristo e do Espírito Santo a incluir, em seu estudo de mais esta importante Carta de Jesus, discursos e páginas dedicadas às questões econômicas no planeta, que apontam a Solidariedade e a Misericórdia como contrapontos à cruel miséria a que são relegados povos inteiros.*

Porém, igualmente é necessário trazer palavras dele sobre a Política de Deus, que se opõe à política do desrespeito propalada por Jezabel na Antiguidade, com seus efeitos nocivos durante gerações.

Para tanto, a partir de Glorinha/RS, em 17 de julho de 1999, durante o 24º Fórum Internacional da Juventude Ecumênica da Boa Vontade de Deus, o ***Irmão Paiva Netto*** *convidou a aguerrida Mocidade Legionária de todas as idades para — dentro do espírito generoso e pragmático da Economia Divina, bem como da Política de Deus — espalhar essa vanguarda crística e trazer o sustento material das Instituições da Boa Vontade, valendo-se primeiramente* "do Reino de Deus e de Sua Justiça, que nos faz enxergar a Sua Economia dos Bens Eternos e a Sua Política para o Espírito do Cidadão Ecumênico":

Minhas Irmãs e meus Amigos, minhas Amigas e meus Irmãos, da Terra e do Céu da Terra,

Deus Está Presente!

Viva Jesus, o Cristo Ecumênico, o Divino Estadista, que já vem, em nossos corações para sempre!

— *Glória a Deus nas Alturas, Paz na Terra aos de Boa Vontade* (Evangelho, segundo Lucas, 2:14).

Com essas palavras os Anjos anunciaram o nascimento do Salvador do mundo, Cristo Jesus. E com elas, saudamos a todos vocês que se encontram reunidos no 24º Fórum Internacional da Juventude Ecumênica da

Boa Vontade, na segunda fase da Operação Jesus[68] — que, já disse, é povo —, como a realizar uma **novíssima aliança inspirada naquela do Pai Celestial com Abraão**, consoante encontramos no Antigo Testamento da Bíblia Sagrada (Gênesis, capítulos 15 e 17). **Pacto singular que significa unir à Humanidade de Cima (do Mundo Espiritual Superior) a humanidade de baixo (da Terra).**

Abraão

Invoquemos, então, os nossos Anjos Guardiães para, com eles, cumprirmos a nossa tarefa, porque **o caminho da Legião da Boa Vontade é a Paz.** Daí o seu saudoso Fundador, Alziro Zarur, iniciar os seus programas com o Cântico dos Anjos, conforme a relação dos fatos coligidos por Lucas, na Boa Nova do Cristo.

---

[68] **Operação Jesus** — Em 25 de março de 1995, em Brasília/DF, o Presidente-Pregador da Religião Divina, José de Paiva Netto, convocou os jovens para um gigantesco propósito, a que deu o nome de Operação Jesus: ampliar a divulgação da mensagem do Cristo Ecumênico, o Divino Estadista, a toda a humanidade. Em cima de um caminhão de som (que havia sido utilizado pela Juventude Legionária em uma grande marcha que antecedeu o evento), ele proferiu um histórico discurso de três horas, debaixo do forte sol característico do clima do Planalto Central. Em sua fala, deu ênfase aos valores fraternos da Vida e, com os milhares de jovens presentes, repetiu por diversas vezes: ***"O nosso referencial é Jesus"***. Naquele dia, a Super Rádio Brasília (AM 1.210, hoje, FM 94,9) passou a integrar a Super Rede Boa Vontade de Comunicação. No ano seguinte, em 28 de junho de 1996, na cidade de Porto Alegre/RS, durante as festividades dos 40 anos de trabalho de Paiva Netto na Instituição, foi lançada a segunda etapa da Operação Jesus, cuja ênfase é o povo. De lá para cá, grande foi o crescimento da Comunicação 100% Jesus, com a Mídia da Boa Vontade.

A visão do Evangelista sobre a vida do Divino Mestre foi consolidada a partir do trabalho com Paulo Apóstolo e do testemunho de Maria Santíssima, porque Lucas não conviveu diretamente com Jesus, **mas viveu para Jesus** — que é o que mais importa.

Quero agradecer a todos os aqui presentes e à audiência de tanta gente que nos acompanha pela Comunicação 100% Jesus (rádio, TV, internet e publicações), que busca sentir Paz no coração em um mundo de tamanha violência. Aproveito para parabenizar aos que falaram neste Fórum de Jovens Ecumênicos, não somente de corpo, mas também de Espírito. Destaco principalmente os jovens poetas e oradores de 11 anos de idade, de 3 anos de idade, que eu ouvi. Isso é extraordinário! Significa que a semeadura tem nos trazido uma excelente messe. Verdadeiros tribunos que são da Fraternidade e do equilíbrio, Combatentes do Cristo na Terra, isto é, lidadores pela Concórdia.

Tranquilidade e Paz em um mundo em guerra

Estamos crescendo, mas na direção do Celeste Provedor, nesta **Novíssima Aliança com os Espíritos Elevados**, com os Anjos Guardiães, com os Guias Protetores, os Santos, os Orixás, ou como queiram chamá-los — a nossa audiência é múltipla, nos dirigimos aos corações.

Essa é a Política de Deus — a Política para o Espírito Eterno do ser humano — com a força do Evangelho-

-Apocalipse de Jesus, nosso Senhor. Foi belíssimo ouvi--los entoarem a *Prece para ter Tranquilidade*[69] em todas as Igrejas Ecumênicas da Religião do Amor Universal, no Templo da Boa Vontade e nos seus lares, para que **entremos em sintonia perfeita** com aqueles que, do **Mundo Espiritual**, se preocupam com a gente. Não apenas os nossos Numes Tutelares, mas também os nossos entes queridos: pais, mães, amigos, que despertaram para a Existência Verdadeira, porque **os mortos não morrem**.

Quero pedir um minuto de silêncio nesta vida tão atribulada. Silêncio para a Alma, para o Espírito, porque aquele que se integra no Amor Divino, no meio da maior balbúrdia, está em paz consigo mesmo ou consigo mesma. Isto é que é entrar na quietude do coração: calar o caos que atormenta os Espíritos das criaturas — gerador de tanta violência neste mundo individualista que precisa levantar-se, não para matar, mas para aprender a amar. Portanto, **um minuto de silêncio com Jesus**!

---

[69] ***Prece para ter Tranquilidade*** — Em 4 de fevereiro de 1999, na cidade de Glorinha/RS, Paiva Netto começou a tocar uma melodia inédita no piano e disse ao Maestro Legionário Vanderlei Pereira: *"Os pizzicatos aqui representam o pulsar do coração tranquilo"*. Depois de apresentar sua nova composição, enunciou: *"Agora, vamos à letra"*. Assim nascia a emocionante música *Prece para ter Tranquilidade*, que integra o Oratório "O Mistério de Deus Revelado", do compositor Paiva Netto, também disponível nas plataformas de streaming (Boa Vontade Play, Spotify, Deezer e YouTube).

Nosso sustento em Jesus

Ó Jovens Ecumênicos da Boa Vontade de Deus, que depositam a sua **Fé Realizante no Divino Ressuscitado**, estamos aqui em plena **Revolução Mundial dos Espíritos de Luz**, na Quarta Revelação, lutando para que haja **Paz na Terra**. Infelizmente, muitos não a querem ou não acreditam nela. O progresso do mundo tem sido em torno do desenvolvimento da sua Economia... Mas onde é que ficou o Amor, a Solidariedade, a Generosidade, a Misericórdia? Tantas vezes disse a vocês, desde 1982, que **a Economia é a mais espiritual das Ciências ou Arte**, porque distribui os bens da produção. Contudo, ela, lamentavelmente, tem realizado essa partilha de forma malfeita até os dias que vivemos, posto que os seres humanos andam afastados Daquele Espírito que os gerou, que é o **AMOR**.

A Obra da Quarta Revelação — as Instituições da Boa Vontade — é muito grande e ela precisa se sustentar. Manter uma empreitada dessas funcionando custa muito sacrifício, até mesmo a própria vida. E gostaria que todos estivessem despertos para essa necessidade de fortalecê-la financeiramente, trazendo a segurança e a estabilidade imprescindíveis para todas as suas ações beneméritas em prol do ser humano e de seu Espírito Eterno.

Não se trata de apelação, pois ela tem um acolhimento especial para ofertar ao povo, que, na sua manifestação, entende isso. Ela oferece Espiritualidade Ecumênica, valores, compreensão, preocupação com pobres, ricos, enfim, com todos os seres que sofrem as suas dores e que tantas vezes não podem revelar. Muitos surgem — nas revistas, na imprensa em geral, na televisão, no rádio — sorridentes (*"n'oublie pas de sourire" — "não se esqueça de sorrir"*), no entanto, nas suas Almas há uma dor que não podem revelar. Aliás, em minha página "Quanto à abrangente missão do Templo da Boa Vontade", busquei explicar bem a importância de juntar o espiritual e o material, atendendo aos anseios das nações, saibam disso ou não.

A Legião da Boa Vontade, e tudo que dela nasce, necessita dessa renovação constante que vem através do sangue novo da juventude. E ninguém pode temer esse processo natural, porque somos todos jovens, de corpo e de Espírito. Com esses valentes de Deus, realizei uma grande revolução dentro da LBV — alguns tinham 70, 80 anos, juntando-se aos de 18, 20, 30... E a Instituição se espalhou e cresceu. Sempre pensei assim: **temos que juntar ao patrimônio da experiência dos mais velhos a energia dadivosa dos mais moços**, para que venha ocorrer o que está relatado no Evangelho de Jesus, segundo Marcos, 8:1 a 9:

A segunda multiplicação dos pães

1 Naqueles dias, havendo mui grande multidão, e não tendo o que comer, Jesus chamou a si os Seus Discípulos e disse-lhes:

2 Tenho compaixão da multidão, desse povo, porque já está comigo há três dias, e não tem o que comer.
3 E se os deixar ir em jejum para suas casas, desfalecerão no caminho; porque alguns deles vieram de longe.

Muitos de vocês, igualmente, estão aí nas Igrejas Ecumênicas da Religião do Terceiro Milênio e no Templo da Boa Vontade. E se deslocaram de longe para estarmos reunidos aqui nesta transmissão via satélite, que ajuda a encurtar distâncias.

4 E os Seus Discípulos responderam-Lhe: Mas, Mestre, de onde poderá alguém satisfazer a tanta gente de pão logo aqui no deserto?
5 Mas Jesus perguntou-lhes: Quantos pães tendes? Responderam-Lhe: Sete, Senhor.
6 E o Divino Mestre ordenou à multidão que se assentasse sobre a relva; e tomando os sete pães e tendo dado graças a Deus, partiu-os e deu-os aos Seus Discípulos para que os pusessem diante deles; e puseram-nos diante da multidão.
7 Tinham também uns poucos peixinhos, e tendo Jesus de novo dado graças a Deus, ordenou que também os pusessem diante da multidão.
8 E todos comeram, e se saciaram; e dos pedaços que sobejaram levantaram sete cestos.
9 E os que comeram eram quase quatro mil. E Jesus, depois de saciá-los, despediu-os.

Apelar para Deus e para Jesus

Ora, meus Irmãos e minhas Irmãs, aquele capítulo do qual vocês gostam tanto, publicado em *Somos todos Profetas* (1991), "O equilíbrio como objetivo", logo na entrada dele escrevi em destaque que **o mundo físico não mais evoluirá sem o auxílio flagrante do Mundo Espiritual. Eis o grande ensinamento que as nações aprenderão no transcurso do terceiro milênio**.

Hoje, estou aqui conversando com vocês a respeito dos recursos materiais de que estas Obras Santas tanto necessitam. E o povo ajuda, a LBV sempre faz! O Bem, naturalmente. Os dizimistas comparecem com a sua contribuição e a Religião Divina leva ainda mais longe o *"Ide e pregai"* de nosso Celeste Pastor! Mas percebam para onde estou me dirigindo... Sempre lembro aos meus administradores, aos pregadores que eu apelo a Jesus.

É Ele Quem nos financia. Se estivermos andando de acordo com o Seu Plano para estas Obras de Boa Vontade, Ele há de tocar os corações. Mas precisamos pedir. Inclusive, isso para nós é um exercício de humildade e Fé Realizante. Mas, primeiramente, suplicamos ao Provedor Sublime, a Seu Pai, que é **Deus, de forma que cada um aprenda a buscar no Tesouro Divino os créditos a que temos direito**. E, com isso, ensino-lhes **o sentido lato, isto é, completo de cidadania, a Cidadania do Espírito**.

UM TRATADO DA POLÍTICA DE DEUS

(Parte 2)

Quando eu tinha 19 para 20 anos, escrevi um artigo intitulado "Receita de um jovem para os jovens", que saiu publicado, por ordem do Irmão Zarur, na *Gazeta de Notícias*, do Rio de Janeiro/RJ, em 15 de outubro de 1961. Nesse texto, defendi que a missão do Brasil não era dominar o mundo, mas iluminá-lo. E onde vamos buscar essa luz, senão no astral do Governo Celeste? Quantos empresários, executivos, políticos e pessoas de projeção neste país **me perguntam: como é que consigo realizar tanta coisa**? Respondo com esta simples, mas efetiva, receita que sigo sempre: **apelo para Deus, para o Cristo e para o Espírito Santo. Todavia, não fico esperando que caia do céu: me ponho à disposição Deles e vou trabalhar** para materializar aquilo que a Caridade Celeste sobejamente nos possa oferecer, a partir do Reino de Deus e de Sua Justiça. E isso nos faz enxergar o pleno funcionamento da Sua

Economia dos Bens Eternos e da Sua Política para o Espírito do Cidadão Ecumênico. Tudo isso, muitas vezes, apesar de estar à nossa frente, não enxergamos.

O verdadeiro milagre: conhecer os mecanismos espirituais

A falta de uma visão espiritual mais acurada é realmente um fator limitante. Foi o que aconteceu com os Discípulos de Jesus, e Marcos Evangelista conta logo em seguida, nos versículos de 14 a 21 deste mesmo capítulo 8:

> 14 *Ora, aconteceu que eles se esqueceram de levar pães e, no barco, não tinham consigo senão um só.*
> 15 *Preveniu-os Jesus, dizendo: Vede, guardai-vos do fermento da hipocrisia e do fermento de Herodes.*
> 16 *E eles discorriam entre si: É que não temos pão.*
> 17 *Jesus, percebendo-o, lhes perguntou: Por que discorreis sobre o não terdes pão? Ainda não considerastes, nem compreendestes? Tendes o coração endurecido?*
> 18 *Tendo olhos, não vedes? E, tendo ouvidos, não ouvis? Não vos lembrais*
> 19 *de quando parti os cinco pães para os cinco mil, quantos cestos cheios de pedaços recolhestes? Responderam eles: Doze!*

> 20 *E de quando parti os sete pães para os quatro mil, quantos cestos cheios de pedaços recolhestes? Responderam: Sete!*
> 21 *Ao que lhes disse Jesus: Não compreendeis ainda?*

Quando Jesus lhes fala de pães, depois de ter feito essas multiplicações de pães e peixes, eles pensaram que o Mestre se referia ao alimento material, quando Ele havia acabado de lhes ensinar a tirar do chamado vácuo, do éter, do "nada", aquilo de que o corpo humano necessita. Chegou a perguntar-lhes: *"como não entendestes ainda?"* Jesus ainda lhes ordenou que deviam se livrar do fermento do mal, que é a hipocrisia.

Estou puxando da consciência espiritual de vocês esse conhecimento. **Eu oro, faço prece, em seguida vêm os resultados.** Porque Jesus recomendou:

> — *Orai e vigiai* (Evangelho, segundo Mateus, 26:41).

O Irmão Zarur explicou que esse "vigiai" é no sentido de "trabalhai". Por isso, a LBV não é campo para ociosos ou levianos, mas para aqueles que desejam arregaçar as mangas e sabem que **seguros estamos na Divina Segurança das seguras mãos de Jesus**.

A hora da Mocidade Legionária

Que hora é esta? É a de, sempre presente e com disposição, servir ao Cristo. Muita gente é orgulhosa em um sentido depreciativo do termo e nem sequer sabemos o porquê, pois não realizaram algo que minimamente explicasse isso. No entanto, precisamos nutrir um bom orgulho das nossas realizações altruístas, para não chegarmos diante do Cristo de mãos vazias.

Por isso, **agora é a vez da Juventude Ecumênica da Boa Vontade de Deus ser ainda mais renovada pelo orgulho nascido do ato de praticar o Bem, de pertencer a essa Mocidade Legionária, que não vê hora, não vê dia, não se importa se está sol forte ou se está chovendo.** Tenho procurado me manter assim até hoje. Perdoe-me a falta de modéstia, mas tenho que citar minha experiência.

Orgulhamo-nos de fazer o que é certo, pois **quem não é capaz de assumir uma atitude correta acaba consumido pela circunstância criada por sua omissão.** Então, **tratemos de proclamar o que é ético**, de viver o trabalho bem realizado em benefício do próximo, em prol de uma Sociedade realmente Solidária Altruística Ecumênica e não farsante. A razão desse orgulho é alcançar **o bom resultado do ideal bem conduzido, ao lado da oração e da Fé Realizante**, traduzidas no socorro ao que sofre. Isso é a Religião de Deus, do Cristo e do Espírito Santo, a Religião do

Amor Universal em marcha. Esse é o plano de ação da Política de Deus, a Política para o Espírito Eterno do Cidadão Ecumênico!

Quantos empresários, executivos, políticos e pessoas de projeção neste país me perguntam: como é que consigo realizar tanta coisa? Respondo com esta simples, mas efetiva, receita que sigo sempre: apelo para Deus, para o Cristo e para o Espírito Santo. Todavia, não fico esperando que caia do céu: me ponho à disposição Deles e vou trabalhar para materializar aquilo que a Caridade Celeste sobejamente nos possa oferecer, a partir do Reino de Deus e de Sua Justiça. E isso nos faz enxergar o pleno funcionamento da Sua Economia dos Bens Eternos e da Sua Política para o Espírito do Cidadão Ecumênico.

Em 31 de dezembro de 1999, Paiva Netto reuniu, na capital federal, mais de 200 mil pessoas, conforme noticiou a mídia à época, em um emocionante encontro de Espiritualidade Ecumênica. Na praça em frente ao Templo da Boa Vontade e ao Parlamento Mundial da Fraternidade Ecumênica (o ParlaMundi da LBV), uma grande manifestação de Fé e de Religiosidade: o Réveillon *Espiritual do Cristo — O Congresso da Paz, em comemoração dos 50 anos da Legião da Boa Vontade. À zero hora de 1º de janeiro, o Presidente da Instituição convidou o público que superlotava o local a bradar, em uma só voz,* “Bem-vindo, ano 2000!”

UM TRATADO DA POLÍTICA DE DEUS

(Parte 3)

Mocidade Legionária dos 8 aos 80 anos, reunida no 24º Fórum Internacional da Juventude Ecumênica da Boa Vontade de Deus, esta é uma pré-estreia do *Réveillon* Espiritual com Jesus, comemorando os 50 anos da LBV, que realizaremos em Brasília/DF, em 1º de janeiro, com o evento *Bem-vindo, ano 2000!* (Lembrando que essa pregação é de 1999. Em 2025, a LBV completou 75 anos de heroica existência.)

Reforçamos: o mundo não vai acabar, como temem alguns por causa da virada de milênio! Entretanto, há mudanças tão gigantescas no horizonte, que nem os mais perspicazes analistas dos fatos sociais, políticos e religiosos conseguem perceber a transformação ocorrendo diante de seus próprios olhos. Da mesma forma que os Discípulos de Jesus não entenderam a profundidade de seu Mestre ser capaz de multiplicar pães e peixes, muitos não captaram que Ele pode muito mais, pois criou o planeta Terra, belíssimo, riquíssimo.

Desejo ver a Fé Realizante borbulhando nos corações de Boa Vontade. É com essa convicção inabalável em tudo que o Cristo nos oferece diariamente que me sustento e dedico minha vida a Ele na Seara da Boa Vontade Divina.

O Zeloso Pastor, lembrando a palavra de Davi, no livro dos Salmos, 82:6[70], no Antigo Testamento da Bíblia Sagrada, arguiu a Seus Discípulos:

> [34] *Replicou-lhes Jesus: Não está escrito na vossa lei: Eu disse: **sois deuses**?* (Evangelho, segundo João, 10:34)

Diante disso, o Mestre ainda declarou:

> [12] *Em verdade, em verdade vos digo que aquele que crê em mim também fará as obras que Eu faço, e as fará maiores do que estas; porque Eu vou para meu Pai* [e vós permanecereis na Terra] (Boa Nova, segundo João, 14:12).

[70] **Salmos, 82:6** — *"Eu disse: sois deuses, sois todos filhos do Altíssimo".*

Cartas constitucionais da Quarta Revelação

Os livros da Quarta Revelação — a Religião de Deus, do Cristo e do Espírito Santo — **são cartas constitucionais da Política de Deus que envio para vocês, construtores de *"um Brasil melhor e de uma humanidade mais feliz"*.** É administrar para a vitória! Mas é preciso **oração e vigilância**. Jamais caiamos na sedução dos encantos supérfluos e ilusórios, que são, ao mesmo tempo, sórdidos, perversos, maquiavélicos, corruptores, tal como modernas Jezabeis, que já estudamos em Tiatira. **Trabalhar com a satisfação de servir é o caminho de purificação para a glória eterna.**

O cidadão não é somente matéria, é essência espiritual. Estamos carne, mas somos Espírito. Por isso, os governos do mundo não chegam a uma solução perfeita para os problemas que agitam as suas massas, e que ficarão cada vez mais inquietas. Isso porque, tentando apenas aplacar os anseios materiais de seus povos, eles não alcançam o contentamento das gentes, pois **a reforma do social vem pelo espiritual**.

Zarur brilhantemente aduziu:

> — *Governar é ensinar cada um a governar a si mesmo.*

Daí a nossa bandeira: Promover Desenvolvimento Social, Solidário e Sustentável, Educação e Cultura,

Arte e Esporte, com Espiritualidade Ecumênica, para que haja Consciência Socioambiental, Alimentação, Segurança, Saúde e Trabalho para todos, na formação do Cidadão Planetário.

Nova Aliança com Deus

Renovemo-nos hoje em Cristo Jesus para que não venhamos a morrer na frustração ou no remorso. Por isso, proponho a vocês essa **aliança eterna com o Plano Invisível**, revigorando aquele **compromisso sagrado com Deus**, feito anteriormente por Abraão. **Façamos um Novo Renascimento com a Revolução Mundial dos Espíritos de Luz!** Ninguém morre, eles só não são vistos por enquanto, porque nossos sentidos ainda são muito pobres e pouco desenvolvidos. Mas eles estão de volta! E muitos de vocês os sentem na condução de suas vidas. Estreitemos ainda mais essa ponte do Céu Superior para a Terra. **A intuição**, já escrevi, **é a Inteligência de Deus em nós**.

Diz o Apocalipse (20:13) que o mar trará de volta os seus mortos. Assim ocorrerá nos dois Planos — na Terra e no Mundo Espiritual Superior —, mas não se refere à simples aparição de cadáveres ambulantes, porque **o que ressurge é a nossa parte eterna**, pois fomos criados à imagem e semelhança de Deus, em Espírito!

E o trabalho que vocês já estão realizando e irão cumprir ainda mais competentemente na Religião do

Amor Universal é uma lição que devemos aproveitar. Vieram maduros para proclamar ao mundo essa realidade. **Mostrem que a experiência social na Terra não chega a uma conclusão satisfatória, porque ainda ignora a realidade do Espírito.** Daí tantos partirem daqui desesperados, dizendo:

> — *Morro triste... Não vi a realização do ideal de paz, de conforto e de alimento para todos aqueles que a minha ideologia preconizava.*

Isso não acontecerá com os Cristãos do Novo Mandamento, Amigos de Jesus, porque seguem o que nos foi ensinado pelo Divino Mestre em Seu Santo Evangelho, segundo Mateus, 7:7:

> — *Pedi, e Deus vos dará; buscai, e achareis* [o Bem]*; batei, e a porta vos será aberta.*

Vocês estão começando a bater na porta certa: Jesus! E Ele certamente a abrirá e ceará conosco, como está evidenciada a Vontade Dele em Sua Igreja em Laodiceia[71]. E **a experiência social na Terra deixará então de viver afastada de Deus** — desses jogos

---

[71] **Apocalipse de Jesus, 3:20** — *"Eis que estou à porta e bato; se alguém ouvir a minha voz e abri-la para mim, entrarei em sua casa e cearei com ele, e ele, comigo".*

áridos, estéreis do individualismo, do consumismo, do egocentrismo, gerador de ambições desmedidas, mãe desnaturada da violência na Terra.

Os livros da Quarta Revelação — a Religião de Deus, do Cristo e do Espírito Santo — são cartas constitucionais da Política de Deus que envio para vocês, construtores de *"um Brasil melhor e de uma humanidade mais feliz"*. É administrar para a vitória! Mas é preciso oração e vigilância. Jamais caiamos na sedução dos encantos supérfluos e ilusórios, que são, ao mesmo tempo, sórdidos, perversos, maquiavélicos, corruptores, tal como modernas Jezabeis, que já estudamos em Tiatira.

UM TRATADO DA POLÍTICA DE DEUS

(Parte 4 — final)

Desde agora, nessa segunda fase da Operação Jesus, **um condão e cordão de luz espiritual passam a ligar, pela Vontade do Cristo, à Humanidade de Cima a serviço de Deus** — que um dia seremos — **a humanidade de baixo**, a carnal, em que nos encontramos neste instante.

Conforme escrevi à Juventude Legionária, em circular datada de 4 de dezembro de 1998 (sexta-feira), **a Política de Deus é o culto emancipador dos ideais, uma vez que lhes oferece a claridade irradiante do pensamento do Cristo, portadora de todas as soluções de que vem carecendo os indivíduos**. Menciono sempre desafios humanitários, pois a LBV é especialista nesse tema — alimentando, vestindo, educando, espiritualizando. Isso porque **a decifração dos problemas sociais, que esmagam povos inteiros, nasce do Espírito**, formado, reitero, à imagem e semelhança de Seu

Divino Criador. Ele é capaz de transformar pedra em pão; sarjeta em abrigo de um lar; frio em calor; analfabetismo em sabedoria; abandono em acolhimento; ódio em Amor; guerra em Paz; materialismo em Alta Espiritualidade...

O que são todos esses flagelos sociais? Não passam da ignorância dos Assuntos Sublimes que assola o planeta e da paganização dos sentidos.

Transformar em milhares de milhares e milhões de milhões esses pães está **mais no coração dos que administram do que em seus cérebros**. E esse é um desafio que tenho apresentado reiteradas vezes, ao propor a Economia da Solidariedade Espiritual e Humana, como Estratégia de Sobrevivência. Por isso, escrevi, ainda na década de 1960, que **o PBV surgiu para atender a uma exigência espiritual do povo brasileiro**.

De onde é que Jesus multiplicou aqueles alimentos? Não havia nenhuma padaria perto Dele! Não lançou nenhuma rede ao mar. Ele estava numa área desértica. **Tirou do Seu coração**, materializou do "ar". Cientistas alemães no final da Segunda Guerra Mundial queriam extrair combustível e tantas outras coisas do ar. Está lá nos livros de História. Por qual razão Jesus não poderia fazer? E pôde, ninguém O detém! Por quê?! Porque Ele é o Cristo Ecumênico, o Supremo Estadista deste orbe.

Perseverança e Fé Realizante

A prosperidade da LBV está em vocês. A Espiritualidade Ecumênica da Religião Divina está em vocês. Então, é para vocês que estou apelando, a fim de que, ao voltar, Jesus **encontre Fé Realizante na Terra.** Ele próprio pergunta:

> — ***Quando o Filho de Deus voltar, por acaso encontrará Fé na Terra?*** (Evangelho, segundo Lucas, 18:8).

Haverá, sim, entre os seres de Boa Vontade. De qual Religião? Não sei, não me interessa. **Religião é sentimento bom**, o restante, que não seja isso, é pregação do ódio. E o mundo vomitará um dia todo esse sentimento obtuso, e já vem regurgitando-o na violência constante, pois não há segurança em parte nenhuma. Advertia o saudoso Irmão Zarur:

> — ***Não há segurança fora de Deus.***

Juventude Ecumênica da Boa Vontade, a hora é essa! Jesus entrega a todos vocês a bandeira de vanguarda dos Assuntos Eternos com a Revolução Mundial dos Espíritos de Luz! Ergam-na no mais alto ponto da Fé Realizante de suas Almas bem formadas. **É por Jesus!** E por Ele valem a pena todos os sacrifícios.

Muito obrigado pela atenção e paciência de todos. Espero que essas despretensiosas palavras encontrem o solo fértil do coração de vocês e possam gerar bons frutos para nosso Senhor e Mestre Jesus!

Deus Está Presente!

Viva Jesus, o Cristo Ecumênico, o Divino Estadista, que já vem, em nossos corações para sempre!

ADENDO

Uma lição acerca de liderar sob a Proteção de Deus

Academia Jesus, o Cristo Ecumênico, o Divino Estadista *— Temos trazido sempre aqui documentos importantíssimos do escritor Paiva Netto, intitulados, pelo saudoso e veterano Legionário Victorino Baccari Sobrinho, de Epístolas de Boa Vontade. Uma dessas circulares, datada de 21 de fevereiro de 1993 (domingo), foi dirigida aos administradores, pregadores, Cristãos do Novo Mandamento e Juventude Legionária de todas as idades das Instituições da Boa Vontade, durante o 1º Seminário Crescimento com Qualidade Jesus.*

Mas o que seria essa ***Qualidade Jesus*** *nas Lides de Boa Vontade? O que tem a ver com a Carta do Mestre aos Seus seguidores de Tiatira? Leiamos o que escreveu* ***Paiva Netto****:*

Deus Está Presente!

1) Palavras de Confúcio:

> — *O grande homem de vontade firme e virtude não buscará viver à custa de prejudicar sua virtude. Há casos em que até sacrificará sua vida para preservar sua virtude intacta* (Analectos, 15:8).

2) São destes seres, mulheres e homens, que Jesus precisa para realizar o prometido ao toque da Sétima Trombeta, que começou a soar no dia 21 de outubro de 1989, com a inauguração do Templo das Duas Humanidades, o Templo da Boa Vontade, onde, não por coincidência, vocês se reúnem para realizar o histórico 1º Seminário Crescimento com Qualidade Jesus, das Instituições da Boa Vontade (IBVs).

3) O Sábio dos Milênios, atento à Sua Divina Obra de final de ciclo, observa a todos, ***"sonda rins e corações"*** — consoante adverte em Sua Carta à Igreja em Tiatira (Apocalipse, 2:23) —, e deseja que

a administração da Sua Casa, no Brasil e no mundo, torne-se **avançadíssima**, de modo a **corresponder**, nas coisas da Terra, **à Sua Origem no Espaço**.

4) Crescer com qualidade? Com certeza! E não podemos nos esquecer de que, na advertência eterna do saudoso e genial Fundador da Legião da Boa Vontade, Irmão Alziro Zarur, **o nosso padrão de qualidade é Jesus**! E sempre será!

5) Viemos à Terra trazer **algo novíssimo**. Por isso, é **urgente** racionalizar nossos serviços, para termos as mãos livres para realizar o trabalho do *"grande homem"* ou *"homem nobre"*, definido por Confúcio, que tem sido a inspiração do crescimento dos Tigres Asiáticos. Agora, é chegado o momento, portanto, de revestirmo-nos do espírito dos Leões de Judá: **fiéis seguidores de Jesus**.

6) Por quê? Porque o Espírito de Confúcio há de reconhecer esse *"grande homem"* em Jesus, que o mandara à Terra. E **o Cristo é o Leão de Judá** que surge das páginas do Apocalipse (5:5). A Alma do filósofo chinês reencarnada no Oriente lembrava-se palidamente do seu Mestre Divino.

7) O Grande Homem Jesus pede aos Seus grandes homens e grandes mulheres, Cristãos e Cristãs de Seu Novo Mandamento, que **multipliquem em *"poder e grande glória"*** (Evangelho, segundo

Mateus, 24:30) **a Sua Casa neste final de ciclo apocalíptico**.

8) Os Tempos nem mais são chegados, pois já começaram a se esvair. Daí esse incremento louco das ações de satanás "*et caterva*". É o desespero dos espíritos inferiores, que não se conseguem erguer do chamado alucinante da carne e já foram avisados de sua próxima partida para um orbe longínquo.

9) Usando linguagem bem popular, precisamos que seja **leve, ágil** a administração das Instituições da Boa Vontade, para que possamos — partindo firmemente para o mundo com a Religião de Deus, do Cristo e do Espírito Santo e a Política de Deus — **levar adiante o estandarte do Cristo**!

10) Quem já conhece os assuntos iniciáticos relativos ao destino futuro da humanidade sabe o que precisaremos enfrentar, de peito aberto, para levar às consciências dos povos a Política de Deus — a Política para o Espírito Eterno dos seres humanos —, que é, portanto, **totalmente espiritual**.

11) Ao Cristo já entreguei — conforme lhes disse —, a minha vida desde que me conheço como gente neste mundo, e naturalmente a minha "morte".

12) O azar da treva é que pretendo viver bastante, passar para o Outro Lado com idade muito avan-

çada, como é comum na minha família, materna e paterna.

13) Contudo, necessário se faz que **os grandes homens e grandes mulheres das IBVs lembrem-se sempre de que Jesus deseja que os filhos do Evangelho-Apocalipse sejam mais audazes, astuciosos no Bem do que costumam ser os filhos do mundanismo em se tratando do mal** (Boa Nova, segundo Lucas, 16:8).

14) Para encerrar, estes meus pensamentos: **Quem não é ousado no Bem é usado pelo mal.** E também: **Quando estamos realmente com Deus, até a adversidade torna-se o melhor momento para criar.**

15) A ampliação da Super Rede Boa Vontade de Comunicação surgiu em um momento desses de refrega. No mesmo dia em que, pegando à unha dificuldades que se abateram sobre nossas Obras — afinal, estamos no mundo, e que planeta cruel, diga-se de passagem —, me encontrava ao vivo pelo rádio e participei claramente ao povo a situação que precisaríamos superar, decorrente de avassaladora crise financeira no Brasil. Após descer do palco da histórica Super RBV, determinei que minha valorosa equipe se pusesse em campo para juntar novas emissoras para nossa rede, pensando em seu crescimento em tempo integral: 24 horas por dia.

Equipe Solidária Legionária, esse é o espírito de perseverança que quero ver em cada um de vocês, afinal **quem confia em Jesus não perde o seu tempo, porque Ele é o Grande Amigo que não abandona amigo no meio do caminho**. Eis aí, então, a Comunicação 100% Jesus, que vai revolucionar este país, elevando-o para o Cristo. **É a nossa missão maior na Terra.**

16) Que Deus a todos abençoe, valorosos Soldados do Cristo, que realizaram o maior Plantão de Assistência Espiritual da Religião Divina: o 1º Seminário das Instituições da Boa Vontade: Crescimento, mas com a **QUALIDADE JESUS!**

Viva Jesus em nossos corações para sempre!

Aquele que os ama,
Irmão Paiva

A IGREJA IMPENITENTE

(Parte 1)

Academia Jesus, o Cristo Ecumênico, o Divino Estadista *— O empolgante, no estudo que fazemos com Paiva Netto sobre a Missiva Espiritual endereçada por Jesus aos Seus seguidores em Tiatira, é a abrangência que o Presidente-Pregador da Religião do Terceiro Milênio concede ao tema. É notável como os eventos descritos no Antigo Testamento ainda ressoam nos dias atuais, especialmente em relação à Política e à Economia sem compaixão. Recordemos que Jezabel, com seu poder real e aproveitando-se da fragilidade de quem deveria governar, usurpou e corrompeu a liderança e a conduta ética. Imaginemos, então, a catástrofe que ela provocou nos costumes religiosos...*

Retomando o estudo dessa importante Igreja, chegamos aos versículos 21 e 22 do capítulo 2 do Apocalipse, que estão unidos aqui, pois tratam da impenitência daquele povo. Veremos, na explicação de ***Paiva Netto****, que o prazo oferecido pelo Mestre para uma mudança* *de comportamento se esvai. Jesus, então, anuncia que em breve a implacável foice da Justiça Divina recairá sobre os malfeitos de Jezabel e de todos os que se macularam com ela:*

> [21] *Dei-lhe tempo para que fizesse penitência; ela, contudo, não quer arrepender-se da sua prostituição.*
> [22] *Eu a reduzirei a doente em cima de uma cama, e aqueles que adulteram com ela se verão em grandíssima tribulação, se não fizerem penitência das suas más obras.*

Aqui está expressa a razão pela qual denomino a comunidade cristã em Tiatira como a Igreja impenitente. Até para essa figura simbólica chamada Jezabel a Justiça Divina se manifesta por meio de um **tempo concedido para o arrependimento**. Ela recebeu esse nome, porque sua conduta iníqua se assemelhava à da esposa de Acab, ensinando, entre outras coisas, falsos preceitos espirituais e levando muitos a cometerem fornicação e idolatria. Contudo, ela — e todos os que assim se comportavam — preferiu empedernidamente permanecer na maldade.

É forçoso repetir que **muito homem é também Jezabel**, dado que prejudica multidões inteiras, mantendo-as na fome material e espiritual. Esse ponto nos permite explicar novamente que a referência à prostituição e ao adultério não é somente com relação ao campo sexual.

Sempre respeitaremos a sagrada criatura humana. Por isso, costumamos nos dirigir aos que comercializam o próprio corpo chamando-os de Irmãs e Irmãos! Mas não nos furtamos a ponderar o seguinte: não se pode alcançar o real contentamento da existência sendo tratado como um objeto, mesmo que seja bela ou belo; rica ou rico. Ainda que alguns forcem a barra dizendo que não, todos queremos ser amparados por corações que se preocupem conosco, de verdade, sem interesses outros.

Não somos um saco de dejetos fisiológicos; possuímos Espírito. E não há como satisfazê-lo, se não for pelas riquezas da Alma, pelo alimento espiritual. E o primeiro desses valores eternos é o Amor Fraterno, de que carecemos. Quem não precisa ser amada ou amado neste mundo? Todos sentimos esse anseio universal. Quem disser que não, ou está mentindo, ou está doente — o que, no fim das contas, é a mesma coisa. **O maior sofrimento é a ausência de Amor.**

O amplo significado das transgressões de Jezabel

O sentido dos termos é mais amplo, porque se trata também da prostituição e do adultério do conhecimento, da crença, da fé, da fidelidade, da confiança, do ânimo e assim por diante. E quem persegue gerações ou grupos étnicos? E os que roubam países inteiros? E aqueles que violam as leis para fazê-las servir a interesses mesquinhos? E quem prega o ódio e o fanatismo? O que são todas essas questões se não adulterar a vida, usando-a mal? Portanto, não é só "aquilo" que você está pensando, não.

No sentido profético, prostituir-se ou cometer adultério abrange todos os atos perpetrados em prejuízo do semelhante, de si próprio ou de si mesma. Isso se traduz igualmente, em manter o Espírito na ignorância, pois o que pode ser pior do que condicionar o povo ao obscurantismo das letras eternas? Na visão desses corruptores, quanto mais na penumbra estiver, melhor, porque mais cativo se torna. Isso é prostituir as massas, prendendo-as às enfermidades sociais e ludibriando-as com as alienações espetaculares do mundanismo, como faziam os antigos romanos: *panem et circenses*. E cada vez mais circo e menos pão. Por óbvio, ocorre também a distração na prostituição da carne e do adultério. Mas **a todos Jesus dá tempo e oportunidade de se arrependerem**. Aliás, Ele espera de nós **decidida atitude no Bem**.

O vômito das nações

As nações estão ficando com seus estômagos cheios de "coisas prostituídas" e, um dia, inevitavelmente, as vomitarão. Pela falta de arrependimento daqueles que cometeram os maus atos contra elas, há sempre o perigo de uma guerra eclodir, com multidões empurradas como gado para o curral da morte.

A História está repleta de exemplos. Olhem a Revolução Francesa, cujos atos de desespero das massas ficaram eternizados na sangrenta letra de *A Marselhesa*[72], cuja melodia, por sinal, é linda. Contudo, não me refiro apenas às guerras das armas, mas também à da violência que se espalha, à da comida envenenada por agrotóxicos sem fiscalização adequada e tantas outras coisas, porque o espírito geral é bélico. Quando pensávamos estar suplantando o racismo e tantos outros perniciosos "ismos", eis que eles ressurgem... Afinal, quem os propaga continua não querendo fazer penitência. **Mas o basta vem!** E Quem o anuncia é Jesus, o Supremo Dirigente deste orbe.

---

[72] ***A Marselhesa*** — Composta em 1792, esta canção bélica surgiu para encorajar as tropas francesas na guerra contra a Áustria. Tornou-se um hino da Revolução Francesa e, posteriormente, da França.

A IGREJA IMPENITENTE

(Parte 2 — final)

Fé e Esperança em tempos melhores

Ao apresentar as explicações acerca do Último Livro da Bíblia Sagrada, não quero com isso aterrorizar ninguém. Apenas busco analisar fatos proféticos em relação aos acontecimentos humanos, em Espírito e Verdade, à luz do Novo Mandamento do Cristo. Já repararam quanto se aumentam os arsenais dos exércitos do mundo? O período da Guerra Fria acabou, todavia a impressão é de que estão se preparando para uma guerra quente[73]. Mas em **nada isso esmorece minha Fé em tempos melhores**, porque sou um homem que acredita na vida.

---

[73] **Nota da Academia Jesus, o Cristo Ecumênico, o Divino Estadista**

Guerra quente — Não é o que vimos ocorrer no mundo desde essa pregação de Paiva Netto, que remonta o ano de 1991? Estamos em pleno abandono de tratados, e o que era Guerra Fria está se aquecendo de maneira voluptuosa no planeta. Países que haviam reduzido ao mínimo gastos com armamentos estão correndo para aumentar seus arsenais.

Afinal de contas, erguemos o Templo da Boa Vontade e tantas obras que dignificam o ser humano e seu Espírito Eterno. Precisamos acreditar no futuro, pois o que venho repetindo nas minhas pregações fraternas? **Aprender o Apocalipse sem terror é ligar a tomada do terceiro milênio aos Sagrados Ensinamentos de Jesus, que são a Esperança da humanidade.** Porém, sem se esquecer de que é um período que possui mil anos...

Toda vez que entra um ano, brada-se com otimismo:

— *Ano-novo, ano-bom!*

Entretanto, sempre complemento: **isso depende de nós!** O mesmo deve se aplicar em uma mudança de século e de milênio:

— *Século novo, século bom! Milênio novo, milênio bom!*

Tudo depende de nós também! Se os nossos olhos não forem trevas, ah!, virá **grande luminosidade para todo o mundo**! E é isso que queremos materializar com nossos bons atos!

Apocalipse: causa e efeito

Compreendem o motivo de sempre enfatizarmos que **o Apocalipse não é um livro de destruição**? Ele apenas apresenta o **resultado do uso do nosso livre-arbítrio**. É Lei de Causa e Efeito pura. **A Justiça Divina opera em outra esfera de análise dos fatos**, muito acima da falibilíssima compreensão humana. É só relembrarmos a repreensão de Jesus a Tiago e João, quando quiseram propor invocar fogo do céu sobre o povoado da Samaria, que se negou a hospedar o Divino Mestre, só pelo fato de seguirem para Jerusalém:

> 54 *Vendo isto, os Discípulos Tiago e João perguntaram: Mestre, queres que mandemos descer fogo do céu para os consumir, como fez Elias?*
> 55 *Jesus, porém, voltando-se os repreendeu e disse: **Vós não sabeis de que Espírito sois**.*
> 56 *Pois **o Filho de Deus não veio para destruir as Almas dos homens, mas para salvá-las**. E seguiram para outra aldeia.*
> (Evangelho, segundo Lucas, 9:54 a 56)

Mesmo a Jezabel (no sentido amplo do nome), Jesus deu tempo para que fizesse penitência, porque **as Leis de Deus são de Misericórdia**. O Divino Amigo da humanidade não roga praga, apenas alerta:

> — *Olha, se ficarem praticando essas coisas, isso não acabará bem. Serão todos tragados pela Lei Universal que rege tudo isso.*

E é o que ocorrerá, de fato, se as Jezabeis do mundo não se arrependerem da sua prostituição na Religião, na Ciência, na Política, na Filosofia, na Economia, na Arte, no Esporte e assim por diante. Portanto, o Apocalipse não é mau ou age com vingança, ele fraternalmente revela o que vai acontecer:

> [22] *Eu a reduzirei a doente em cima de uma cama, e aqueles que adulteram com ela se verão em grandíssima tribulação, se não fizerem penitência das suas más obras* (Revelação, 2:22).

Claro! Praticou atos que enfermam o corpo e a sociedade. Quereria ela qual destino? Se um organismo está com algumas células combalidas e não forem tomadas providências para recuperá-las ou até mesmo removê-las cirurgicamente, toda a estrutura física ficará em chagas. O mesmo ocorre no campo espiritual, social e humano. O Médico Celeste precisa agir com destreza inigualável para evitar a infecção nas células saudáveis, porque não quer ver todo o orbe em perigo.

O planeta não é lugar de bagunça

Reafirmo: **o mundo não vai acabar**, como alguns propagam, nem sempre bem-intencionados. Afinal, o que seria mais lógico? Se uma pessoa chegasse à sua casa e promovesse a maior baderna, você, para resolver esse problema, destruiria a sua residência? Não seria mais proveitoso convidar aquele hóspede indesejado a se retirar?

Jesus oferece infinitas possibilidades de redenção a todos os habitantes do planeta, essa morada maravilhosa que Ele preparou para nos acolher e ensinar a conviver fraternalmente. Cada um, curando suas próprias mazelas na vivência do altruísmo para com o próximo, terá o ensejo de trajar as vestiduras brancas, feitas de *"linho finíssimo, resplandecente e puro"* (Apocalipse, 19:8). Para aqueles que não desejam seguir tais ditames, as opções ficam restritas a caminhos penosos, que poderiam ser evitados.

Tenham em mente que **a tribulação vem e será duríssima** para quem não fizer penitência das suas más obras e preferir se desviar com as Jezabeis da vida, sem a intenção de se corrigir. E reparem como o Sábio dos Milênios é justíssimo:

> 24 *Digo, todavia, a vós outros, os demais de Tiatira, a tantos quantos não têm essa doutrina e que não conheceram, como eles dizem, as profundezas de satanás:* ***Outra carga não jogarei sobre vós;***
> 25 ***mas guardai bem o que tendes, até que Eu volte.***
>
> (Apocalipse, 2:24 e 25)

E é o que procuramos fazer na Religião de Deus, do Cristo e do Espírito Santo, **cumprindo suas mais elevadas finalidades**.

Caminho novo para a humanidade

Minhas Amigas e meus Irmãos, minhas Irmãs e meus Amigos, há **um caminho novo aberto pelo Cristo**, que não surgiu na Terra para ficar aprisionado às paredes de um templo, por mais brilhante, puro e notável que seja, porque **Jesus é a Religião da Vida** — conforme escrevi ainda na década de 1980 —, **vida diária com seus desafios e amarguras**. **Com Ele**, passo a passo, **poderemos suplantar as dores do mundo**. **Jesus não é uma figura de retórica. É realidade palpável**, divinamente influenciando cérebro e coração humanos. Seguir pela estrada disposta pelo Divino Mestre é **o roteiro seguro para alcançar a Verdadeira Liberdade**, revelada por Ele ao nos ordenar:

> — *Amai-vos como Eu vos amei. Somente assim podereis ser reconhecidos como meus discípulos. (...) Não há maior Amor do que doar a própria vida pelos seus amigos* (Evangelho, segundo João, 13:34 e 35; e 15:13).

Equivocam-se aqueles que pensam que Liberdade é sair por aí fazendo só o que lhes interessa e os outros que se danem. Não! Existem regras para um bom convívio social. Por exemplo, quando se invade o espaço alheio, o limite dessa liberdade é quebrado. Muitos também argumentam que **a Democracia** é meramente *"pro domo sua"*, ou seja, em causa própria. Por isso, (há quantos anos, meu Deus!) proclamo ser ela **o regime da responsabilidade**.

Alguns pensam:

> — *Democracia sim, mas só se estivermos passando muito bem...*

Isso é a mais completa e sórdida perpetuação de privilégios. Estes, afetados em seu comodismo, costumam esbravejar muitas vezes:

> — *Ah, mas é um Deus que pune... Ele é arbitrário... Não sei mais o que...*

Quer dizer, caem de pau em Deus, esquecidos de que se existem é porque há um Criador que estabeleceu a vivência solidária para as Suas criaturas. E, cá para nós, em que mundo habitam?! Por favor, joguem fora a "peneira de tapar luz", porque o Sol continuará a romper essa hipocrisia. Vejamos: mesmo que esses personagens gozadores e aproveitadores caíssem de paraquedas em um paraíso[74] — onde todos fossem perfeitos e soubessem integralmente respeitar os Mandamentos de Deus —, o primeiro preceito que quebrariam seria o "*não matarás*", dadas as sangrentas páginas da História.

E naturalmente o Supremo Legislador estabeleceu Sua *Lex Universalis* para inspirar ordem e para que a coexistência não transcorresse fora de uma conduta fraternal — basta olharmos a impecável organização do caos no Universo. Portanto, precisamos estudar continuamente essas Normas Celestiais para assimilá-las e, quiçá, reconstruir os estatutos terrenos, traduzindo neles o Códex Divino.

[74] Leia mais sobre o assunto no capítulo "Poderiam as almas injustas invadir o Céu?", constante da obra *Os mortos não morrem* (2018), de Paiva Netto. Adquira o seu exemplar pelo *site* www.PaivaNetto.com/livros.

A INFALÍVEL LEI DAS OBRAS

[23] Eu ferirei de morte os seus filhos, e todas as Igrejas conhecerão que Eu sou Aquele que sonda rins e corações, e retribuirei a cada um segundo as suas obras.
(Apocalipse, 2:23)

Observaram bem? **Jesus retribuirá a cada um segundo as suas obras.** Por isso, temos a todo momento destacado o valor da Fé somado ao das Boas Obras. Na Religião de Deus, do Cristo e do Espírito Santo, unimos essas duas vertentes e as proclamamos sob o nome de **Fé Realizante**.

O que adianta você ter Fé se não faz nada pelo seu semelhante? Leiamos o que o Pastor Zeloso disse em Seu Santo Evangelho, segundo Mateus, 25:31 a 46, sobre o que ocorrerá no Dia do Grande Julgamento da humanidade:

Juízo Final

[31] Quando voltar o Filho de Deus na Sua majestade, e todos os Anjos com Ele, então sentará no trono da Sua glória.

32 *Todas as nações serão reunidas na Sua presença,
para Ele separar uns dos outros, como o pastor separa
dos cabritos as ovelhas;*
33 *porá as ovelhas à Sua direita, mas os cabritos, à
esquerda.*

(Naturalmente, não se trata de esquerda ou direita política.)

34 *Então, dirá o Rei aos que estiverem à Sua di-
reita: — **Vinde, benditos de meu Pai! Entrai na
posse do reino que vos está preparado desde a
criação do mundo**.*
35 *Porque **tive fome, e me destes de comer; tive
sede, e me destes de beber; era forasteiro, e me
hospedastes**;*
36 ***estava nu, e me vestistes; enfermo, e me visi-
tastes; preso, e me fostes ver**.*
37 *Então, os justos hão de perguntar: — Senhor,
quando foi que Te vimos com fome e Te demos de
comer? Ou com sede e Te demos de beber?*
38 *E quando Te vimos forasteiro e Te hospedamos?
Ou nu e Te vestimos?*
39 *E quando Te vimos enfermo ou preso e Te fomos
visitar?*
40 *O Rei, respondendo, lhes dirá: — Em verdade,
em verdade vos digo que, **sempre que o fizestes a***

***um destes meus pequeninos Irmãos, vós o fizes-
tes a mim mesmo***.
41 *Então, o Rei dirá também aos que estiverem à
Sua esquerda: — Apartai-vos de mim, malditos,
para o fogo eterno, preparado para satanás e seus an-
jos!*
42 *Porque tive fome, e não me destes de comer; tive
sede, e não me destes de beber;*
43 *sendo forasteiro, não me hospedastes; estando nu,
não me vestistes; enfermo e preso, e não me fostes ver.*
44 *E eles Lhe perguntarão: — Senhor, quando foi
que Te vimos com fome, e com sede, e forasteiro, e nu,
e enfermo ou preso e não Te assistimos?*
45 *Então, o Rei lhes dirá: — Em verdade, em ver-
dade vos digo que,* ***sempre que o deixastes de fazer
a um destes pequeninos, a mim mesmo é que o
deixastes de fazer***.
46 *E irão estes para o castigo eterno, mas os justos
para a Vida Eterna.*

Fica muito evidente a necessidade de se **justificar a Fé com as Boas Obras**, do contrário não teremos uma Sociedade Solidária Altruística Ecumênica. Por isso, os Cristãos do Novo Mandamento, Amigos de Jesus, devem **alicerçar suas convicções inabaláveis no Divino Mestre**, bem como **fundamentar sua fraterna pregação nas Boas Realizações, que dão sustento à Fé e às**

palavras. Há tanto tempo disse: **o maior discurso de um ser humano são suas obras**.

Jesus é maior do que Paulo

Tiago Apóstolo

Portanto, é como dizia Tiago Apóstolo, em sua Epístola Universal, 2:26:

> [26] *Porque, assim como o corpo sem o Espírito está morto, assim também* ***a fé sem obras é morta.***

Fé sem realizações é o fim da sociedade, porque aí passa a ser fé ególatra. A crença em Deus, no Cristo e no Espírito Santo traduz-se na **grande responsabilidade pela transformação de todo o mundo**. Costumo dizer que **a reforma do social tem que vir pelo espiritual,** porque, antes de tudo, somos Espírito.

Há, porém, quem argumente, firmado em Paulo Apóstolo, que a salvação vem unicamente pela Fé. Entretanto, é necessário lembrar o que também registrou o Apóstolo dos Gentios, que — ao se tornar um seguidor de Jesus, após a conversão na estrada de Damasco — fez questão de mudar seu nome para uma palavra que significa "pequeno", pois reconheceu a dimensão incomparável do Cristo de Deus. Ele, então, escreveu em sua Segunda Carta aos Coríntios, 5:10:

> — *Todos devemos comparecer ante o tribunal do Cristo, para que* ***cada um receba segundo o que tiver feito*** *por meio do corpo, ou bem ou mal.*

Paulo ressalta ainda **as três virtudes teologais: Fé, Esperança e Caridade**. A mais importante delas, destaca, ***"é a Caridade"*** (Primeira Epístola aos Coríntios, 13:13). Logo, concluo, **sustenta as demais**.

Nitidamente, ele próprio compreendeu a Lei das Obras ensinada insistentemente pelo Divino Mestre em Seu Evangelho-Apocalipse.

ADENDO

Dia Mundial do Rim

Academia Jesus, o Cristo Ecumênico, o Divino Estadista *— No jornal* A Tribuna Regional, *de Santo Ângelo/RS, edição de 14 de março de 2014, fomos buscar trechos de artigo do jornalista Paiva Netto dedicado ao "Dia Mundial do Rim". Ocorrida durante o mês de março, a data visa prevenir a Doença Renal Crônica (DRC). A iniciativa fornece informações sobre a importância do diagnóstico precoce e quanto aos cuidados com os fatores de risco, entre eles a hipertensão arterial, o diabetes* mellitus, *a obesidade, o tabagismo e a presença de histórico familiar de doença renal. Dei-*

xaremos aqui o link *do* blog *Paiva Netto*[75] *para que você possa acessar a página na íntegra. Mas já gostaríamos de destacar interessante correlação que o autor fez com o versículo 23 do capítulo 2 do Apocalipse.*

Escreveu ***Paiva Netto****:*

Os rins devem ser muito bem-tratados. Do seu bom funcionamento depende a saúde geral do organismo. Ao filtrar o sangue, tirando-lhe as impurezas, torna-se um parceiro indispensável do coração que, por sua vez, faz o fluido vital circular pelo corpo. Não é por acaso que esses dois órgãos estão destacadamente mencionados nas Escrituras Sagradas.

No Apocalipse de Jesus, 2:23, temos a famosa passagem em que o Médico Celeste declara: *"Todas as Igrejas conhecerão que Eu sou Aquele que sonda* ***rins e corações****. E retribuirei a cada um segundo as suas obras"*. Ele conhece bem o nosso íntimo e os processos com que nos intoxicamos e desintoxicamos, porque os rins (como de certo modo o fígado) são os filtros do corpo. Espiritualmente falando, ocorre o mesmo.

É possível observar que o Cristo Ecumênico, o Divino Estadista, nos avalia de acordo com o que produzimos, de bom ou de mau, resultante de nossas **emoções** e **pensamentos**. Contudo, fica suben-

[75] www.PaivaNetto.com/pt/saude/dia-mundial-do-rim

tendido ainda que a qualidade da saúde será um reflexo do tratamento dado a essa admirável engenharia fisiológica (corpo humano) que serve ao Espírito de instrumento para evolução na Terra.

Os Cristãos do Novo Mandamento, Amigos de Jesus, devem alicerçar suas convicções inabaláveis no Divino Mestre, bem como fundamentar sua fraterna pregação nas Boas Realizações, que dão sustento à Fé e às palavras. Há tanto tempo disse: o maior discurso de um ser humano são suas obras.

DEUS NÃO SE DEIXA ENGANAR

Prosseguindo com o tema tratado no capítulo anterior, leiamos essa passagem contida no livro do Profeta Jó, 34:10 e 11, que se encontra — vejam bem — no Antigo Testamento da Bíblia Sagrada, na qual muita gente se apoia para querer enaltecer apenas a Fé. Nestes versos, temos um trecho do discurso de Eliú para seu amigo Jó, que vivenciava enorme desventura. Já o trouxemos anteriormente no estudo de outras Igrejas, mas é preciso reforçá-lo aqui:

> *— Pelo que vós, homens sensatos, escutai-me: longe de Deus o praticar Ele a perversidade, e do Todo-Poderoso o cometer injustiça. Pois* ***retribui ao homem segundo as suas obras*** *e faz que a cada um toque segundo o seu caminho.*

Minhas Irmãs e meus Irmãos, diante disso, seremos pesados e medidos não pelo que os outros pensarem, disserem ou fizerem contra nós. Porquanto, usando uma linguagem bem popular, já que falo aos Simples de Coração, Deus e Jesus não se deixam engravidar pelos ouvidos. E isso está muito bem acentuado no versículo 23, que estamos estudando, quando encontramos:

> — *(...) todas as Igrejas conhecerão que* ***Eu sou Aquele que sonda rins e corações*** *(...).*
>
> Jesus (Apocalipse, 2:23)

Como alguém em sã consciência tem a audácia de pensar ludibriar a Mãe-Pai Celestial e Seu Filho Unigênito? Jesus tem *"olhos como chama de fogo"* e *"sonda rins e corações"*, ou seja, **conhece o nosso íntimo, o nosso sentimento, nosso pensamento mais secreto**. Ele sabe quem realmente somos e alcança a **profundidade das nossas Almas**. Nada passa despercebido à visão espiritual segura, portentosa e perquiridora do Cristo de Deus. Portanto, só Ele pode mostrar à humanidade sua formosura ou deixá-la com suas vergonhas expostas, pois o ser humano prestará contas de cada ato que tiver praticado — seja ele bom ou ruim.

Por essa razão, compartilho um pequeno conselho com vocês: não temam calúnias, nem se envaideçam por elogios fartos, nem sempre sinceros — e, às vezes, quanto mais abundantes, menos honestos. Eles não vão fazer você se desenvolver, meu Irmão, ou você progredir, minha Irmã, nem decair. É claro que aquilo que é correto e bem-feito merece o aplauso, todavia não nos tornemos arrogantes nem nos atemorizemos.

O saudoso Fundador desta Casa, Alziro Zarur, ensinava que ninguém, nem enaltecimentos, nem ataques fazem quem quer que seja crescer ou diminuir. **Somos o que somos e temos de ser muito mais, para constantemente melhorar, melhorar, melhorar e evoluir.**

Amar com o Amor de Jesus

O Apocalipse é uma coisa maravilhosa, ele nos dá uma força tremenda. Quanta gente o escuta e nos escreve narrando as transformações que ocorrem em suas vidas a partir da Palavra de Deus, do Cristo e do Espírito Santo. São verdadeiros testemunhos do Poder da Fé Realizante.

Certa vez, estive no Cemitério do Caju, no Rio de Janeiro/RJ, visitando o túmulo do nosso ínclito Irmão Dr. Adolfo Bezerra de Menezes Cavalcanti (1831-1900). Fui fazer uma visita de saudade, embora soubesse que o Espírito dele não estava ali. Aproveitando que me encontrava na região, quis ver aquela homenagem que se dedica aos seus restos mortais, inscrita em sua lápide, citando algumas de suas gran-

Dr. Bezerra de Menezes

des obras literárias. E, bem próximo dali, estava o jazigo do "príncipe do Simbolismo", Cruz e Sousa (1862-1898). Nele, estão gravados estes versos, de seu poema "Triunfo Supremo":

(...) e entre raios, pedradas e metralhas,
ficou gemendo, mas ficou sonhando!

É assim que temos que ser, **sem fugir jamais das dificuldades e vencê-las**, porque, repito, **é a Misericórdia de Jesus que nos sustenta**. Não adianta lamentar, olhemos para a frente, fitando o prêmio do trabalho bem-feito que o Divino Pegureiro a todos promete. Logo, não há espaço para se temer ninguém, nem sequer transferir a culpa aos outros, porque Jesus a tudo vê. Acabamos de estudar como o Psicólogo Celeste nos analisa até as partículas subatômicas de nosso corpo, de nossa Alma. O Cristo está afirmando exaustivamente, ao longo de toda a Bíblia Sagrada, que dará a cada um de acordo com as suas obras. Então, o que vale mais: a Promessa de Jesus ou a ação de "inimigos"?

O povo responde: *A Promessa de Jesus!*

Escrevo a palavra "inimigos" entre aspas, porque precisamos superar essa noção errônea acerca de Irmãos nossos em humanidade, mesmo que haja desavenças profundas, obedecendo a Jesus que mandou que nos amássemos uns aos outros da mesma forma que Ele nos amou e tem amado (Evangelho, segundo João, 13:34). Nosso **Sublime Parâmetro**, mesmo antes do Seu suplício derradeiro, deve ser a vitória do Divino Crucificado sobre o ódio e a ingratidão. Suas últimas palavras foram:

> — *Pai, perdoa-lhes, porque não sabem o que fazem* (Boa Nova, segundo Lucas, 23:34).

Nossa postura diante das perseguições, das incompreensões sofridas, da raiva alheia precisa espelhar a do Cristo. Portanto, **devemos orar por essas Almas em dor e amar com o Amor de Jesus**. E seguir adiante trabalhando pela expansão do Bem no planeta. Afinal, **só se combate a ignorância espiritual dos seres humanos semeando a Verdade de Deus**.

Mas alto lá. Enfatizo sempre esta advertência do Irmão Zarur:

> — *Perdoar é transferir o julgamento à Lei de Deus. Mas o Pai não proíbe que Seus Filhos se defendam dos maus.*

Viram a mudança que ocorre quando compreendemos que o Sapientíssimo Senhor *"sonda rins e corações"*?! Isso exige de todos nós uma postura nova ante os infortúnios.

Sigamos Jesus!

O REINO DO MAL TERÁ SEU FIM

(Parte 1)

Estamos neste estudo fraterno da Carta de Jesus à Igreja em Tiatira, na qual Ele está direcionando severo alerta aos seguidores sobre uma personagem chamada simbolicamente de Jezabel. Ela recebeu o mesmo nome daquela mulher terrível que se casou com Acab, então rei de Israel, e arrastava o povo à prostituição espiritual. Quer dizer, a se desviar de suas próprias crenças para adorar o deus Baal e erguer um poste sagrado com formato fálico — imaginem vocês! Aquela rainha terrível mandou perseguir os profetas, pois queria substituir a Fé no Deus único por um ídolo de pés de barro.

Jesus, porém, que tem *"olhos como chama de fogo"* e *"sonda rins e corações"*, sabe separar o joio do trigo, isto é, discernir entre quem se mantém fiel aos Seus ensinamentos, se arrepende dos seus enganos e quem permanece impenitente na maldade incentivada por

Jezabel. Ele ainda demonstra que essa iniquidade não terá vida longa:

> [23] ***Eu ferirei de morte os seus filhos***, *e todas as Igrejas conhecerão que Eu sou Aquele que sonda rins e corações, e retribuirei a cada um segundo as suas obras* (Apocalipse, 2:23).

Jesus não vai permitir que a maldade se prolongue, pois ferirá de morte os maus frutos espirituais e materiais gerados (filhos) por essa prostituição máxima de todo o sentimento e de toda a ação humana. Aqui não se refere somente aos descendentes carnais de Jezabel e de Acab, que logo faleceram na época do Antigo Testamento, interrompendo a influência maléfica daquelas práticas distorcidas — como veremos a seguir. Todavia, abrange todos aqueles que, na Terra e no Céu, se envolveram em adultério com as más ideias idólatras que ela disseminou no seio do povo hebreu. Portanto, conforme temos visto nas demais Igrejas da Ásia, **o reino da maldade e da dor encontrará sua hora marcada para acabar, porque a Lei de Deus é infalível**.

Elias profetiza contra Acab e Jezabel

Deus é tão misericordioso que fez chegar ao conhecimento de Jezabel e de Acab o prenúncio do fim trágico das perversidades praticadas por eles, valendo-se da legítima mediunidade do Profeta Elias. Atenção aos paralelos entre os versículos de 21 a 23 do capítulo 2 do Apocalipse de Jesus e o que está relatado a seguir nos livros de Reis.

Lembremos o caso de Nabote, que não aceitou a proposta de Acab para entregar sua vinha, nem mesmo por dinheiro. Jezabel, em resposta, urdiu uma cilada malévola contra o jezreelita, levando ao injusto apedrejamento que culminou com sua morte. Pelos mecanismos espirituais, era necessário dar um basta nisso.

Por causa desse desrespeito extremo à Justiça, Deus (quer dizer, a Lei) decretou a ruína da casa de Acab e de toda a sua linhagem, em um único golpe devastador. De fato, ninguém se igualou a Acab em desvirtuamento. Ele se vendeu para praticar o que é mau aos olhos do Senhor, instigado por Jezabel, sua esposa. Eis o Julgamento Divino e a sentença proferida contra eles:

> 17 *Então, o Senhor dirigiu a Sua palavra a Elias, o tesbita, dizendo:*
>
> 18 *Levanta-te e sai ao encontro de Acab, rei de Israel, que está em Samaria; ele vai à vinha de Nabote, para tomar posse dela.*
>
> 19 *Tu lhe falarás assim: Eis o que diz o Senhor: Mataste-o e, ainda por cima, tomas agora posse da herança* [ou seja, da vinha do assassinado]*? Depois acrescentarás: Isto diz o Senhor:* ***Neste lugar, em***

que os cães lamberam o sangue de Nabote, lamberão eles também o teu sangue.
20 Perguntou Acab a Elias: Porventura me tens por teu inimigo para que assim profetizes contra mim? Respondeu-lhe Elias: Sim, tenho-te por tal, porque te vendeste, para fazeres o mal aos olhos do Senhor.
21 Eis que farei o mal cair sobre ti, ***arrancarei a tua posteridade e exterminarei da família de Acab****, em Israel, todo o varão, quer escravo quer livre.*
22 Farei a tua casa como a casa de Jeroboão, filho de Nabat, e como a casa de Baasa, filho de Ala, porque procedeste de modo que me provocaste à ira e fizeste pecar Israel.
23 Também de Jezabel falou o Senhor: ***Os cães devorarão Jezabel dentro dos muros de Jezreel.***
24 Quem morrer da casa de Acab na cidade, os cães o comerão, e quem morrer no campo, as aves do céu o comerão.
25 ***Não houve outro semelhante a Acab, que se vendeu para fazer o mal aos olhos do Senhor, porque Jezabel, sua mulher, o incitou.***
26 Ele se tornou tão abominável, que seguia os ídolos dos amorreus, que o Senhor tinha exterminado da face dos filhos de Israel.

(1 Reis, 21:17 a 26)

O arrependimento de Acab

O Profeta Elias não tinha peias na língua nem medo de dizer a verdade aos poderosos. E ele profetizou o que aconteceria àquela mulher terrível, perversa, conhecida como "a mulher do diabo"; e a seu marido.

Diante da gravidade de acontecimentos que lhe foram anunciados, o rei Acab, mesmo sendo um canalha, demonstrou imediato arrependimento:

> [27] *Tendo Acab ouvido estas palavras, rasgou as suas vestes, cobriu o seu corpo de pano de saco e jejuou; dormia em panos de saco e andava cabisbaixo.*
> [28] *Então, veio a palavra do Senhor a Elias, o tesbita, dizendo:*
> [29] *Não viste que Acab se humilha perante mim? Portanto, visto que se humilha perante mim,* ***não trarei este mal nos seus dias, mas nos dias de seu filho o trarei sobre a sua casa****.*

Novamente, fica explícito que **as Leis Divinas não visam à perdição de ninguém**, mas sim **à salvação de todos**. Acab, caindo em si, manifesta sua penitência ao rasgar suas próprias vestes e cobrir-se de pano de saco, implorando o perdão de Deus. Por causa da humildade apresentada pelo rei, que era um criminoso, ele conseguiu abrandar aquele decreto da Justiça Perfeita para si, enquanto o peso maior recaiu sobre Jezabel e seus filhos, que continuaram pérfidos.

A todos são oferecidos o tempo e a oportunidade de redenção. A Lei das Vidas Sucessivas evidencia isso. No entanto, **o livre-arbítrio é inviolável**, e as consequências correspondentes aos atos praticados — bons ou ruins — são inevitáveis. Por isso, Jezabel e seus filhos terão um desfecho fatídico.

Jesus oferece infinitas possibilidades de redenção a todos os habitantes do planeta, essa morada maravilhosa que Ele preparou para nos acolher e ensinar a conviver fraternalmente. Cada um, curando suas próprias mazelas na vivência do altruísmo para com o próximo, terá o ensejo de trajar as vestiduras brancas, feitas de *"linho finíssimo, resplandecente e puro"* (Apocalipse, 19:8). Para aqueles que não desejam seguir tais ditames, as opções ficam restritas a caminhos penosos, que poderiam ser evitados.

A morte de Jezabel, por Gustave Doré (1832-1883).

O REINO DO MAL TERÁ SEU FIM

(Parte 2 — final)

A morte de Jezabel e de seus filhos

No decorrer do tempo, Acab faleceu, e seu sangue foi lambido por cães (1 Reis, 22:38), conforme a Profecia. Ele foi sucedido por seu filho com Jezabel, Acazias, que governou por dois anos, ainda sob a má influência da mãe degenerada e enfrentando o incansável combate de Elias:

> 53 *Fez o que era mau perante o Senhor; porque andou nos caminhos de seu pai, como também nos caminhos de sua mãe e nos caminhos de Jeroboão, filho de Nabat, que fez pecar a Israel.*
>
> 54 *Ele serviu a Baal, e o adorou, e provocou a ira do Senhor, Deus de Israel, segundo tudo quanto fizera seu pai* (1 Reis, 22:53 e 54).

Conforme foi anunciado pelo Profeta, Acazias adoeceu e não mais se recuperou, vindo a perecer. Em seguida, passou a reinar Jorão, segundo filho de Jezabel, que governou — também sob o jugo da perversidade da genitora — pelos próximos doze anos, até que a dinastia de Acab finalmente chegasse a termo.

Durante os reinados desses filhos, podemos ver claramente a aplicação do que Jesus anuncia no versículo 21 do capítulo 2 do Seu Apocalipse Redentor:

> — *Dei-lhe tempo para que fizesse penitência; ela, contudo, não quer arrepender-se da sua prostituição.*

Eles receberam oportunidade atrás de oportunidade para mudar seus comportamentos, porém preferiram permanecer renitentes no mal. E essa história não terá um final feliz para eles.

"Os cães devorarão Jezabel"

Com o reinado dos filhos, Jezabel, agora no papel de rainha-mãe, continuou a envenenar a terra com suas fornicações e feitiçarias (2 Reis, 9:22). Sua influência chegou até mesmo ao sul do antigo Israel, onde Atalia — sua filha iníqua casada com Jeorão, rei de Judá — perpetuou o mesmo espírito de sua linhagem por outros sete anos após a morte de sua genitora (2 Reis, 8:25 a 27).

Imaginem agora Jezabel no Mundo Espiritual, sendo ainda assombrada não apenas pelo que ela própria fez, mas também pelos maus frutos do que deixou por intermédio de seus filhos... O Espírito dela fica ainda mais embaraçado nessa trama, por causa desse legado maldito, alimentado pela corrupção do próprio povo, que também era terrível, não é? Basta ver que se afinou com a sua desalmada herança.

E agora, como foi essa passagem de Jezabel para o Lado de Lá? Elias é sucedido por seu fiel amigo Eliseu, que, por Ordem Divina, envia um de seus jovens discípulos para ungir o comandante do exército chamado Jeú como rei de Israel, que recebe a incumbência de executar a derradeira Profecia:

> 6 *Então, se levantou Jeú e entrou na casa; o jovem derramou-lhe o azeite sobre a cabeça e lhe disse: Assim diz o Senhor, Deus de Israel: Ungi-te rei sobre o povo do Senhor, sobre Israel.*
>
> 7 *Ferirás a casa de Acab, teu senhor, para que Eu vingue da mão de Jezabel o sangue de meus servos, os profetas, e o sangue de todos os servos do Senhor.*
>
> 8 *Toda a casa de Acab perecerá; exterminarei de Acab todos do sexo masculino, quer escravo, quer livre, em Israel.*
>
> 9 *Porque farei à casa de Acab como à casa de Jeroboão, filho de Nabat, e como à casa de Baasa, filho de Ala.*

> [10] *Os cães devorarão Jezabel no campo de Jezreel; não haverá quem a enterre. Dito isso, abriu a porta e fugiu* (2 Reis, 9:6 a 10).

Jeú, então, derrota Jorão em Jezreel e segue ao encontro de Jezabel. Quando recebeu a notícia de que seu filho reinante havia sido morto, pintou os olhos de forma sedutora, adornou os cabelos e se postou em uma janela superior que dava para a praça do palácio (2 Reis, 9:30). Ali, ela saudou o conquistador em sua entrada triunfal, dizendo:

> — *Foi tudo bem com Zinri, matador de seu senhor?* (2 Reis, 9:31).

Essa saudação sarcástica constituía, provavelmente, uma ameaça velada, pois registra a História que Zinri, após assassinar seu rei e usurpar o trono, cometeu suicídio sete dias depois, quando sua vida foi ameaçada (1 Reis, 16:10; e 15 a 18).

A resposta de Jeú a essa recepção hostil foi erguer seu rosto para a janela e bradar:

> — *Quem está comigo aí? Quem?* (2 Reis, 16:32).

Quando dois ou três oficiais da corte olharam para fora, ele ordenou:

— *Deixai-a cair!* (2 Reis, 16:33).

Quer dizer, mandou lançá-la dali de cima! Com a violência da queda, o sangue dela salpicou sobre o muro. E Jeú, conta a Bíblia, passou por cima dela com sua carruagem de guerra, pisoteando-a com os cavalos. Quanto ódio, hein?! Quem pratica o mal acaba se deparando com um fim aterrador — neste ou no Outro Lado da Vida. Como o Irmão Zarur sentenciava:

— *Ser mau é um mau negócio.*

Pouco depois disso, quando os homens vieram sepultar **Jezabel**, verificaram que **os cães necrófagos já tinham praticamente a consumido**, conforme a Palavra do Senhor proferida por intermédio do Seu servo Elias. Apenas o crânio, os pés e as palmas das mãos restaram como evidência de que **tudo o que Deus afirma sempre se cumpre** (2 Reis, 9:35 e 36).

MECANISMOS ESPIRITUAIS DA JUSTIÇA DIVINA

(Parte 1)

Estudar o Apocalipse de Jesus, interligando-o a toda a Bíblia Sagrada, abre nossos olhos para os Mecanismos Espirituais da Justiça Divina. Os eventos narrados no Antigo Testamento retratam apenas os desdobramentos materiais dos atos praticados por personagens como Acab e Jezabel. Todavia, é importante refletir que, mesmo Acab tendo a sua pena ali um pouquinho diminuída, isso não significa que ele estaria isento de arcar com as consequências de toda a miséria que causou aos hebreus, desviando-os de seu caminho.

Se até os fios dos nossos cabelos são contados pelo Criador, que dirão as escolhas que fazemos na condução dos nossos destinos e, pior, dos povos! Sobre aquele que interfere no crescimento espiritual de quem deveria tutelar — visto que a liderança daquele coletivo é Concessão Divina Daquele que é o Dono do Poder, Deus — recai a severa advertência do Implacável Juiz:

— *Qualquer, porém,* ***que fizer tropeçar a um destes pequeninos que creem em mim****, melhor lhe fora que se lhe pendurasse ao pescoço uma grande pedra de moinho, e fosse afogado na profundeza do mar* (Evangelho, segundo Mateus, 18:6).

Acab, certamente, necessitou do amparo da Lei Universal da Reencarnação para alcançar a clemência espiritual. E esse processo pode, por vezes, levar milênios...

Uma dor devastadora

Isso me faz recordar uma história que publicamos na *Revista LBV*, nº 6, de fevereiro de 1990, intitulada "A lenda do jogo de xadrez", publicada por Malba Tahan, em seu livro *O homem que calculava*. Nela, ele narra um episódio ocorrido com o rei Iadava, soberano da província de Taligana, na Índia, que era celebrado por sua generosidade e habilidade na arte da guerra.

Em certa ocasião, viu-se obrigado a defender seu reino de um ataque inesperado liderado pelo aventureiro Varangul, que se dizia príncipe de Caliã. A batalha foi intensa e se desenrolou nos campos de Dacsina, ao lado do rio Sandhu, resultando em uma vitória amarga para o rei, pois seu filho, o príncipe Adjamir, perdeu a vida no confronto.

Profundamente abalado por essa perda, o rei Iadava retornou ao palácio e proibiu qualquer tipo de comemoração. Isolado em seus aposentos, passava horas reconstruindo os movimentos das tropas em uma caixa de areia, tentando encontrar conforto para sua dor ao relembrar cada manobra que levou seu exército à vitória — triunfo conquistado a um custo emocional insuportável.

O presente inesperado ao rei

Enquanto o rei amargava seu luto, surgiu no palácio um jovem brâmane chamado Lahur Sessa, que pedia audiência para oferecer ao soberano um presente especial: um novo jogo de tabuleiro composto por 64 casas. Ali, duas coleções de peças — simbolizando peões, elefantes de guerra, cavalaria, vizires, uma rainha e um rei — se movimentavam de acordo com regras engenhosas, lembrando as ações e estratégias da arte militar.

Encantado com a novidade, o rei Iadava notou que os lances do jogo refletiam muito de seu próprio conflito. Ao perceber que, em diversos cenários, sacrifícios de peças menores eram essenciais para assegurar a vitória, ele compreendeu a lição mais profunda do jogo: um rei depende de seus súditos tanto quanto eles dependem dele. E, por vezes, a perda de algo precioso é o caminho para garantir a paz e a liberdade de todo um povo.

O cálculo dos compromissos assumidos

Muitíssimo comovido com o inesperado presente entregue pelo jovem Lahur Sessa, o rei decidiu agir com sua natural generosidade, oferecendo que escolhesse qualquer coisa que fosse do seu agrado. Passemos a palavra a Malba Tahan e absorvamos suas lições, a partir deste trecho:

> *E* [o rei], *dirigindo-se ao jovem brâmane, disse-lhe:*
>
> *— Quero recompensar-te, meu amigo, por este maravilhoso presente, que de tanto me serviu para alívio de velhas angústias. Dize-me, pois, o que desejas, para que eu possa, mais uma vez, demonstrar o quanto sou grato àqueles que se mostram dignos de recompensa.*
>
> *As palavras com que o rei traduziu o generoso oferecimento deixaram Sessa imperturbável! Sua fisionomia serena não traía a menor agitação, a mais insignificante mostra de alegria ou surpresa. Os vizires olhavam-no atônitos e entreolhavam-se pasmados diante da apatia de uma cobiça a que se dava o direito da mais livre expansão.*
>
> *— Rei poderoso! — redarguiu o jovem com doçura e altivez. — Não desejo, pelo presente que hoje vos trouxe, outra recompensa além da satisfação de ter proporcionado ao senhor de Taligana um passatem-*

po agradável, que lhe vem aligeirar as horas dantes alongadas por acabrunhante melancolia. Já estou, portanto, sobejamente aquinhoado e outra qualquer paga seria excessiva.

Sorriu, desdenhosamente, o bom soberano ao ouvir aquela resposta, que refletia um desinteresse tão raro entre os ambiciosos hindus. E, não crendo na sinceridade de Sessa, insistiu:

— Causa-me assombro tanto desdém e desamor aos bens materiais, ó jovem! A modéstia, quando excessiva, é como o vento que apaga o archote, cegando o viandante nas trevas de uma noite interminável. Para que possa o homem vencer os múltiplos obstáculos que se lhe deparam na vida, precisa ter o espírito preso às raízes de uma ambição que o impulsione a um ideal qualquer. Exijo, portanto, que escolhas, sem mais demora, uma recompensa digna de tua valiosa oferta. Queres uma bolsa cheia de ouro? Desejas uma arca repleta de joias? Já pensaste em possuir um palácio? Almejas a administração de uma província? Aguardo a tua resposta, por isso que à minha promessa está ligada a minha palavra!

— Recusar o vosso oferecimento depois de vossas últimas palavras — acudiu Sessa — seria menos descortesia do que desobediência ao rei. Vou, pois, aceitar, pelo jogo que inventei, uma recompensa que corresponde à vossa generosidade; não desejo, contu-

do, nem ouro, nem terras ou palácios. Peço o meu pagamento em grãos de trigo.

— Grãos de trigo? — estranhou o rei, sem ocultar o espanto que lhe causava semelhante proposta. — Como poderei pagar-te com tão insignificante moeda?

— Nada mais simples — elucidou Sessa. — Dar-me-eis um grão de trigo pela primeira casa do tabuleiro; dois pela segunda, quatro pela terceira, oito pela quarta, e assim dobrando sucessivamente, até a sexagésima quarta e última casa do tabuleiro. Peço-vos, ó rei!, de acordo com vossa magnânima oferta, que autorizeis o pagamento em grãos de trigo, e assim como indiquei!

Não só o rei como os vizires e venerandos brâmanes presentes riram-se, estrepitosamente, ao ouvir a estranha solicitação do jovem. A desambição que ditara aquele pedido era, na verdade, de causar assombro a quem menos apego tivesse aos lucros materiais da vida. O moço brâmane, que bem poderia obter do rei um palácio ou uma província, contentava-se com grãos de trigo!

— Insensato! — clamou o rei. — Onde foste aprender tão grande desamor à fortuna? A recompensa que me pedes é ridícula. Bem sabes que há, num punhado de trigo, número incontável de grãos. Devemos compreender, portanto, que com duas ou três medidas de trigo eu te pagarei folgadamente,

consoante o teu pedido, pelas sessenta e quatro casas do tabuleiro. É certo, pois, que pretendes uma recompensa que mal chegará para distrair, durante alguns dias, a fome do último "pária"[76]*do meu reino. Enfim, visto que minha palavra foi dada, vou expedir ordens para que o pagamento se faça imediatamente, conforme teu desejo.*

Mandou o rei chamar os algebristas mais hábeis da corte e ordenou-lhes que calculassem a porção de trigo que Sessa pretendia.

Os sábios calculistas, ao cabo de algumas horas de acurados estudos, voltaram ao salão para submeter ao rei o resultado completo de seus cálculos.

Perguntou-lhes o rei, interrompendo a partida que jogava:

— Com quantos grãos de trigo poderei, afinal, desobrigar-me da promessa que fiz ao jovem Sessa?

— Rei magnânimo — declarou o mais sábio dos matemáticos. — Calculamos o número de grãos de trigo que constituirá o pagamento pedido por Sessa e obtivemos um número[77] *cuja grandeza é inconce-*

---

[76] **Notas do livro de Malba Tahan**

Pária — Indivíduo pertencente a uma das castas mais ínfimas da costa de Coromandel. Corresponde, na escala social, à casta dos poleás. Na Europa emprega-se o termo no sentido "de homem expulso de sua casta ou classe".

[77] Para se obter esse total de grãos de trigo, devemos elevar o número 2 ao expoente 64, e do resultado tirar uma unidade. Trata-se de um núme-

bível para a imaginação humana. Avaliamos, em seguida, com maior rigor, a quantas ceiras[78] *corresponderia esse número total de grãos e chegamos à seguinte conclusão: a porção de trigo que deve ser dada a Lahur Sessa equivale a uma montanha que, tendo por base a cidade de Taligana, seria cem vezes mais alta do que o Himalaia! A Índia inteira, semeados todos os seus campos, taladas todas as suas cidades, não produziria, em dois mil séculos a quantidade de trigo que, pela vossa promessa, cabe, em pleno direito, ao jovem Sessa!*

Como descrever aqui a surpresa e o assombro que essas palavras causaram ao rei Iadava e a seus dignos vizires? O soberano hindu via-se, pela primeira vez, diante da impossibilidade de cumprir a palavra dada.

Lahur Sessa — rezam as crônicas do tempo — como bom súdito, não quis deixar aflito o seu soberano. Depois de declarar publicamente que abriria mão do pedido que fizera, dirigiu-se respeitosamente ao monarca e assim falou:

— Meditai, ó rei, sobre a grande verdade que os brâmanes prudentes tantas vezes repetem: Os homens

ro verdadeiramente astronômico, de vinte algarismos, que é famoso em matemática: 18.446.744.073.709.551.615.

[78] **Ceira ou cer** — Unidade de capacidade e de peso usada na Índia. Seu valor variava de uma localidade para outra.

mais avisados iludem-se, não só diante da aparência enganadora dos números, mas também com a falsa modéstia dos ambiciosos. ***Infeliz daquele que toma sobre os ombros o compromisso de uma dívida cuja grandeza não pode avaliar com a tábua de cálculo de sua própria argúcia. Mais avisado é o que muito pondera e pouco promete!***

E, após ligeira pausa, acrescentou:

— Menos aprendemos com a ciência vã dos brâmanes do que com a experiência direta da vida e das suas lições de todo o dia, a toda hora desdenhadas! O homem que mais vive mais sujeito está às inquietações morais, mesmo que não as queira. Achar-se-á ora triste, ora alegre; hoje fervoroso, amanhã tíbio; já ativo, já preguiçoso; a compostura alternará com a leviandade. Só o verdadeiro sábio, instruído nas regras espirituais, se eleva acima dessas vicissitudes, paira por sobre todas essas alternativas!

Essas inesperadas e tão sábias palavras calaram fundo no espírito do rei. Esquecido da montanha de trigo que, sem querer, prometera ao jovem brâmane, nomeou-o seu primeiro-vizir.

E Lahur Sessa, distraindo o rei com engenhosas partidas de xadrez e orientando-o com sábios e prudentes conselhos, prestou os mais assinalados benefícios ao povo e ao país, para maior segurança do trono e maior glória de sua pátria.

(O destaque é de Paiva Netto.)

MECANISMOS ESPIRITUAIS DA JUSTIÇA DIVINA

(Parte 2 — final)

Semelhantemente à lição de "A lenda do jogo de xadrez", são os acontecimentos e os compromissos firmados no campo espiritual: por vezes, se acumulam em **progressão geométrica**. O que ocorre é que muita gente fez inúmeras promessas para Jesus pelos milênios e reencarnou várias vezes tentando cumpri-las, implorando:

— *Por favor, meu Senhor, me dê mais uma oportunidade! É o fim dos tempos e terei tanta coisa a fazer!*

Ou, então, imaginemos um exemplo hipotético para o caso de Jezabel:

— *Permita, Jesus, que Acab e eu reencarnemos, pois agora vamos defender Sua Santa Doutrina até o fim da nossa vida.*

Aí os Guias Espirituais aconselham:

— Vejam bem o que vocês vão fazer... Não são obrigados a assumir toda essa responsabilidade de uma só vez!

Aí Jezabel argumenta:

— Não, meus Guias, eu cometi muitos desvios em outras encarnações, adorei falsos ídolos, ergui postes fálicos, incentivei a prostituição... Nesta, não farei mais, pois serei muito responsável, defenderei as mulheres que serão tentadas no fim dos tempos. Até Acab vai me ajudar, ficando longe de mim para que não atrapalhemos um ao outro...

Entretanto, ao reencarnarem com uma Agenda Espiritual repleta de expectativas, infelizmente acabam se perdendo, porque são mais uma vez tomados pelo orgulho, pela soberba. Desse modo, afrontam o Cristo de Deus, que lhes permitiu renascer no planeta para que evoluíssem, e o Plano Divino sofre um impacto que não tem tamanho. Quando menos esperam, caem em um despenhadeiro absíntico, até que o poço do abismo se abre e a fumaça que dele emana os envolve[79].

---

[79] Quinta Trombeta (Apocalipse, 9:2).

Essa situação acontece muito no campo dos relacionamentos: alguém se envolve sexualmente com um homem ou com uma mulher, profere juramentos, mas não tem por alicerce o Amor verdadeiro, apenas uma atração física. E, quando se dá conta, já contraiu uma dívida quase impagável, como na história contada por Malba Tahan.

Cuidado, jovens, ao se comprometerem, principalmente no campo espiritual, pois, para resolver uma situação amorosa, dependendo da complexidade, pode levar milhares e milhares de anos!

Transformar adversidade em vitória

Isso não impede que tentemos sanar o que tivermos de déficit perante a Lei de Deus. Pelo contrário, até porque, em alguma medida, todos somos dela devedores, ansiando pela Misericórdia de Deus a nos socorrer com suas benditas oportunidades. Já dissemos ao longo das nossas análises do Último Livro da Bíblia Sagrada que, neste final de ciclo apocalíptico, todos apareceremos nus diante de Deus e uns dos outros. Não é com nossas partes físicas de fora, não. Significa que estaremos moralmente despidos e alguns de mãos vazias de realizações.

Por isso, o tempo urge! Ainda existem formas e meios de superar tudo, e precisamos nos apressar, sem temer os desafios que surgirem pelo caminho, pavimentado por nossas próprias ações. É hora de crescermos com as Boas Obras, deixando para trás quaisquer atitudes menos apreciáveis. Como equilibradamente ressaltava o Irmão Zarur, ninguém é perfeito. Entretanto, para que o saldo seja positivo, o importante é jamais perder o ensejo de praticar o Bem, pois é isso que vai nos salvar. Trata-se da nossa resposta às dificuldades da jornada, já previstas em nossas Agendas Espirituais. O Pai Celestial de forma alguma nos destinaria à derrota. Se os infortúnios estão escalados em nossa folha de serviço, é porque trazemos em nós a capacidade de os suplantar.

Contando apenas 18 anos de idade, escrevi no meu caderninho: **Quando estamos com Deus, até a adversidade torna-se o melhor momento para criar. A crise só faz crescer aquele que tem valor. As grandes nações surgiram nas horas de crise; os grandes caracteres revelaram-se nas horas de crise. É o desafio, é o teste da inteligência. A luta instiga o nosso valor a apresentar-se. Por que temer os problemas? É a forma que Deus escolheu para premiar a nossa inteligência. E toda vitória no campo espiritual exige sacrifícios.**

Como exclamou o Irmão Flexa Dourada (Espírito), pela psicofonia do sensitivo Cristão do Novo Mandamento Chico Periotto, durante manifestação espiritual no Rio Grande do Sul:

— *Feliz de quem suporta a prova* ***com resignação****, mas suporta mesmo! Para os Céus, é isso que importa!*

E foi assim que Jesus agiu: **suplantou o martírio da crucificação**!

Que melhor modelo para nos espelharmos do que o Dele? Sendo inocente, foi condenado sob falsas acusações e levado ao suplício da cruz, a morte mais infame segundo os costumes daquele tempo. Enquanto os romanos eram decapitados, os bárbaros — todos que não fossem cidadãos de Roma — eram crucificados, como ocorria na Judeia... E ainda assim resistiu e triunfou sobre a crueldade que Lhe foi imposta. Por isso mesmo, de Alma ajoelhada, rogo-Te, Divino Crucificado:

Oração de Vitória sobre as adversidades

Ó Mestre Amado, que sacrifício maior do que o Teu, Jesus? Crucificação, morte infamante! Como ousaríamos nos sentir inertes, mesmo cercados por crises e dificuldades, se até no madeiro nos transmitiste o fôlego da vitória?

Ó Soberano Senhor, sobrepujaste a dolorosa crise da crucificação!

Quando julgaram havê-Lo morto, ao erguer o Seu corpo dorido para escárnio da multidão em suspense, foi então que O glorificaram, colocando-O aci-

ma da craveira comum. E todos os povos, perante a História, puderam contemplá-Lo. Depois, houve a magnífica Ressurreição...

Como fênix, ressurgiste das cinzas da morte com a palma do triunfo; razão pela qual Deus Lhe confirmou o Poder e a Autoridade Espiritual.

Eis o nosso Divino Modelo de superação.

Sigamo-Lo, sem temer o que vem pela frente!

Salve, Jesus!

O Pai Celestial de forma alguma nos destinaria à derrota. Se os infortúnios estão escalados em nossa folha de serviço, é porque trazemos em nós a capacidade de os suplantar. (...) Como exclamou o Irmão Flexa Dourada (Espírito), pela psicofonia do sensitivo Cristão do Novo Mandamento Chico Periotto, durante manifestação espiritual no Rio Grande do Sul: *“Feliz de quem suporta a prova com resignação, mas suporta mesmo! Para os Céus, é isso que importa!”* E foi assim que Jesus agiu: suplantou o martírio da crucificação!

A PROMESSA DE JESUS AOS SEUS PERSEVERANTES

(Parte 1)

Academia Jesus, o Cristo Ecumênico, o Divino Estadista — *Prosseguimos estudando com o* ***Irmão Paiva*** *esta marcante Carta que o Sol da Imortalidade endereçou a Seus filhos da Igreja de Tiatira. Chegamos agora aos versículos 24 e 25 do capítulo 2 do Livro da Revelação, já nos encaminhando para o fechamento desta análise tão belamente explicitada na série "O Apocalipse de Jesus para os Simples de Coração":*

> [24] *Digo, todavia, a vós outros, os demais de Tiatira, a tantos quantos não têm essa doutrina e que não conheceram, como eles dizem, as profundezas de satanás: Outra carga não jogarei sobre vós;*
> [25] *mas guardai bem o que tendes, até que Eu volte.*

Eis o alento aos perseverantes: **os que estiverem na faixa vibratória do Cristo não serão atingidos pelos desdobramentos da Lei de Deus** que recairão sobre aqueles que se desviaram pelos caminhos iníquos de Jezabel. É claro que isso **não significa se acomodar**, pois é necessário levar a sua tarefa até ao fim e além do fim, sem esmorecer jamais. Jesus é categórico neste ponto:

> — *Vigiai e orai, para que não entreis em tentação; na verdade, o Espírito está pronto, mas a carne é fraca* (Evangelho, consoante Mateus, 26:41).

Alguns, vendo o sofrimento alheio, comentam:

> — *Fulano de tal tem um **carma** muito grande!*

É recorrente fazer uso dessa palavra grifada somente para designar algo ruim. No entanto, trata-se apenas do resultado da Lei de Causa e Efeito: se **você semeou o Bem**, receberá um **carma bom**; se **agiu com perversidade,** terá de encarar um **carma ruim**.

Como vivemos em um mundo de provas e expiações, muito atrasado em diversos aspectos espirituais, morais e humanos, grande parcela dos habitantes do orbe se encontra em uma baixa sintonia, que conduz a uma série de equívocos, fazendo por aí uma porção de besteira. Então, acaba por unicamente olhar para o ângulo negativo das coisas.

É como vimos o Divino Mestre alertar anteriormente:

> — *(...) Se os teus olhos forem maus, todo o teu corpo estará em trevas.*
>
> Jesus (Mateus, 6:23)

Precisamos com esforço limpar a turva visão que impede a humanidade de enxergar **a Claridade Celeste, apontando os rumos acertados para uma destinação feliz** e plena em realizações frutíferas:

> — *(...) Se os teus olhos forem bons, todo o teu corpo será luminoso.*
>
> Jesus (Mateus, 6:22)

É indispensável muito denodo para permanecermos integrados à **Luminosidade do Cristo**, a despeito das seduções mundanas que insistem em nos arrastar para a escuridão do sentimento, dos pensamentos, das palavras e das ações. Uma vez na carne, todos estão sujeitos aos artifícios dos "lobos visíveis e invisíveis", sempre à espreita para raptar as ovelhas do Rebanho do Bom Pastor.

A redentora mão de Jesus

Estando ainda na matéria, com suas condições evolutivas, não podemos cair em julgamentos precipitados e exigir santidade de seres ainda imperfeitos. Reparem que o Sábio Senhor reconhece que, em Tiatira, aqueles que permaneceram fiéis fizeram um esforço titânico. E, ciente dos limites de cada um, lhes dá este regalo:

> — *(...) Outra carga não jogarei sobre vós.*

Embora acrescente sempre nos impulsionando à vitória:

> — *Mas guardai bem o que tendes, até que Eu volte.*

Ora, é notório que o Mestre Amado judiciosamente retrucou alguns adversários que O criticavam por estender Sua mão redentora àqueles que mais necessitavam dela:

> 29 *Então, Levi ofereceu a Jesus um grande banquete em sua casa; e numerosos publicanos e outros estavam com eles à mesa.*
> 30 *Os fariseus e seus escribas murmuravam contra os Discípulos de Jesus, perguntando: Por que comeis e bebeis com os publicanos e pecadores?*
> 31 *Respondeu-lhes Jesus:* ***Os sãos não precisam de médico, e sim os doentes.***

[32] ***Não vim chamar justos, e sim pecadores, ao arrependimento.***

(Evangelho, segundo Lucas, 5:29 a 32)

Diante disso, **nunca estaremos desamparados pelo Excelso Pegureiro**, que está se dirigindo aos fiéis discípulos Dele em Tiatira, aqueles que se mantiveram distantes da doutrina de Jezabel, cujas iniquidades trazem à tona *"as profundezas de satanás"*.

As nações estão ficando com seus estômagos cheios de "coisas prostituídas" e, um dia, inevitavelmente, as vomitarão. Pela falta de arrependimento daqueles que cometeram os maus atos contra elas, há sempre o perigo de uma guerra eclodir, com multidões empurradas como gado para o curral da morte. (...) Contudo, não me refiro apenas às guerras das armas, mas também à da violência que se espalha (...), o racismo e tantos outros perniciosos "ismos"(...) Afinal, quem os propaga continua não querendo fazer penitência. Mas o basta vem! E Quem o anuncia é Jesus, o Supremo Dirigente deste orbe.

A PROMESSA DE JESUS AOS SEUS PERSEVERANTES

(Parte 2 — final)

O uso responsável dos Dons Divinos

O que significa essa forte expressão *"as profundezas de satanás"*? (Apocalipse, 2:24).

É simplesmente a perpetuação da maldade por intermédio da fome, das guerras, das violências, das enfermidades, do desabrigo etc... Enfim, tudo o que simboliza o desamor e a falta de Humanidade à humanidade.

Trata-se também do mau emprego de todos os Dons de Deus, como infelizmente ainda ocorre nos dias atuais, para enganar os povos. Por isso, ao se depararem com os **fenômenos mediúnicos**, sensitivos ou paranormais, como queiram chamar-lhes, sempre os incentivo para que primeiro assimilem o **lado moral**

do fenômeno[80]. O mais importante é **compreender o Recado Divino que é revelado pelo conhecimento da Vida Eterna**. Não basta o mero acontecimento medianeiro para atestar a sua natureza sagrada. É preciso olhar para o **fruto moral dessa ligação**; saber se ela é feita com os Altos Páramos Celestiais, que protegem contra qualquer tipo de obsessor que queira enganar a audiência invigilante.

Atenção, portanto, todos os que usam erroneamente os Talentos de Deus em qualquer campo da sociedade, seja na Religião, na Ciência, na Filosofia, na Economia, na Política, no Esporte, na Arte e assim por diante. Aqueles que passam a conhecer as profundezas de satanás, propagando sua doutrina de ódio e separação, vão receber em retorno as consequências desse saber aplicado indevidamente. Aí, cairá sobre suas cabeças o desespero da consciência dolorida pela prática de atos não aplaudíveis.

---

[80] **Nota da Academia Jesus, o Cristo Ecumênico, o Divino Estadista:**

O lado moral do fenômeno — O escritor Paiva Netto em sua magnífica coleção *Sagradas Diretrizes Espirituais da Religião de Deus, do Cristo e do Espírito Santo*, em particular no segundo tomo, discorre acerca do impacto que causa, nos diversos campos do pensamento humano, a descoberta da existência do Mundo Espiritual. Isso opera mudanças significativas na sociedade, transformando a maneira de se fazer Política, Religião, Filosofia, Ciência, Arte, Esporte etc., no cotidiano. Sugerimos, para maior aprofundamento no assunto, a leitura do capítulo "Quanto à abrangente missão do Templo da Boa Vontade", contido na referida obra. Acesse: PaivaNetto.com/livros ou www.ClubeCulturadePaz.com.br.

Sublime descanso para a Alma

Vale a pena perseverar por Jesus! Ele mesmo afiançou:

> — *É na vossa perseverança que salvareis as vossas Almas* (Boa Nova, segundo Lucas, 21:19).

Percebam que Ele não está prometendo facilidades, mas **se solidariza com nossa obstinação no Bem e se oferece para mitigar nossas fadigas**, aquelas que temos acumulado diante das imensas lutas da jornada, sem trégua, atalhos ou deturpações no roteiro.

Ao garantir que ***"outra carga não jogarei sobre vós"*** (Apocalipse, 2:24), cumpre o que já havia assegurado aos que se mantiverem fiéis à Ética Divina, conforme consta do Seu Evangelho, consoante Mateus, 11:28 a 30:

> 28 *Vinde a mim, todos vós que estais cansados e oprimidos, e Eu vos darei lenitivo.*
> 29 *Tomai sobre vós o meu jugo e aprendei de mim, porque sou pacífico e humilde de coração; e* ***achareis descanso para as vossas Almas.***
> 30 *Porque* ***o meu jugo é suave, e o meu fardo é leve.***

Guardar os ensinamentos do Cristo no fim dos tempos

Vejam a honrosa missão que Jesus confia aos Seus perseverantes:

> — *mas guardai bem o que tendes, até que Eu volte* (Apocalipse, 2:25).

O que isso significa? **Que devemos nos manter alicerçados na Doutrina que o Sublime Pedagogo nos ensinou por meio de Seu Evangelho-Apocalipse e de tantas outras obras materializadas pelos Mensageiros que enviou às mais diferentes Religiões do mundo** — sem nos esquecermos dos profetas laicos que vivenciam o Espírito do Supremo Governante deste orbe em todos os setores da vida espiritual-humana, mesmo sem saber. Por esse motivo, exaltamos aqui **Jesus Dessectarizado**[81].

Já imaginaram a riqueza espiritual que o Divino Ressuscitado está depositando em nossas mãos, ó Juventude Ecumênica da Boa Vontade de Deus, garbosa e decidida? É **a bandeira do Novo Mandamento do Cristo**, que a Religião do Amor Universal está tendo a honra de flamular bem alto, convocando todas

---

[81] **Jesus Dessectarizado** — Leia o capítulo sobre o assunto no segundo volume das *Sagradas Diretrizes Espirituais da Religião de Deus, do Cristo e do Espírito Santo* (1990).

as consciências a vivenciarem a vanguarda do terceiro milênio.

Portanto, guardemos bem esse **tesouro sagrado do conhecimento espiritual** entregue a nós pela Misericórdia de Jesus, jamais escondendo-o, mas sim proclamando a todos os cantos do mundo que **Jesus já vem**!

Quando será Sua Volta Triunfal ao planeta? Só Deus sabe. A parte que nos cabe nisso é **desenvolver os talentos que recebemos para abreviar esse Glorioso Retorno**, que, já expliquei, vai muito além de um sentido literal. É também o **pleno estabelecimento da Sua Santa Mensagem, sublimada pela evolução de grande parte dos habitantes deste orbe**, seja pelo Amor Fraterno ou pela ação da Mestra Dor. Que oportunidade bendita para nossos Espíritos de participar da redenção da humanidade! Que mais poderíamos querer?! **Saibamos, portanto, conservar tudo o que recebemos de Jesus!**

JESUS É A ESTRELA DA MANHÃ

Academia Jesus, o Cristo Ecumênico, o Divino Estadista — *Chegamos ao final de mais uma jornada. Quantas Verdades Sublimes o Divino Pastor nos traz à Alma, desafiando-nos a encarar frente a frente os enganos do mundo! Quantos deles nos são sussurrados aos ouvidos, tentando nos seduzir docemente, como se fôssemos venerar o que é aparentemente correto. Mas o Amigo Celeste, atento, desmascara a ilusão e nos revela a realidade. Não nos deixa no escuro, usa o Seu bisturi da Justiça Perfeita para extirpar, pela raiz, o tecido gangrenado. E, depois de tantos embates contra a maldade dos que nos querem arrasar, Jesus deixa a Sua Promessa a todos os perseverantes, selando Sua Mensagem de Paz aos cristãos de Tiatira de todos os tempos.*

É o que veremos na conclusão feita por ***Paiva Netto****, em suas aulas de "O Apocalipse de Jesus para os Simples de Coração" sobre a mensagem à Igreja em Tiatira:*

26 *Ao vencedor, que guardar* ***até ao fim*** *as minhas*
obras, Eu lhe darei poder sobre as nações,
27 *e com cetro de ferro as regerá, e as reduzirá a*
pedaços como se fossem objetos de barro;
28 *assim como também Eu recebi de meu Pai, dar-*
-lhe-ei ainda a Estrela da Manhã (a Estrela Dalva).
29 *Quem tem ouvidos de ouvir ouça o que o Espíri-*
to diz às Igrejas do Senhor.

(Apocalipse, 2:26 a 29)

Minhas Irmãs e meus Amigos, minhas Amigas e meus Irmãos, chegamos aos versículos finais da Carta de Jesus à Sua Igreja em Tiatira e estamos ouvindo **as Sublimes Palavras do Espírito de Deus para todos nós**. É **bendita advertência** que desce dos mais Altos Páramos Celestiais para **confortar e esclarecer nossos corações**. Trata-se do cumprimento do que foi profetizado por Amós, no Antigo Testamento da Bíblia Sagrada:

— *Certamente, o Senhor Deus não fará coisa alguma, sem primeiro revelar o Seu segredo aos Seus servos, os Profetas* (Amós, 3:7).

E a Mãe-Pai Celestial não joga praga sobre ninguém, apenas alerta. Quem quiser seguir o caminho que siga. Quem assim não desejar que aguente as consequências. A Lei Divina é implacável em sua execução.

Porque onde quer que se encontre um Cristão do Novo Mandamento de Jesus, integrado na Mensagem de Amor Fraternal deixada pelo Divino Mestre, estará avisado de todas as coisas que em breve devem acontecer. É como a súplica ao Cristo feita pelo saudoso Irmão Zarur, em histórica prece da década de 1950:

> *— Como ensinaste no Evangelho, segundo Mateus: "Toda planta que meu Pai Celestial não plantou será arrancada pela raiz". Por isso, nós Te suplicamos que venha o Teu Domínio dos Estados Unidos Sagrados do Brasil. Fora do Cristo, não há salvação, dizemos sempre. Porque Tu és a própria Verdade. Não adianta combater efeitos. O indispensável é eliminar a causa que gera esses efeitos que desgraçam o Brasil. E já estamos preparando o Brasil para enfrentar os fatos terríveis, apocalípticos, que vêm de fora para dentro e de cima para baixo. Esses acontecimentos não nos pegarão desprevenidos, porque a LBV governa espiritualmente. Governar é ensinar cada brasileiro a governar a si mesmo.*

Estamos cumprindo esta verdadeira Profecia com o Apocalipse de Jesus para os Simples de Coração. Sabemos bem que **essas Igrejas retratadas no Último Livro da Bíblia Santa representam cada um de nós em nosso estágio de evolução espiritual**, em um sentido mais amplo, e não apenas o desenvolvimento religioso individual, como muitos intérpretes consideram.

Para ouvirmos o recado *"que o Espírito diz"*, precisamos **nos sintonizar à Abrangência Universal, que é Deus**. Eis o imprescindível papel do Templo da Boa Vontade, com seu Ecumenismo Divino. Pelo Amor Fraterno, Ele não só pacifica as criaturas humanas entre si, mas também une os seres terrestres aos celestiais. E, ao estabelecer essa ponte Terra–Céu, Céu–Terra, interliga todo o conhecimento espiritual-humano, não apenas no formidável âmbito religioso. A Religião, de fato, é importantíssima, porque trata do sentimento das pessoas. Entretanto, ao estar na **vanguarda ética de todos os demais campos**, expande o seu banho lustral sobre a Filosofia, a Ciência, a Economia, a Política, o Esporte, a Arte e assim por diante.

Estamos pregando a Política de Deus — a Política para o Espírito Eterno do ser humano — para lembrar a todos os que exercem algum grau de poder na Terra que estão governando, **antes de corpos, Almas**.

A fonte do Poder além do poder

Se as Sete Igrejas da Ásia Menor — hoje o mundo é essa expansão toda — se espalharam pelo planeta e englobam todas as áreas do saber, estas precisam ter *"ouvidos de ouvir"* para captar o que o Espírito diz às Igrejas do Senhor. Por exemplo, o que temos visto expresso na Carta de Jesus à Sua Igreja em Tiatira? A celeste denúncia contra a deturpação do poder, com seu mau uso e todas as suas consequências que daí procedem.

Nos versículos 26 e 27 do capítulo 2 do Apocalipse de Jesus, fica mais do que evidenciado qual é **a real fonte do Poder além do poder neste mundo: Deus, o Cristo e o Espírito Santo**. E será transferido a todo aquele que se colocar na condição de vencedor, ou seja, são os que superam em si mesmos a tentação do orgulho, da soberba, da arrogância, da opressão e da ganância que infelizmente costumam advir dos segundos de poder que usufruímos, mas que nos foram emprestados pelo Verdadeiro Dono dele.

O Poder Espiritual para os fiéis de Tiatira

Estamos diante de uma cidade historicamente tão indefesa, usada a todo momento como bucha de canhão pelos pretensos senhores de tudo. Entretanto, superada a adulteração que ocorria nela, **Jesus promete entregar aos Simples de Coração um domínio sem igual**. Algo já antevisto no livro dos Salmos, 2:7 a 9:

> 7 *Proclamarei o decreto do Senhor: Ele me disse: Tu és meu filho, Eu, hoje, te gerei.*
> 8 *Pede-me, e* ***Eu te darei as nações por herança e as extremidades da Terra por tua possessão.***

[9] ***Com cetro de ferro as regerás e as despedaçarás como um vaso de oleiro.***

É **este Poder Espiritual, a ser usado com Sabedoria Divina, que Jesus está colocando à nossa disposição.** Obviamente, não será para esmagar ninguém — a famosa hegemonia pelo poder da força. O desequilíbrio do desmando infelizmente ocorreu durante toda a História da humanidade. O ser humano repete os atos, comportamentos, e não seria surpresa nenhuma alguém imaginar que quadros dantescos de vilania viessem novamente a se reproduzir. Tanto é verdade que o combate que o Senhor dos Exércitos faz, em todas as Cartas que estudamos e estudaremos, é **contra a tirania e todo tipo de mal proceder**. Logo, o Senhor da Paz não derramaria uma Autoridade dessa magnitude para que agíssemos como aqueles cujo mandato Ele revogou.

Jesus governa com o cetro de ferro da Justiça de Deus

Jamais nos esqueçamos, como já expliquei no capítulo 12 do Apocalipse: **Quem tem o *"cetro de ferro"*** (Apocalipse, 12:5) **é Jesus**. E o fato de o Governo do Cristo ser dirigido por Ele, com mãos fortes (não me refiro aqui a qualquer ser humano "poderoso", por mais competente e benfeitor que seja), de modo algum pressupõe um comando autoritário ou arbitrário.

Trata-se, no entanto, do **Governo Espiritual enérgico, justo, firmado sobre o Novo Mandamento do Cristo**. É a liderança de um autêntico estadista, para povos de dura cerviz, tanto de outrora quanto da atualidade. Mais que isso: do **Estadista Divino, que não tolera a corrupção, a destruidora de povos**.

Portanto, receber de Jesus esse *"cetro de ferro"* tem um sentido seriíssimo. É uma confiança depositada somente naqueles em quem o Austero Senhor tem plena certeza de que usarão sabiamente tamanha força. É **o poder sujeito à Autoridade Divina**, exercido por intermédio da Educação e da Cultura com Espiritualidade Ecumênica, fazendo com que os que praticam a maldade arrependam-se genuinamente e sejam moldados em renovada forma nas Benditas Mãos do Criador dos mundos. Porém, quanto aos impenitentes, já sabemos o que lhes vai acontecer: **serão reduzidos a pedaços destroçados de barro** (Apocalipse, 2:27). E isso deixa evidente quão frágeis são os domínios humanos — tal qual a estátua do sonho do rei Nabucodonosor — diante do Supremo Governo Espiritual do Cosmos.

A Estrela-Guia da humanidade

Não poderíamos ter melhor maneira de encerrar nosso despretensioso estudo da Carta de Jesus à Igreja em Tiatira do que recebendo tamanha dádiva Daquele que tem *"olhos como chama de fogo"*, *"pés como de bronze polido"* e que *"sonda rins e corações"*:

> 28 *assim como também Eu recebi de meu Pai, dar-lhe-ei ainda a **Estrela da Manhã (a Estrela Dalva)*** (Apocalipse, 2:28).

Que promessa extraordinária, ó Geração dos Joões Batistas, dos Pedros, dos Paulos e dos Franciscos[82], que estão realizando suas tarefas neste mundo de sofrimento! Jesus está anunciando confiar-lhes a **Estrela da Manhã, a Estrela Dalva** — a mais luminosa Estrela observada da superfície da Terra. E lá adiante, no Redentor Apocalipse, encontramos Ele mesmo revelando essa fonte de brilho sem igual:

> — *Eu, Jesus, enviei o meu Anjo para vos testificar estas coisas às Igrejas. Eu sou a raiz e a geração de Davi, **a brilhante Estrela da Manhã*** (Revelação, 22:16).

Então, o Cristo de Deus está assegurando àqueles que permanecerem fiéis até ao fim **entregar-se a si**

---

[82] Para se aprofundar no assunto, consulte "Os quatro ciclos espirituais e humanos de realização apostólica da Religião Divina", constante do segundo volume das *Sagradas Diretrizes Espirituais da Religião de Deus, do Cristo e do Espírito Santo* (1990), de autoria de Paiva Netto. Acesse: www.PaivaNetto.com/livros.

mesmo. Meu Deus, que coisa maravilhosa! Que Grande Amigo ganharemos! Que prêmio maior que esse?! Que fortuna maior que essa?!

Repararam?! Ele nos está convidando para **entrar em Sua Majestade de Unigênito do Pai, tornando-nos herdeiros da Glória Divina**. Assim como a Estrela da Manhã anuncia o fim da noite e o início de um novo dia, Jesus desponta com a Sua refulgência, pondo fim à escuridão do erro, fazendo cumprir a promessa de um novo começo para os Seus fiéis e sempre vigilantes seguidores.

Portanto, Cristãs e Cristãos do Novo Mandamento, Amigos de Jesus, não percamos tempo nos desviando dos ensinamentos Daquele que é *"o Caminho, a Verdade e a Vida"* (Evangelho, segundo João, 14:6). **Integremo-nos Nele, o Cristo Ecumênico, o Sublime Estadista, e recebamos a Divina Luz que não cria sombras a iluminar toda a humanidade neste final de ciclo apocalíptico, para chegarmos pelas nossas Boas Obras aos braços amorosos de Deus, nosso Pai-Mãe Celestial!**

Hosanas a Jesus, o Senhor das Igrejas da Ásia de todos os tempos!

JESUS! NOSSO CÓDIGO DE CONDUTA

(Parte 1)

Academia Jesus, o Cristo Ecumênico, o Divino Estadista *— E para concluirmos mais esta obra que o Irmão Paiva Netto dedica a Deus, ao Cristo e ao Espírito Santo, fomos buscar uma mensagem dirigida por ele aos trabalhadores da Seara de Deus — as Instituições da Boa Vontade (IBVs). Era o ano de 2005, mês de dezembro. Na manhã daquele dia 16, uma sexta-feira, às 9 horas, teria início importante Seminário das IBVs, visando ao fomento da qualidade dos trabalhos em nossas Santas Obras de Boa Vontade. Às 3 horas da madrugada, então, o Presidente Paiva Netto, diretamente de seu gabinete de trabalho na cidade do Rio de Janeiro/RJ, gravou em áudio e endereçou sua palavra de abertura do evento a todos os seminaristas, transmitida após pela Comunicação 100% Jesus a todos os ouvintes, em que roga a Deus a Proteção Espiri-*

tual para o sucesso do encontro, por meio de comovente oração. Por sua importância, trechos desse inspirado improviso fizeram parte do "Roteiro Espiritual para vencermos com Jesus em 2025", destinado a todos os Combatentes do Cristo.

Passemos a palavra a ***Paiva Netto****:*

Estimadas Irmãs, prezados Irmãos, diretores, superintendentes, gerentes, assessores, trabalhadores das Instituições da Boa Vontade de Deus (IBVs), do Brasil e do exterior, reunidos neste encontro administrativo para análise das realizações do ano de 2005 e planejamento de 2006 — mais 365 dias de batalhas pelo Cristo em prol de *"um Brasil melhor e de uma humanidade mais feliz"* —, e todas as pessoas que me privilegiam com sua honrosa atenção,

Deus Está Presente!
Jesus Está Chegando!

Certa feita, lembrei-lhes, pela Super Rede Boa Vontade de Rádio, que **estamos na Terra para descomplicar o trabalho do Bem, no cumprimento de nossa Agenda Espiritual conduzida por Jesus, e propagar o Seu Novo Mandamento**:

— *Amai-vos como Eu vos amei. Somente assim podereis ser reconhecidos como meus discípulos, se tiverdes o mesmo Amor uns pelos outros. (...) Não há maior Amor do que doar a própria vida pelos seus amigos. Porquanto, da mesma forma como o Pai me ama, Eu também vos amo. Permanecei no meu Amor* (Evangelho do Cristo, segundo João, 13:34 e 35; e 15:13 e 9).

Devemos, portanto, **lutar para que o mundo se liberte das intrincadas teias do ódio e para que a Seara do Bem prospere**.

Vocacionados à missão das IBVs

Nos tempos contemporâneos, estamos diante de uma geração por vezes afligida pelas tormentas de ordem particular e coletiva. Necessita, assim, urgentemente ser **despertada, acolhida, iluminada e conduzida pela Ordem Suprema de Nosso Mestre e Senhor**. Para tal empreitada, podemos apenas ter, nas **posições-chave** de nossas Obras Divinas, **seres humanos realmente vocacionados à missão das Instituições da Boa Vontade de Deus**.

O saudoso radialista, jornalista e filósofo brasileiro Alziro Zarur (1914-1979) abriu as portas da Legião da Boa Vontade — a Mãe de todos nós, voluntários da Caridade Completa — com o Cântico dos Anjos da

Milícia Celestial anunciando o nascimento de Jesus no planeta:

> — *Glória a Deus nas Alturas, Paz na Terra aos homens* [e às mulheres, aos jovens, às crianças e aos Espíritos, Almas Benditas] *da Boa Vontade de Deus!* (Evangelho, segundo Lucas, 2:14).

Isso me faz recordar aquele pensamento do saudoso Legionário da Boa Vontade Dr. Osmar Carvalho e Silva

(Espírito), que nos foi transmitido por intermédio da sensitividade do Cristão do Novo Mandamento Chico Periotto, em Figueira da Foz, Portugal, em 6 de junho de 1992.

Disse o velho Osmar:

> — *O nosso trabalho* [o trabalho dos Espíritos de Luz] *depende da dedicação de vocês, mas o sucesso de vocês depende do nosso apoio.*

Instruções Celestes

No decorrer de minha palavra, trarei aos prezados Irmãos e Irmãs mensagem do nobre Dr. Bezerra de Menezes (Espírito), em uma assembleia especial do Centro Espiritual Universalista, o CEU da Religião Divina, dirigida por mim e que contou com a presença de outros Cristãos do Novo Mandamento. Solicito a atenção de vocês ao que ele vai dizer. São **instruções para o nosso comportamento diante da Espiritualidade Superior**, porque também o Irmão Zarur, em um momento de grande inspiração, ensinou que

> — *o segredo do governo dos povos é unir a humanidade de baixo* [da Terra] *à Humanidade de Cima* [do Céu].

Economia engessada

Digo e repito: **só podemos ter nas posições-chave de nossas Obras**, que são de Deus, **homens, mulheres e jovens verdadeiramente vocacionados à missão da Boa Vontade Divina.** O mundo enfrentará dificuldades crescentes, por mais incrível que pareça aos que consideram que os povos encontraram acertado rumo com a globalização. É que estão esquecidos do fator primordial para que tal fato ocorra: **o Amor Fraterno.**

O engessamento da atual Economia humana — sem Deus — está exigindo uma **reforma que parte do coração espiritualizado da criatura.** De nada resultarão os acordos unicamente regidos pelo lucro e pelo egoísmo.

Sempre enfatizo em minhas preleções que **a Mensagem Fraterna de Jesus, o Senhor da Paz, tem o tônus da Eternidade.** O Pai Celestial nos ensinou as Leis Universais; o Seu Cristo, por intermédio do Espírito Santo, as Leis Morais, sem as quais não subsistiremos.

Nos tempos contemporâneos, estamos diante de uma geração por vezes afligida pelas tormentas de ordem particular e coletiva. Necessita, assim, urgentemente ser despertada, acolhida, iluminada e conduzida pela Ordem Suprema de Nosso Mestre e Senhor. Para tal empreitada, podemos apenas ter, nas posições-chave de nossas Obras Divinas, seres humanos realmente vocacionados à missão das Instituições da Boa Vontade de Deus.

JESUS! NOSSO CÓDIGO DE CONDUTA

(Parte 2)

A lição da víbora

Dirijo-me a uma plateia de pessoas que carregam dentro de si o **bem ao próximo**, as quais devem ser não apenas **honradas**, mas **corajosas e muito competentes, brilhantes no serviço de Jesus**, como ressalta o nobilíssimo Irmão Dr. Bezerra de Menezes (Espírito). Em todo o mundo, **é indispensável ter cuidado com os covardes e cavilosos**, conforme adverte o Redentor Apocalipse de Jesus, no versículo 8 do capítulo 21:

> 8 *Quanto, porém, aos tímidos, aos covardes, aos incrédulos, aos abomináveis, aos assassinos, aos impuros, aos adúlteros, aos feiticeiros, aos que dão veneno, aos idólatras e a todos os mentirosos do mundo, a parte que lhes cabe será no lago que arde com fogo e enxofre — que é a segunda morte* [a espiritual].

São todos Irmãos nossos, porém infelizmente preferem andar afastados das Fraternas Normas do Cristo, ocultos à beira da estrada, prontos a dar um bote como a víbora, cujo fito é morder o calcanhar do passante distraído que dela se aproxima e a faz sentir-se ameaçada. E **um missionário e uma missionária vanguardeiros jamais podem dispor-se desatentos**.

O Carisma de Jesus

Nossa razão fundamental é o bom senso crístico, que deve sempre prevalecer no dia a dia. **Audácia e modernidade** são lemas das IBVs, cuja **bandeira é a vanguarda**. Contudo, **audácia não significa imprudência. Modernidade não é desfigurar a Ortodoxia Legionária.** Eis, portanto, o bom senso de que lhes tenho falado há tanto tempo e exemplificado ao longo desses anos todos que sirvo com minha vida na Seara da Boa Vontade.

Por isso, **firmemo-nos no Cristo Ecumênico, o Divino Estadista**. E confiar Nele é **testemunhá-Lo no trabalho**, por mais árduo que este seja. **A labuta em Jesus é a nossa força, é o nosso código de conduta** — que nos ensina diariamente —, pois o Cordeiro de Deus anunciou que iria para o Pai, mas voltaria para formar *"um só Rebanho para um só Pastor"* (Boa Nova do Cristo, consoante João, 10:16).

Assim sendo, faz-se necessário que saibamos compreender o pensamento e o modo de agir de todas as criaturas, não somente do Brasil, mas do mundo. Esse é o **patrimônio maior** das nossas Instituições: **aqueles que soubermos trazer ao Redil Fraterno do Taumaturgo Celeste.**

As Instituições da Boa Vontade têm o Carisma de Jesus. Sabem lá o que significa isso? **É**, nada mais, nada menos que o **Seu Novo Mandamento correndo por suas artérias e veias espirituais**; são Obras que têm história, tradição, raízes; são consolidadas por isso, por serem verdadeiras, sérias, honestas, humanas, bondosas, mas que sabem defender-se. **O destino delas é o progresso em Deus.**

"Ide e pregai"

O objetivo primacial das IBVs é a comunicação: o *"Ide e pregai"*, do Bom Pastor.

Se não fizermos isso, não teremos honrado o compromisso que nos trouxe à Terra. Razão por que é necessária **uma permanente e forte infraestrutura para sustentar uma potente e realizadora estrutura que supere todos os desafios de uma sociedade que se moderniza a todo instante.** Lembrando sempre que a nossa **infraestrutura espiritual** há muito foi erguida e alicerçada na Rocha Eterna, Jesus! E esse é o trabalho de vocês, estimados servidores desta luminosa Seara de

Deus, queridos Irmãos e Irmãs, a quem me dirijo nesta madrugada, porquanto lhes trago esta mensagem antecipadamente às 3h da manhã, para que me possam ouvir antes das 9h.

Disse o Cristo, em outras palavras, no Seu Evangelho, segundo João, 10:11:

> — *O zelo pelas ovelhas consome o Pastor.*

Eis que, mais uma vez, lhes peço bom senso, decisão, criatividade e pertinácia legionária da Boa Vontade Celeste, porque este é um mundo cruel, desapiedado. E o nosso planeta, em parte que seja, ainda é isso que vemos por aí.

E, para atravessar esse momento sombrio que paira sobre o nosso orbe, somente será possível com essa luminosa ponte, tantas vezes defendida por Zarur:

> — *O segredo do governo dos povos é unir a humanidade de baixo à Humanidade do Céu.*

Portanto, uma ponte que se estabelece Céu–Terra não somente pelo Executivo, Legislativo, Judiciário; mas pela Filosofia, pela Ciência, pela Religião, pela instrução doméstica; ou nas escolas, pela Educação; mais ainda, pela Reeducação com Espiritualidade Ecumênica; tudo isso exige concentração em Jesus e respeito aos Espíritos de Deus.

JESUS! NOSSO CÓDIGO DE CONDUTA

(Parte 3)

Sacudir as sandálias e pregar

"Sintonia!", pede o Irmão Flexa Dourada (Espírito), que, no dia 10 de dezembro de 2005, nos trouxe profundo esclarecimento ao revelar:

> — *O dia em que todos entenderem que **é preciso pregar** e que sacudir as sandálias, como Jesus manda no Evangelho*[83]*, é Novo Mandamento, essa obra magnífica das Instituições da Boa Vontade de Deus irá crescer de uma forma inigualável e o povo com elas.*

---

[83] **Nota de Paiva Netto**

No Santo Evangelho, segundo Mateus, 10:14, encontramos esta instrução de Jesus: *"Se alguém não vos receber, nem ouvir as vossas palavras, ao sairdes daquela casa ou daquela cidade, sacudi o pó dos vossos pés"*. Essa é a nossa característica na Religião de Deus, do Cristo e do Espírito Santo: é necessário que todos compreendam a necessidade de sacudir o pó das sandálias se não formos bem recebidos, mas jamais deixar de pregar.

Conceito de santidade

Em outro importante trecho de sua mensagem, Flexa Dourada diz:

> — *O primeiro conceito de Jesus sobre santidade é a* ***perseverança no Bem****.*

Essa é a nossa missão, repito: **descomplicar o trabalho do Bem na Terra**. Por isso, vamos orar juntos, todos de pé, com as mãos levantadas para o Cristo num gesto de humildade, de maneira que os luminares que aí se encontram invisíveis, mas que existem, toquem as mãos de vocês.

Faça cada um o seu pedido justo. Mas, acima de tudo, que seja uma **joia da coroa de Jesus**, da **egrégora suprema que nos une na força do Amor Fraterno**, que é uma **Estratégia Divina**. E todos temos que desenvolver essa capacidade com boas táticas. Por isso, vocês estão aí reunidos.

> ### *Pai-Nosso* — a Oração Ecumênica de Jesus
>
> (Santo Evangelho de Jesus, segundo Mateus, 6:9 a 13)
>
> *Pai Nosso que estais no Céu, santificado seja o Vosso Nome. Venha a nós o Vosso Reino, seja feita a Vossa Vontade* [jamais a nossa vontade], *assim na Terra*

como no Céu. O pão nosso de cada dia dai-nos hoje. Perdoai as nossas dívidas assim como nós perdoarmos aos nossos devedores. E não nos deixeis cair em tentação, mas livrai-nos do mal, porque Vosso é o Reino, e o Poder, e a Glória para sempre. Amém!

Quem nos sustenta? A Misericórdia de Jesus!

— *Buscai primeiramente o Reino de Deus e Sua Justiça, e todas as coisas materiais vos serão acrescentadas* (Evangelho do Cristo, segundo Mateus, 6:33).

Administração Apostolar

Irmãs e Irmãos administradores, ouçamos esta reflexão do Príncipe dos Apóstolos, Pedro, em sua Primeira Epístola, 4:11:

— *Se alguém falar,* ***fale segundo as Palavras de Deus****; se alguém administrar,* ***administre segundo o Poder que Deus dá*** *para que em tudo* ***Ele seja glorificado por Jesus Cristo****, a Quem pertence* ***a glória e o poder para todo o sempre****. Amém!*

Superando desafios

Chamo também a atenção das Irmãs e dos Irmãos do Departamento de Assistência Espiritual (DAE), da Religião de Deus, do Cristo e do Espírito Santo, da Fundação José de Paiva Netto, da Legião da Boa Vontade, da Associação Educacional Boa Vontade: ao escutarem esta mensagem notável do Dr. Bezerra de Menezes, não poderão esquecer as palavras instrutivas desse Espírito luminoso. Prestem bastante atenção e guardem em suas Almas. **Temos de suplantar todas as barreiras que nos separam, humanidade da Terra, da Humanidade do Céu.** Esse cuidado que o nobre Amigo Espiritual irá destacar se aplica ao **esforço dos Espíritos do Bem que participam das reuniões, inclusive as administrativas**, essas mormente. Lembro-lhes sempre: **o governo da Terra começa no Céu**.

Nossos Anjos da Guarda da Boa Vontade de Deus necessitam da **ativa e consciente Boa Vontade dos Irmãos reencarnados**. E que a Paz de Deus, do Cristo e do Espírito Santo esteja agora e sempre com todos.

JESUS! NOSSO CÓDIGO DE CONDUTA

(Parte 4 — final)

"Grandes desafios e intensa felicidade"

Passo a palavra ao nosso grande amigo e companheiro de lutas pelos milênios em prol do Cristo de Deus, Irmão Dr. Adolfo Bezerra de Menezes Cavalcanti. Vamos recebê-lo com uma salva de palmas.

Plateia: *(palmas fervorosas).*

Dr. Bezerra de Menezes (Espírito): *É essencial nas reuniões espirituais da Religião Divina que haja músicas, para que a manifestação se torne mais coesa; porque as distrações sempre acontecerão na mente humana, e a bela melodia é um fator de aglutinamento. É muito importante mantermos os nossos Irmãos sensitivos dentro da aura musical. Por sua persistência, Irmão Maior Paiva Netto, aqui me* *encontro. (...) Quando nos manifestamos de forma psicofônica, temos que acalmar os pensamentos e as reações diante do organismo que se impõe espiritualmente.*

A maior aliada

A nossa grande parceira é a música. É a maior aliada de um ser espiritual quando se manifesta. A atenção é necessária, senão temos que simplificar até mesmo a mensagem, porque não conseguimos aprofundar o que desejamos. (...) Enfim, temos que suplantar inúmeras barreiras físicas e fisiológicas para começar a passar as ideias. Eis a missão principal: trabalhamos para chegar aos corações dos que nos ouvem. Por isso, temos que ter as composições melódicas acompanhando-nos. (...)

Nada de divisão

Criar as condições para que haja a permanente renovação material é dar espaço ao Cristo pelo progresso da humanidade. Todos atentos e trabalhando. (...) A proteção espiritual vem e aumenta à proporção do empenho de cada um em fazer o melhor: arrebanhar; nada de divisão. E, assim, as Bênçãos de Deus continuarão a jorrar, como vem acontecendo sobre as Instituições da Boa Vontade.

A grande luta

Meu Irmão Maior, seu Espírito libertário vive por milênios pelo Cristo. Mantenhamos em nossas fileiras a vibração da vitória. Vivemos sob o altruísmo da Espiritualidade Ecumênica e, portanto, os óbices não serão motivos de derrocada, jamais, em nossa lide maior. Enchamo-nos do bom orgulho e novos anos chegarão com grandes desafios e intensa felicidade.

Gratidão

Grato, mais uma vez, pela perseverança, pelo apoio constante a mim e a todos os que no Espaço trabalham por sua vitória na Terra. Jamais esqueceremos todo o esforço, a vibração fica impregnada no ar, e os que estão na Terra respiram e sentem esses eflúvios, e no Espaço percebemos essa sintonia. Viva Jesus!

A vitória final pertence ao Cristo

Viva Jesus em nossos corações para sempre! Muito obrigado, Dr. Bezerra de Menezes, por essas palavras instrutivas, por sua preocupação paternal com todos os que labutam nesta Messe Sagrada.

E, como o Divino Mestre manda **perseverar até o fim**, assim o faremos, humanidade da Terra e Humanidade do Céu, porque **os Tempos chegaram**!

Receba fraternal abraço, não somente meu, mas de todos os que aqui estão, porque **a vitória final per-**

tence ao Cristo! Aonde Ele for, seguiremos a Sua Celeste Luminosidade.

Somos apenas planetas que refletem a Sua Luz, o que, aliás, foi tão belamente traduzido por nosso sempre lembrado Irmão Zarur: ***"Jesus é o Sol da Caridade"***.

Comunicação 100% Jesus

A Revolução Mundial dos Espíritos de Deus prosseguirá, porque ela, como está na sua própria definição, é uma **Revolução Divina, a que todos pertencemos** — os senhores do Lado de Lá, e nós, do lado de cá. A casa é sua, Irmão Bezerra, e de todos os Amigos Espirituais, que são (ainda) invisíveis, mas existem. E isso demonstraremos, com a ajuda de todos aqueles que pelo orbe lutam por essa Verdade, a todos os que pudermos levar essa Divina Mensagem. A Super Rede Boa Vontade de Comunicação (rádio, TV, internet e publicações) estará sempre à disposição dos Espíritos de Deus.

Somos essa vanguarda que dá potentes microfones às Almas Benditas, aos Anjos que protegem as Igrejas semeadas pelo Cristo no mundo todo. Esta é a **Comunicação 100% Jesus**, que, conforme anunciei, está propagando o toque da Sétima Trombeta do Apocalipse (11:15), que começou a ressoar, com toda a potência, desde a inauguração do Templo da Boa Vontade, em 21 de outubro de 1989:

— o reino do mundo se tornou de nosso Deus e do Seu Cristo, e Ele reinará pelos séculos dos séculos.

Amém! Que assim seja para todo o sempre!

A Sétima Trombeta continua tocando por intermédio de cada um de nós, Templo da Boa Vontade do Deus Vivo!

Seguros estamos na Divina Segurança das seguras mãos de Jesus!

Quem confia em Jesus não perde o seu tempo, porque Ele é o Grande Amigo que não abandona amigo no meio do caminho!

Quanto mais perto de Jesus, mais longe dos problemas!

Servir a Jesus não é sacrifício. É privilégio!

E vamos em frente, porque Deus Está Presente! E Viva Jesus em nossos corações para sempre!

VEM, SENHOR JESUS!

Academia Jesus, o Cristo Ecumênico, o Divino Estadista *— Em 10 de abril de 2025, no exato instante do fechamento de mais esta obra dedicada a Nosso Senhor Jesus Cristo e à Sua Volta Triunfal ao planeta, o* ***Irmão Paiva Netto*** *comoveu a toda valorosa* *e talentosa Equipe Solidária do Editorial Legionário e da Editora Elevação que atuava nas últimas etapas de conferência, antes de enviar o arquivo à Gráfica da Boa Vontade. Por intermédio de sua afinadíssima intuição e sintonia com o Zeloso Pastor, agradeceu a todos os que participam do que ele denominou* **"comboio de luz espiritual"**, *dirigindo-lhes estas inspiradas palavras, que encerram com chave de ouro este volume de* Jesus e as Sete Igrejas da Ásia — Tiatira:

Absolutamente nada supera o labor de fielmente esclarecer a consciência dos povos acerca do Excelso Cristo Ecumênico, o Divino Estadista, e de Seu Prometido Retorno à Terra, mormente nesta grave hora da humanidade, em tempos de séria transição apocalíptica, e, desta vez, visível a todos. Eis o nosso atualíssimo Supremo Objetivo em marcha nas Instituições da Boa Vontade de Deus: **Preparar os caminhos da Volta Triunfal de Jesus ao planeta**.

E que a fidelidade, a união e a perseverança na palavra do Divino Mestre Jesus, sem as armadilhas perversas que constam na Igreja em Tiatira, estejam permanentemente em seus corações. Que as disciplinas do diálogo e do entendimento, hoje e por toda a existência cristã do Novo Mandamento, sejam imantadas por um vibrante desenvolvimento de capacidades efetivas a serviço do Provedor Celeste!

ORAÇÕES ECUMÊNICAS E BEM-AVENTURANÇAS

PRECE DE CÁRITAS[84]

Deus, nosso Pai,
que sois todo Poder e Bondade,
dai força àqueles
que passam pela provação,
dai luz àqueles
que procuram a Verdade,
ponde no coração do homem
a Compaixão e a Caridade.
Deus!
Dai ao viajor a estrela-guia,
ao aflito, a consolação,
ao doente, o repouso.
Induzi o culpado ao arrependimento.
Dai ao Espírito a Verdade,
à criança, o guia,
ao órfão, o pai.

[84] De autoria do Espírito Cáritas, a súplica foi psicografada na noite de Natal de 1873, por madame W. Krell, em Bordeaux, França, e publicada em *Rayonnements de la Vie Spirituelle* [Irradiações da Vida Espiritual].

Senhor! Que a Vossa Bondade
se estenda sobre tudo o que criastes.
Piedade, Senhor,
para aqueles que não Vos conhecem,
esperança para aqueles que sofrem.
Que a Vossa Bondade permita
aos Espíritos consoladores
derramarem por toda a parte a Paz,
a Esperança, a Fé!
Ó Deus!
Um raio, uma centelha do Vosso Amor
pode iluminar a Terra,
deixai-nos beber nas fontes
dessa Bondade fecunda e infinita.
E todas as lágrimas secarão,
todas as dores se acalmarão.
Um só coração, um só pensamento subirá até Vós,
como um grito de reconhecimento e de Amor.
Como Moisés sobre a montanha,
nós Vos esperamos com os braços abertos,
Ó Bondade,
Ó Beleza,
Ó Perfeição.
Nós queremos, de alguma sorte,
merecer a Vossa Misericórdia.
Deus!
Dai-nos força,
ajudai o nosso progresso

a fim de subirmos até Vós;
dai-nos a Caridade pura e a humildade;
dai-nos a fé e a razão;
dai-nos a simplicidade,
Pai,
que fará de nossas Almas
o espelho onde se refletirá
a Vossa Divina Imagem.

AS BEM-AVENTURANÇAS DO SERMÃO DA MONTANHA DE JESUS

(Santo Evangelho do Cristo, segundo Mateus, 5:1 a 12, da magnífica forma com que Alziro Zarur as proferia.)

Jesus, vendo a multidão, subiu ao monte e ensinava aos Seus discípulos, dizendo:

Bem-aventurados os humildes,
porque deles é o Reino do Céu.
Bem-aventurados os que choram,
porque eles serão consolados pelo próprio Deus.
Bem-aventurados os pacientes,
porque eles herdarão a Terra.
Bem-aventurados os que têm fome e sede de Justiça,
porque eles terão o amparo da Justiça Divina.
Bem-aventurados os misericordiosos,
porque eles alcançarão misericórdia.
Bem-aventurados os limpos de coração,

porque eles verão Deus face a face.
Bem-aventurados os pacificadores,
porque eles serão chamados filhos de Deus.
Bem-aventurados os que são perseguidos por causa da
Verdade, porque deles é o Reino do Céu.
Bem-aventurados sois vós, quando vos perseguem,
quando vos injuriam e, mentindo,
fazem todo o mal contra vós por minha causa.
Exultai e alegrai-vos,
porque é grande o vosso galardão no Céu.
Porque assim foram perseguidos os Profetas
que vieram antes de vós.

ORAÇÃO A SÃO MIGUEL ARCANJO[3]

São Miguel Arcanjo,
defendei-nos neste combate;
sede nosso auxílio contra as maldades
e ciladas do mal.
Instante e humildemente vos pedimos
que Deus sobre ele impere.
E vós, príncipe da Milícia Celeste,
com este Poder Divino,
precipitai no inferno a satanás
e aos outros espíritos malignos,
que vagueiam pelo mundo
para a perdição das Almas. Amém!

---

[3] Elevada prece de autoria do papa Leão XIII (1810-1903). É belamente interpretada por Paiva Netto. Para ouvi-la, aponte a câmera para o QR Code ao lado.

ORAÇÃO A SÃO MIGUEL ARCANJO

BIBLIOGRAFIA

A Bíblia de Jerusalém. São Paulo: Paulus, 1995.

A Bíblia Sagrada. Tradução Padre Antônio Pereira de Figueiredo. Rio de Janeiro: Edição Barsa, 1964.

A Bíblia Sagrada. Tradução Centro Bíblico Católico. 60 ed. São Paulo: Ave Maria, 1988. Tradução dos originais mediante a versão dos Monges de Maredsous (Bélgica).

A Bíblia Sagrada: Antigo e Novo Testamento. Tradução para o português de João Ferreira de Almeida. Brasília: Sociedade Bíblica do Brasil, 1969.

A Bíblia Sagrada: nova edição papal. Traduzida das línguas originais com uso crítico de todas as fontes antigas pelos missionários capuchinhos de Lisboa. Charlotte, North Carolina, USA: C. D. Stampley Enterprises, Inc., 1974.

A Bíblia Sagrada. Tradução dos textos originais, com notas, dirigida pelo Pontifício Instituto Bíblico de Roma. São Paulo: Paulinas, 1976.

A Bíblia Sagrada: Antigo e Novo Testamento. Tradução Padre Matos Soares. Porto: Grandes Oficinas Gráficas da Sociedade de Papelaria, 1954. 4.v.

Academia Jesus, o Cristo Ecumênico, o Divino Estadista (org.). **Jesus e as Sete Igrejas da Ásia — Éfeso.** São Paulo: Elevação, 2023. v. 1.

Academia Jesus, o Cristo Ecumênico, o Divino Estadista (org.). **Jesus e as Sete Igrejas da Ásia — Esmirna.** São Paulo: Elevação, 2024. v. 2.

Academia Jesus, o Cristo Ecumênico, o Divino Estadista (org.). **Jesus e as Sete Igrejas da Ásia — Pérgamo.** São Paulo: Elevação, 2024. v. 3.

Alcorão Sagrado. Tradução do professor Samir El-Hayek. São Paulo: Tangará, 1975.

Antologia da Boa Vontade. Rio de Janeiro: Editora da Boa Vontade, 1955.

ARISTÓTELES. **Ética a Nicômaco.** Brasília: Editora UnB, 2001.

BILAC, Olavo. **Alma Inquieta.** 13. ed. São Paulo: Livr. Francisco Alves, 1928.

BLUNT, Henry. **A practical exposition of the Epistles to the seven churches of Asia.** Philadelphia: Hooker & Claxton, 1839.

CESAREIA, Eusébio de. **História eclesiástica.** Rio de Janeiro: CPAD, 1999.

CONFUCIUS. **The Analects.** Translated with an introduction by D.C. Lau. England: Penguin Group, 1979.

CONFUCIUS. **Delphi Collected Works of Confucius** (Four Books and Five Classics) . Translated by James Legge and others. Edited by Delphi Classics. London: Delphi Classics, 2016.

COON, Leonard P. **Charles Duncan McIver and His Educational Services, 1886-1906.** Washington: Government Printing Office, 1908.

DALBERG-ACTON, John Emerich Edward, Lord. **Historical Essays and Studies.** Edited by John Neville Figgis and Reginald Vere Laurence. London: Macmillan and Co. Limeted; St.Martins Street, 1907.

DESCARTES, René. **Discurso do Método.** Tradução de Maria Ermantina Galvão. São Paulo: Martins Fontes, 2001.

DURRELL, Lawrence. **Monsieur:** or The Prince of Darkness . London: Faber & Faber, 1974.

EMMANUEL (Espírito). **A caminho da luz.** 16. ed. Psicografado por Francisco Cândido Xavier. Rio de Janeiro: FEB, 1939.

EMMANUEL (Espírito). **Luz no lar.** Psicografado por Francisco Cândido Xavier. Rio de Janeiro: FEB, 1968.

GOETHE, Johann Wolfgang von. **Iphigenie auf Tauris.** Stuttgart: Philipp Reclam, 2001.

GOETHE, Johann Wolfgang von. **Maximen und Reflexionem.** Leipzig: Dieterich'schen, 1953.

GOETZ, William R. **Apocalypse next.** Camp Hill, PA: Horizon Books, 1996.

HUXLEY, Aldous. **Grey eminence:** a study in religion and politics. Londres: Chatto & Windus, 1941.

JOSEPHUS, Flavius. **The works of Josephus:** complete and unabridged.

Translated by William Whinston. Peabody, Mass.: Hendrickson Publishers, 1988.

KARDEC, Allan. **O Evangelho segundo o Espiritismo.** 114. ed. Rio de Janeiro: FEB, 1997.

KELLER, Helen. **The Open Door.** New York: Doubleday, 1957.

KING Jr., Martin Luther. **Stride Toward Freedom:** The Montgomery Story. New York: Harper & Brothers, 1958.

LUTHER, Martin. **Evangelien-Auslegung.** Göttingen: Vandenhoeck & Ruprecht, 1951. v4.

MÍNIMUS [Wantuil de Freitas]. **Síntese de o Novo Testamento.** 4. ed. Rio de Janeiro: FEB, 1979.

MITCHELL, Stephen. **Tao Te Ching:** A New English Version. New York: Harper and Row, 1988.

PAIVA NETTO, José de. **A Esperança não morre nunca.** São Paulo: Editora Elevação, 2020.

PAIVA NETTO, José de. **A Missão dos Setenta e o "lobo invisível".** São Paulo: Editora Elevação, 2018.

PAIVA NETTO, José de. **Apocalipse sem medo.** São Paulo: Editora Elevação, 2000.

PAIVA NETTO, José de. **As Profecias sem mistério.** São Paulo: Elevação, 1998.

PAIVA NETTO, José de. **Cartilha de Reeducação Espiritual Iniciática Apocalíptica — CREIA.** São Paulo: Legião da Boa Vontade, 1989.

PAIVA NETTO, José de. **Como vencer o sofrimento.** São Paulo: Elevação, 1990.

PAIVA NETTO, José de. **Epístola Constitucional do Terceiro Milênio.** São Paulo: Legião da Boa Vontade, 1988.

PAIVA NETTO, José de. **Jesus, a Dor e a origem de Sua Autoridade:** o Poder do Cristo em nós. São Paulo: Elevação, 2014.

PAIVA NETTO, José de. **Jesus e a Cidadania do Espírito.** São Paulo: Editora Elevação. 2019.

PAIVA NETTO, José de. **Jesus, o Libertador Divino.** 2. ed. São Paulo: Editora Elevação. 2022.

PAIVA NETTO, José de. **Jesus, o Profeta Divino.** São Paulo: Editora Elevação. 2011.

PAIVA NETTO, José de. **Jesus, Zarur, Kardec e Roustaing, na Quarta Revelação.** 8. ed. São Paulo: LBV, 1984.

PAIVA NETTO, José de. **Livro de Deus:** Religião, Filosofia, Ciência e Política de Deus. 25. ed. Rio de Janeiro: LBV, 1982.

PAIVA NETTO, José de. **Livro Jesus.** Rio de Janeiro: LBV, 1983.

PAIVA NETTO, José de. **O Brasil e o Apocalipse.** São Paulo: LBV, 1984, v. 1; 1985, v. 2; 1996, v. 3.

PAIVA NETTO, José de. **O Capital de Deus.** No prelo.

PAIVA NETTO, José de. **Os mortos não morrem.** São Paulo: Editora Elevação. 2018.

PAIVA NETTO, José de. **Reflexões e Pensamentos — Dialética da Boa Vontade.** São Paulo: LBV, 1987.

PAIVA NETTO, José de. **Sagradas Diretrizes Espirituais da Religião de Deus, do Cristo e do Espírito Santo.** São Paulo: LBV, 1987, v. 1.

PAIVA NETTO, José de. **Sagradas Diretrizes Espirituais da Religião de Deus, do Cristo e do Espírito Santo.** São Paulo: LBV, 1990, v. 2.

PAIVA NETTO, José de. **Sagradas Diretrizes Espirituais da Religião de Deus, do Cristo e do Espírito Santo.** São Paulo: LBV, 1991, v. 3.

PAIVA NETTO, José de. **Somos todos profetas.** 45. ed. São Paulo: Editora Elevação, 2022.

PAIVA NETTO, José de. **Tesouros da Alma.** São Paulo: Editora Elevação, 2017.

PAIVA NETTO, José de. **Voltamos!** A Revolução Mundial dos Espíritos. São Paulo: Legião da Boa Vontade, 1996.

PASCAL, Blaise. **Pensées de Pascal.** Paris: Grasset, 1935.

PERSCH, Pe. Léo. **Um Só Evangelho ou Harmonia dos Evangelhos.** Campinas/SP: Raboni, 1996.

PLATÃO. **Apologia de Sócrates.** Tradução de Mário da Gama Kury. Brasília: Editora UnB, 1985.

ROUSTAING, Jean-Baptiste. **Os quatro Evangelhos:** Espiritismo Cristão ou Revelação da Revelação. 6. ed. Rio de Janeiro: FEB, 1983, v.1.

SMITH, Uriah. **The Prophecies of Daniel and Revelation.** Nashville: Southern Publishing Association, 1946.

SMITH, Uriah. **Thought, critical and practical, on the Book of Revelation.** Battle Creek, Michigan: Stem Press of the Seventh-Day Adventist Publishing Association, 1865.

TAHAN, Malba. **Lendas do céu e da terra.** 16. ed. Rio Janeiro: Conquista, 1964.

TAHAN, Malba. **O homem que calculava.** 46. ed. Rio de Janeiro: Record, 1998.

VALÉRIUM (Espírito). **Bem-aventurados os simples.** Psicografado por W. Vieira. 16. ed. Brasília: FEB, 2012.

VAUVENARGUES, Luc de Clapiers, marquis de. **Œuvres complètes de Vauvenargues.** Nouvelle édition. Paris: Chez J.L.J. Brière, 1823. t.2.

ZARUR, Alziro. **Mensagem de Jesus para os sobreviventes.** 24. ed. Rio de Janeiro: Legião da Boa Vontade, 1978.

ZARUR, Alziro. **Poemas da Era Atômica.** 9. ed. Rio de Janeiro: Legião da Boa Vontade, 1979.

TEMPLO DA BOA VONTADE

Sede Espiritual da Religião de Deus, do Cristo e do Espírito Santo

Aclamado pelo povo uma das Sete Maravilhas de Brasília/DF, Brasil, o Templo da Boa Vontade (TBV), símbolo maior do Ecumenismo Divino, a Pirâmide das Almas Benditas, a Pirâmide dos Espíritos Lumino-

sos, é o monumento mais visitado de Brasília, segundo dados oficiais da Secretaria de Turismo do Distrito Federal (Setur-DF). Desde que foi fundado por Paiva Netto, em 21 de outubro de 1989, recebe anualmente mais de um milhão de peregrinos. **Na foto**, da esquerda para a direita, o Parlamento Mundial da Fraternidade Ecumênica (o ParlaMundi da LBV), a sede administrativa e o TBV, localizados na Quadra 915 Sul. Outras informações: (61) 3114-1070 / www.TBV.com.br.

ÍNDICE DE NOMES

ÍNDICE DE MATÉRIAS

BIOGRAFIA DO FUNDADOR DA ACADEMIA JESUS, O CRISTO ECUMÊNICO, O DIVINO ESTADISTA

José de Paiva Netto, escritor, jornalista, radialista, compositor e poeta, nasceu em 2 de março de 1941, no Rio de Janeiro/RJ, Brasil. É Presidente da Legião da Boa Vontade (LBV) e Presidente-Pregador da Religião de Deus, do Cristo e do Espírito Santo. Membro efetivo da Associação Brasileira de Imprensa (ABI) e da Associação Brasileira de Imprensa Internacional (ABI-Inter), é filiado à Federação Nacional dos Jornalistas (Fenaj), à International Federation of Journalists (IFJ), ao Sindicato dos Jornalistas Profissionais do Estado do Rio de Janeiro, ao Sindicato dos Escritores do Rio de Janeiro, ao Sindicato dos Radialistas do Rio de Janeiro e à União Brasileira de Compositores (UBC). Integra também a Academia de Letras do Brasil Central. É autor de referência internacional na defesa dos direitos humanos e na conceituação da causa da Cidadania e da Espiritualidade Ecumênicas, que, segundo ele, constituem *"o berço dos mais generosos valores que nascem da Alma, a morada das emoções e do raciocínio iluminado pela in-*

tuição, a ambiência que abrange tudo o que transcende ao campo comum da matéria e provém da sensibilidade humana sublimada, a exemplo da Verdade, da Justiça, da Misericórdia, da Ética, da Honestidade, da Generosidade, do Amor Fraterno. Em suma, a constante matemática que harmoniza a equação da existência espiritual, moral, mental e humana. Ora, sem esse saber de que existimos em dois planos, portanto não unicamente no físico, fica difícil alcançarmos a Sociedade realmente Solidária Altruística Ecumênica, porque continuaremos a ignorar que o conhecimento da Espiritualidade Superior eleva o caráter das criaturas e, por conseguinte, o direciona à construção da Cidadania Planetária".

Entre as inúmeras homenagens recebidas, foi agraciado com a Medalha do 1º Centenário da Academia Brasileira de Letras (ABL); nomeado Comendador da Ordem do Rio Branco, pelo Ministério das Relações Exteriores; e condecorado com o Grau de Comendador, pelo Conselho da Ordem do Mérito Aeronáutico, e com a Medalha do Pacificador, pelo Ministério do Exército Brasileiro.

Filho primogênito de Idalina Cecília de Paiva (1913-1994) e Bruno Simões de Paiva (1911-2000) — que tiveram como padrinho de casamento Dorival Caymmi (1914-2008) — e irmão de Lícia Margarida de Paiva (1942-2010). Teve a infância e a juventude marcadas por uma preocupação incomum com temas espirituais, filosóficos, educativos, sociais, políticos, científicos e econômicos, além de um profundo senso de auxílio aos necessitados.

Estudou no tradicional Colégio Pedro II, na capital fluminense, do qual recebeu o título de Aluno Eminente, sendo homenageado com placa de bronze na sede desse conceituado colégio-padrão. Em 1956, ainda adolescente, iniciou sua jornada vitoriosa ao lado do saudoso Fundador da Legião da Boa Vontade, o radialista, jornalista, escritor, poeta e filósofo brasileiro Alziro Zarur (1914-1979). Paiva Netto foi o principal Assessor dele durante quase um quarto de século. Para se dedicar totalmente à LBV, abandonou a vocação para a Medicina. Mais tarde, tornou-se Secretário-Geral (cargo equivalente ao de Vice-Presidente) da Instituição e, com o falecimento de Zarur, sucedeu-o.

Compositor e produtor musical, foi aluno do professor Homero Dornelas (1901-1990), assessor do notável Villa-Lobos (1887-1959). Elaborou a "Marcha dos Soldadinhos de Deus", interpretada pela primeira vez em 21 de abril de 1960, por meninos amparados pelo Instituto São Judas Tadeu, no Rio de Janeiro, onde colaborava como voluntário. A apresentação foi uma homenagem a Brasília/DF, Brasil, que o então Presidente da República Juscelino Kubitschek (1902-1976) inaugurava naquela data.

À frente da Legião da Boa Vontade desde 1979, multiplicou as ações desta nas áreas da educação e da promoção humana e social, por meio das unidades de atendimento da Instituição, as quais abrangem escolas-modelo de educação básica, abrigos para idosos e centros comunitários de assistência social. Tais espaços fazem parte de um projeto ainda maior, criado por Paiva Netto e a que ele se tem dedicado há bastante tempo: a Educação com Espiritualidade Ecumênica, consubstanciada em uma vanguardeira linha pedagógica, que propõe um modelo novo de aprendizado, o qual alia cérebro e coração. Essa proposta educacional, composta da Pedagogia do Afeto e da Pedagogia do Cidadão Ecumênico, é aplicada com sucesso na rede de ensino da LBV e nos serviços e programas socioeducacionais desenvolvidos pela Legião da Boa Vontade.

Os ideais da Boa Vontade não têm fronteiras e empolgam diversas regiões do mundo. Desde 1980, por exemplo, as iniciativas solidárias expandem-se para a LBV da Argentina, do

Paraguai, do Uruguai, da Bolívia, de Portugal e dos Estados Unidos, sendo estas mantidas por meio de donativos de cada população local.

Em virtude da ampla abrangência de seus programas, serviços e ações e da excelência no trabalho realizado, a Legião da Boa Vontade (LBV) mantém relação consultiva com a Organização das Nações Unidas (ONU), desde 1994, por intermédio do Departamento de Comunicação Global (DCG) desse organismo internacional e, desde 1999, com o Conselho Econômico e Social (Ecosoc) das Nações Unidas, no qual a Instituição possui *status* consultivo geral, grau máximo de reconhecimento que uma Entidade pode alcançar junto a esse órgão.

A LBV vem empreendendo iniciativas para alinhar o seu trabalho socioeducacional e de comunicação social e educativa aos Objetivos de Desenvolvimento Sustentável (ODS) e suas respectivas metas estabelecidos pela ONU até 2030. Nossa atuação diária contribui para o cumprimento de importantes diretrizes globais, a exemplo da erradicação da pobreza, fome zero e agricultura sustentável, saúde e bem-estar, educação de qualidade, igualdade de gênero, água potável e saneamento, energia limpa e acessível, trabalho decente e crescimento econômico, redução das desigualdades. Para tanto, tem participado ativamente das principais conferências e reuniões da ONU, contribuindo com importantes recomendações, por meio de documentos e publicações, editados em diversos idiomas, que são entregues a chefes de Estado, conselheiros ministeriais, agências internacionais e representantes da sociedade civil. Dentre esses materiais destacam-se as revistas *Sociedade Solidária*, *Paz para o Milênio*, *Globalização do Amor Fraterno*, BOA VONTADE *Desenvolvimento Sustentável*, BOA VONTADE *Mulher* e BOA VONTADE *Educação*.

O Presidente da Legião da Boa Vontade recebeu, em 14 de novembro de 2016, correspondência oficial da equipe do novo secretário-geral da ONU, o dr. António Guterres, na qual expressa gratidão ao dirigente da LBV pela carta encaminhada ao diplomata português com cumprimentos em virtude da nomeação deste para ocupar o cargo máximo da ONU. Na missiva, assinada por Kyung-wha Kang, assessora especial em Política do gabinete do secretário-geral, consta: *"Prezado presidente, permita-me agradecer, em nome do secretário-geral designado, António Guterres, as vossas gentis palavras de congratulação. É com grande honra e com um sentido de responsabilidade que ele assumirá suas novas funções. A Legião da Boa Vontade é uma organização da sociedade civil que tem uma parceria de longa data com as Nações Unidas. Sua missão de incentivar a vivência de valores, a fim de criar uma sociedade mais justa e solidária, é mais do que nunca de grande relevância global. Suas iniciativas visam melhorar a situação de pessoas de baixa renda em diversas áreas, tais como educação e desenvolvimento sócio-económico, sendo uma grande contribuição para a consecução dos Objetivos de Desenvolvimento Sustentável e sua meta de erradicar a pobreza até o ano de 2030. Contamos com a Legião da Boa Vontade para trabalhar junto às Nações Unidas na busca de soluções para os desafios globais mais urgentes da atualidade".*

Em 21 de outubro de 1989, Paiva Netto fundou, em Brasília/DF, Brasil, o Templo da Boa Vontade (TBV), com a presença de mais de 50 mil pessoas. Conhecido também como o Templo da Paz, é o polo do Ecumenismo Divino, que proclama o contato socioespiritual entre a criatura e o Criador. Aclamado pelo povo uma das Sete Maravilhas de Brasília, o TBV é o monumento mais visitado da capital federal, conforme dados oficiais da Secretaria de Turismo do Distrito Federal

(Setur-DF), e, desde que foi inaugurado, recebe anualmente mais de um milhão de peregrinos.

Paiva Netto criou, para propagar a Cidadania Espiritual (conceito preconizado por ele), a Super Rede Boa Vontade de Comunicação (rádio, TV, internet e publicações).

No campo editorial, ultrapassou a expressiva marca de 9 milhões de livros vendidos. Além disso, tem seus artigos publicados em jornais, revistas e portais de internet no Brasil e no exterior. Já escreveu para importantes veículos, a exemplo do *Diário de Notícias*, *Jornal de Coimbra*, *Correio da Manhã*, *Jornal de Notícias*, *O Primeiro de Janeiro*, *Notícias de Gaia*, *Voz do Rio Tinto*, *Jornal da Maia*, *O Público*, *Campeão das Províncias*, *Audiência* e *O Despertar* (Portugal); *Time South*, *Jeune Afrique* e *African News* (África); *Daily Post* (circulação internacional); *Clarín* (Argentina); *Jornada* e *El País* (Bolívia); *El Diário Notícias* e *ABC Color* (Paraguai); *El País* (Uruguai); *International Business and Management* (China); e *Deutsche Zeitung* (Alemanha).

Sobre seu estilo literário, o escritor norte-americano Errol Lincoln Uys observou: *"Paiva Netto, sendo um homem prático, não deixa de ter alma de poeta"*. Segundo a definição do eminente professor, jurisconsulto e tratadista José Cretella Júnior (1920-2015), *"é um exímio estilista, sempre em dia com as novas"*. Valdir Andres, jornalista, advogado, fundador do periódico A Tribuna Regional, de Santo Ângelo/RS, Brasil, assim declarou: *"É uma honra imensa abrigar os conceitos, as opiniões, a pena brilhante do professor Paiva Netto em nosso jornal"*. Na opinião do mestre de professores Moacir Costa Lopes (1927-2010), *"é um escritor de muito talento"*.

Endereço para correspondência:
Rua Norma Pieruccini Giannotti, 110
Barra Funda • São Paulo/SP • CEP 01137-010
***E-mail*: PaivaNetto@uol.com.br**

SIGA A RELIGIÃO DE DEUS, DO CRISTO E DO ESPÍRITO SANTO NAS REDES SOCIAIS

www.ReligiaodeDeus.org
YouTube.com: ReligiaodeDeusvideos
Facebook: ReligiaodeDeus
Instagram: ReligiaodeDeus
www.AcademiaJesus.com.br
www.ClubeCulturadePaz.com.br

CONHEÇA A RELIGIÃO DE DEUS, DO CRISTO E DO ESPÍRITO SANTO E O TRABALHO DA LBV

BOA VONTADE TV

https://www.youtube.com/boavontadetv

TV por Assinatura: OI TV: Canal 212 • Claro TV Brasil: Canais 196 e 696
Antena parabólica digital Banda K.U.: Frequência 12.000 MHz, Symbol Rate 29.900, polarização vertical na StarOne D2 • Canal 27 na SKY banda K.U.

Geradora Educativa da Fundação José de Paiva Netto

Canal 11.1 - São José dos Campos/SP
Canal 45.1 - Cotia/SP (Grande São Paulo)
Para outras informações, acesse www.BoaVontade.com/tv

SUPER REDE BOA VONTADE DE RÁDIO

Internet: www.BoaVontade.com/radio
OI TV: Canal 989 (Super RBV de Rádio)

Emissoras de rádio:

Rio de Janeiro/RJ: AM 940 kHz • **São Paulo/SP:** AM 1.260 kHz e FM 84,3 MHz • **Esteio, região de Porto Alegre/RS:** AM 1.300 kHz • **Brasília/DF:** FM 94,9 • **Santo Antônio do Descoberto/GO:** FM 88,9 MHz • **Salvador/BA:** AM 1.350 kHz • **Manaus/AM:** AM 610 kHz • **Montes Claros/MG:** FM 105,5 MHz • **Sertãozinho, região de Ribeirão Preto/SP:** FM 107,1 MHz • **Uberlândia/MG:** FM 102,5 MHz

SITES

www.LBV.org.br
www.BoaVontade.com
www.ReligiaodeDeus.org
www.JesusEstaChegando.com
www.PaivaNetto.com
www.AcademiaJesus.com.br

APP BOA VONTADE PLAY

Baixe na loja de aplicativos do seu celular e acompanhe ao vivo